GOLDMANN

Buch

Hinduismus ist der im Westen eingeführte Name für die traditionellen religiösen und gesellschaftlichen Strukturen und Einrichtungen der Inder, die nicht den abweichenden Lehren des Islam, Jainismus und Sikhismus anhängen. Als mythologisch gewachsene Religion hat der Hinduismus weder einen Stifter noch ein starres Lehrgebäude. Es existieren zahlreiche lokale Kulte und Traditionen der Götterverehrung; gemeinsam ist allen Hindus jedoch die Lehre vom Gesetz des Karma sowie die heiligen Schriften der Veden, Upanishaden und der Mahabharata.

Auf zuverlässige und allgemeinverständliche Weise informiert dieses Stichwortlexikon über die Götter, Heiligen, Yogis und religiösen Grundbegriffe des Hinduismus.

Bereits im Goldmann Verlag erschienen:

Das Lexikon des Buddhismus (12661)
Die Welt der Aborigines.
Das Lexikon zur Mythologie
der australischen Ureinwohner (12662)

DAS LEXIKON DES HINDUISMUS

Grundbegriffe und Lehrsysteme,
Philosophie und religiöse Praxis,
Literatur und Kunst,
Mythologie und Geschichte,
Entwicklung und Ausdrucksformen
von ihren Anfängen bis heute.

Verfasser und Herausgeber:
Kurt Friedrichs

GOLDMANN VERLAG

Umwelthinweis:
Alle bedruckten Materialien dieses Taschenbuches
sind chlorfrei und umweltschonend.
Das Papier enthält Recycling-Anteile.

Der Goldmann Verlag
ist ein Unternehmen der Verlagsgruppe Bertelsmann

Vollständige Taschenbuchausgabe Januar 1996
Wilhelm Goldmann Verlag, München

Umschlaggestaltung: Design Team München
Satz: IBV Satz- und Datentechnik GmbH, Berlin
Druck: Presse-Druck Augsburg
Verlagsnummer: 12663
Redaktion: Stephan Schumacher und Gert Werner
Ba · Herstellung: Sebastian Strohmaier
Made in Germany
ISBN 3-442-12663-0

1 3 5 7 9 10 8 6 4 2

Einführung und Hinweise zur Benutzung des Lexikons

Dieses Lexikon stellt die grundlegende Terminologie der philosophisch-religiösen Lehren und Anschauungen des Hinduismus in alphabetischer Reihenfolge der Stichwörter allgemein verständlich dar. Es ist klar, daß die ca. 1100 Artikel des Bandes nicht das vollständige Begriffsrepertoire der Weltreligion Hinduismus abdecken, die eine außerordentlich umfangreiche Literatur und ein selbst in vielen Bänden nicht komplett erfaßbares und noch längst nicht erschöpfend ausgedeutetes Vokabular hervorgebracht hat. So ist das Lexikon denn auch nicht in erster Linie für den wissenschaftlichen Gebrauch und für die wenigen Spezialisten im deutschsprachigen Raum konzipiert worden. Es soll vielmehr all jenen, die in den verschiedensten Lebensbereichen – sei es bei der Lektüre, in den audiovisuellen Medien oder in der täglichen Praxis von Heilkunde, Psycho- und Physiotherapie, bei der Meditation, auf einem körperlich-geistigen Schulungsweg oder in der Philosophie des Alltags – heute immer häufiger auf Begriffe und Vorstellungen aus dem Hinduismus treffen, den Weg zum Verständnis dieser Religion bahnen.
Mit dem Namen Hinduismus bezeichnen die Europäer das religiöse, kulturelle, soziale, politische und philosophische Weltbild, das vor allem die Lebensweise von mehr als 700 Millionen Indern entscheidend bestimmt. Die Hindus selbst nennen ihre religiöse Tradition »die ewige Ordnung« *(sanātana-dharma)*. Sie besteht in einer seit mehr als fünftausend Jahren ungebrochenen Entwicklung, stellt jedoch keine Einheit dar, sondern ist eine Verbindung zahlloser religiöser Ideen, Überlieferungen und Kultformen, Riten und Bräuche, Lehren und Schulen. Im Unterschied zu den drei anderen Weltreligionen – Buddhismus, Christentum und Islam – kennt der Hinduismus weder einen Stifter noch unumstößliche Dogmen und eine zentrale Organisation. Sein Credo ist seine Vielfalt. Je nach der regionalen oder sozialen Herkunft, der Vorstellungswelt und Verstandesebene des einzelnen Gläubigen

können die zahlreichen Gottheiten, Mythen, Riten und Symbole auf verschiedene Weise gedeutet werden. Neben dem charakteristischen Polytheismus weist der Hinduismus aber auch monotheistische und sogar atheistische Varianten auf. Diese gegensätzlichen Auffassungen rühren, analytisch betrachtet, vom Zusammentreffen mehrerer Rassen und Kulturen auf dem indischen Subkontinent her; geistig sind sie indessen dadurch zu erklären, daß für den Hindu die göttliche Wirklichkeit die Ursache und Basis des menschlichen Daseins ist und auf allen Ebenen, an allen Orten und in allen Dingen wahrgenommen werden kann. Das Lexikon versucht, dieser Vieldeutigkeit Rechnung zu tragen, ohne dabei die Sachverhalte, die es zu erläutern gilt, zu komplizieren.

Hinweise zur Benutzung

Die alphabetische Anordnung der Stichwörter wird durch die Buchstabenfolge des *gesamten* Stichworts bestimmt.
Die wörtliche Bedeutung eines Stichworts ist stets dann angegeben, wenn sie sich von der terminologischen Bedeutung des Begriffs im Hinduismus unterscheidet oder wenn die wörtliche Übersetzung der Stichwort-Bestandteile zum Verständnis des Sinngehalts beiträgt.

Zur Transkription und Aussprache

Die nahezu ausschließlich aus dem Sanskrit stammenden Stichwort-Begriffe sind in einer vereinfachten Umschrift aufgeführt. Sie entspricht derjenigen, die im überwiegenden Teil der für Nicht-Sanskritgelehrte bestimmten Literatur verwendet wird. Die wissenschaftliche Transkription mit allen diakritischen Zeichen ist dort, wo sie sich von der vereinfachten unterscheidet, in Klammern hinzugefügt. Die vereinfachte Transkription (**A**) unterscheidet sich von der wissenschaftlichen (**B**) in folgenden Punkten:

A		B
ch	für	c, also Chakra statt Cakra
n oder m		ṃ, also Sanskrit statt Saṃskrit, aber Dīpamkara statt Dīpaṃkara
ri		ṛ, also Rigveda statt Ṛgveda
sh		ś oder ṣ, also Shiva statt Śiva, Krishna statt Kṛṣna

Konsonanten mit Punkt in **B** sind in **A** ohne Punkt geschrieben. Die Aussprache der in der hier gebrauchten Transkription vorkommenden Buchstaben entspricht im wesentlichen der im Deutschen üblichen.

Dabei bedeutet ein Querstrich über einem Vokal, daß dieser lang ausgesprochen wird (also ā wie in »Maß«, nicht wie in »Masse«). Grundsätzlich lang gesprochen werden auch e (wie in »Lehre«) und o (wie in »Lob«).

Ein h hinter einem Konsonanten deutet eine für deutsche Ohren nur schwer nachvollziehbare »aspirierte« Aussprache an, die im allgemeinen Gebrauch vernachlässigt werden kann. Ebenso in der Aussprache vernachlässigt werden können Punkte (in der wissenschaftlichen Transkription) unter oder über t, d, h und n.

Beachten sollte man folgende Fälle, die von der üblichen deutschen Aussprache abweichen:

ch	sprich	tsch
j u. jh		dsch
y		j
v		w
sh		sch

Abkürzungen

A.	Auflage
asiat.	asiatische
Ausz.	Auszug, Auszüge
bengal.	bengalisch
birman.	birmanisch
brahman.	brahmanisch
buddhist.	buddhistisch
chin.	chinesisch
dt.	deutsch
engl.	englisch
geb.	geboren
gest.	gestorben
hinduist.	hinduistisch
Hrsg.	Herausgeber
hrsg. v.	herausgegeben von ...
ind.	indisch
jap.	japanisch
Jh.	Jahrhundert
NA	Neuausgabe
o. J.	ohne Jahresangabe
östl.	östlich
philosoph.	philosophisch
reg.	regierte
S.	Seite
s.	siehe
shivaist.	shivaistisch
singhales.	singhalesisch
Skrt.	Sanskrit
Tsd.	Tausend
u. d. T.	unter dem Titel
Übers.	Übersetzer
ved.	vedisch
westl.	westlich
wörtl.	wörtlich
zit. n.	zitiert nach ...

A

Ābhāsa-Chaitanya (Ābhāsa-Caitanya), Skrt., wörtl. *ābhāsa:* »Schein, Reflexion«, *chaitanya:* »Bewußtsein«; das absolute Bewußtsein (→ Chit), das sich im Denken des Menschen reflektiert. Diese Reflexion wird vom sterblichen, in seinem Ego begrenzten Menschen (→ Jīva) für den einzigen Bewußtseinszustand gehalten und verhindert dadurch die Entdeckung des absoluten Bewußtseins, das identisch ist mit → Brahman. Überwindet der Jīva diese Begrenzung, so wird er sich seines wahren Selbst (→ Ātman) und dessen Einheit mit Brahman bewußt und erlangt Befreiung.

Ābhāsa-Vāda, Skrt.; die Vorstellung, daß der sterbliche Mensch (→ Jīva) als Erscheinung Brahmans nur eine Denkprojektion des Inneren Organs (→ Antahkarana) ist.

Abhava, Skrt.; 1. Nicht-Existenz, das Fehlen manifestierter Objekte; 2. Erlösung.

Abhaya-Vachana (Abhaya-Vacana), Skrt., wörtl. *abhaya:* »Furchtlosigkeit«, *vachana:* »Worte«; Worte, die nur gesprochen werden können, wenn ein Mensch durch spirituelle Erkenntnis die Furcht überwunden hat, deren Wurzel die Identifizierung mit dem Körper ist.

Abheda-Bodha-Vākya, Skrt., wörtl. *abheda:* »Identität«, *bodha:* »Erwachen«, *vākya:* »Satz, Ausspruch«; eine Formel, mit der die höchste Intelligenz, die Letzte Wahrheit angerufen wird.

Abhimāna, Skrt.; Hochmut, verletzter Stolz, Selbstsucht, Überheblichkeit – alles Merkmale eines mit seinem Körper identifizierten Ego, das sich aus der Einheit gelöst hat und glaubt, eine gesonderte Individualität zu sein.

Abhimukti, Skrt.; Befreiung vom Kreislauf der Wiedergeburt, der nur fortgesetzt wird, solange Wünsche vorhanden sind.

Abhinivesha (Abhiniveśa), Skrt.; 1. Neigung, Zuneigung; 2. Lebenslust, Anklammern ans Leben; 3. Hartnäckigkeit, das Bestehen darauf, einen Zweck zu verfolgen oder ein Objekt zu erlangen.

Abhyāsa, Skrt., wörtl.: »Wiederholung, wiederholte Beschäftigung, Übung«; das Ausüben spiritueller Disziplinen.

Āchamana (Ācamana), Skrt., wörtl. »Mundreinigung«; das Schlürfen und Versprengen von Wasser, wodurch der Anbetende symbolisch nicht nur alles reinigt, was durch den Mund eingeht, sondern auch, was von ihm ausgeht, d. h. alle Worte, die er spricht. Dies ist ein Teil der → Pūjā, der formalen Gottesverehrung, durch die der Hindu sein Denken von der Sinnenwelt abzieht und auf Gott richtet.

Āchārya (Ācārya), Skrt.; Lehrer, Meister. Spiritueller Meister, der nicht nur die philosophischen Systeme beherrscht, sondern auch die in ihnen enthaltenen Wahrheiten verwirklicht hat. Zahlreiche große Heilige erhielten diese Bezeichnung als Namensergänzung, z. B. Shankarāchārya für → Shankara.

Achintya-Shakti (Acintya-Śakti), Skrt.; die Kraft des Undenkbaren, des Göttlichen, im → Mantra, die vom Verstand nicht begriffen werden kann.

Ādesha (Ādeśa), Skrt.; Befehl oder Anweisung geben, auf etwas hinweisen. Hauptsächlich ist es der → Guru, der Anweisungen für den spirituellen Weg und für die Überwindung der Hindernisse auf demselben gibt.

Ādhāra, Skrt., wörtl.: »Gefäß«; das, worin sich Bewußtsein manifestiert, das physisch-psychische Instrument des Körpers und Denkens, das sich aus den fünf Hüllen (→ Kosha) zusammensetzt, die das absolute Bewußtsein im Menschen (→ Ātman) umgeben.

Adharma, Skrt.; das Fehlen von Rechtschaffenheit und Tugend, das Gegenteil von → Dharma, ein Zustand, der durch Nicht-Erkenntnis entsteht. In ihm dominieren Trägheit (→ Tamas) und Gier (→ Rajas).

Adhibūta, Skrt. → Adhidaiva

Adhidaiva, Skrt.; Bereich der Götter, göttlicher Aspekt übernatürlich, übersinnlich.
In der *Bhagavad-Gītā* (VII, 30) spricht Krishna von Adhidaiva, und Adhibūta. Der Pāndava-Prinz Arjuna bittet Krishna, ihm diese Begriffe zu erklären (VIII, 1): Krishna antwortet, die Grundlage aller erschaffenen Dinge (Adhibūta) sei die veränderliche Natur, die Grundlage der göttlichen Elemente (Adhidaiva) hingegen der kosmische Geist.

Adhidevatā, auch Adhidaivata, Skrt.; allg. Ausdruck für eine Gottheit, die man anruft, um ihren Schutz zu erbitten.

Adhimātrā, Skrt.; jenseits aller Maße und aller Begrifflichkeit, das Höchste; Gott oder das Absolute (→ Brahman).

Adhvaryu, Skrt. → *Yajurveda*

Adhyāropa, Skrt., wörtl. »fälschliche Überdeckung«; die Wirklichkeit wird mit einer falschen Vorstellung überdeckt. → Shankara gibt das Beispiel von einem Tau, das in der Dämmerung irrtümlich mit der (falschen) Vorstellung einer Schlange überdeckt wird. Auf diesen durch Nicht-Erkenntnis (→ Avidyā) entstehenden Irrtum weist der → Advaita-Vedānta unermüdlich hin. Der Gelehrte Sadānanda widmet ihm das zweite Kapitel seines → *Vedāntasāra.* (Siehe dazu auch → Vikshepa.)

Adhyāsa, Skrt.; Irrtum der Wahrnehmung, Nicht-Sehen dessen, was wirklich ist; annähernd sinngleich mit → Vikshepa. (Siehe dazu auch → Adhyāropa.)

Ādhyātma-Rāmāyana, Skrt.; eine spirituelle Interpretation von → Rāmas Leben; ein Werk, das mit Begriffen des Nicht-

Dualismus das → *Rāmāyana* interpretiert und das göttliche Wesen Rāmas hervorhebt. Es ist ein Teil des *Brahmānda-Purāna* (→ Purāna).

Ādhyātma-Yoga, Skrt., von: *ādhyātma:* »der höchste Ātman, das höchste Selbst«; 1. eine Übung des Yoga, die durch Selbsterkenntnis und Selbstverwirklichung die Identifizierung mit Körper und Denken überwindet und die Erkenntnis bringt, daß der Mensch als → Ātman absolutes Bewußtsein ist und somit identisch mit → Brahman. Der auf diesem Weg erlangte überbewußte Zustand, in dem der Yogi zum → Jīvanmukta wird, wird Ādhyātma-Prasāda genannt; 2. eine philosoph. Schule der → Shankara-Tradition.

Ādhyātmika, Skrt.; der spirituelle Weg zur Erkenntnis des Selbst bzw. das innere Erleben des Menschen auf der Reise vom Sterblichen zum Unsterblichen.

Ādi Granth, Hindi; heiliges Buch der Sikhs (→ Sikhismus). Es wurde von Guru Arjan 1604 begonnen und von Guru Govind → Singh 1705 vollendet. Dieser ernannte das heilige Buch zum Guru, und danach wurde es unter dem Titel *Guru Granth* bekannt. Man betrachtet das nicht weniger als 3384 Hymnen mit 15575 Versen umfassende, größtenteils in Hindi geschriebene Kompilationswerk als Manifestation der mystischen Persönlichkeiten der Gurus und somit als Stimme der unsterblichen, spirituellen Lehrer.

Aditi, Skrt.; 1. grenzenloser Raum, Unendlichkeit; unendliches Bewußtsein; 2. Mutter der Sonnengötter, dann Aditī (femin. Form).

Āditya, Skrt.; Sonne, der Sonnengott; in den Veden manchmal identisch mit → Savitri, manchmal mit → Sūrya.

Ādityavarna (Ādityavarṇa), Skrt.; in einer Vision wahrgenommenes Licht in der Farbe der Sonne; eine Tatsache der spirituellen Erfahrung.

Advaita, Skrt., wörtl.: »Nicht-Zweiheit«; ein Zustand, der nur Gott oder dem Absoluten zugeschrieben werden kann; er ist dem Verstand nicht zugänglich, da das ego-gebundene Denken des Wachzustandes aus der Dualität der Subjekt-Objekt-Beziehung nicht herauszutreten vermag. Der Begriff bekommt für den Westen Bedeutung durch die neuesten Erkenntnisse der Atomphysik. (Siehe dazu → Advaita-Vedānta.)

Advaitānanda, Skrt.; die Seligkeit der Erkenntnis des Absoluten.

Advaita-Vedānta, Skrt., eines der drei Denksysteme des → Vedānta, dessen wichtigster Vertreter → Shankara ist. Der Advaita-Vedānta lehrt, daß die gesamte Erscheinungswelt, die Seele und Gott identisch sind. So wie die moderne Physik bei der Untersuchung der subatomaren Teile herausfand, daß Materie aus ständig in Bewegung befindlichen Kraftfeldern von Energie besteht, so erkannten die Weisen (Rishis) des Advaita, daß die Wirklichkeit aus Energie in Form von Bewußtsein (→ Chit) besteht und der Mensch durch ego-bedingte Körperidentifizierung mit grobstofflichen Sinnesorganen ein grobstoffliches Universum wahrnimmt. Etwas Wirkliches, Unveränderliches wird vom Denken überdeckt (→ Vikshepa) mit der Vorstellung einer sich ständig verändernden Erscheinungswelt aus Namen und Formen (→ Nāmarūpa).

Ādya-Shakti (Ādya-Śakti), Skrt.; 1. die Urkraft, die uranfängliche Energie; 2. das höchste, göttliche Bewußtsein bzw. die göttliche Allmacht, die alle Welten durchdringt; 3. Beiname der Göttlichen Mutter (→ Shakti).

Āgama, Skrt., wörtl.: »Quelle der Lehre«. 1. Schriften allgemein; 2. ein Tantra oder anderes Werk, das sich mit der mystischen Anbetung → Shivas und seiner → Shakti befaßt; 3. mündlicher oder schriftlicher Beweis.

Āgāmi-Karma, Skrt.; zukünftiges → Karma, das durch jetzige Handlungen und Wünsche entsteht und sich nach dem Gesetz der Kausalität in der Zukunft auswirken muß. Daneben unterscheidet man → Prārabdha-Karma (das »angefangene«, gegenwärtig in Auswirkung befindliche Karma) und → Sanchita-Karma (früher angesammeltes Karma, das noch auf seine Auswirkung wartet). Āgāmi-Karma ist insofern von besonderer Bedeutung, als man durch seine jetzigen Taten und Wünsche seine eigene Zukunft beeinflussen kann.

Agni, Skrt.; Feuer, eines der ältesten und heiligsten Objekte der Hindu-Verehrung. Es erscheint am Himmel als Sonne, in der Luft als Blitz und auf Erden als Feuer. Personifiziert ist Agni eine der Gottheiten der Veden, der viele Hymnen gewidmet sind.

Agnihotra, Skrt.; 1. das Ritual des allmorgendlichen und -abendlichen Milchopfers an → Agni; 2. über den bloßen Vollzug des Rituals hinaus das Verständnis dessen, was dabei geschieht. Das Ritual soll in Wirklichkeit der Vorbereitung und Unterstützung der Kontemplation dienen.

Agni-Vaishvānara (Agni-Vaiśvānara), Skrt.; das universale, göttliche Bewußtsein, in dem alle Welten, Menschen und Götter enthalten sind.

Agni-Yātavedas, Skrt.; das Feuer der Bewußtseinskräfte, das als »Kenner aller Geburten« bezeichnet wird. Es ist das absolute Bewußtsein, das als geistiges Feuer die Intelligenz beflügelt und sie befähigt, das Kommen und Gehen in der → Māyā beobachten zu können.

Aham Brahman Asmi (Aham Bbrahmāsmi), Skrt., wörtl.: »Ich bin Brahman«; eines der → Mahāvākyas, der großen Lehrsätze der Veden. Es erklärt die absolute Identität des Selbst mit → Brahman. Aham ist das wirkliche Ich (→ Ātman) des Menschen und muß von Ahamkāra (Ichbewußtsein) unterschieden werden.

Ahamkāra (Ahaṃkāra), Skrt.; Ego, Ichbewußtsein, ein Teil von → Antahkarana, dem Inneren Organ, das alle geistigen Vorgänge möglich macht.

Ahampratyaya, Skrt.; eine Formveränderung der Intelligenz, die zum Ichbewußtsein führt. Es ist der Glaube (Pratyaya), Körper und Denken zu sein, wobei die Intelligenz das absolute Bewußtsein für Denkprojektionen benutzt, die alle an das Ich (Aham) gebunden sind.

Ahimsā (Ahiṃsā), Skrt., wörtl.: »Nicht-Verletzen«. Das Unterlassen des Verletzens von lebenden Wesen durch Gedanken, Worte und Taten, eine der fünf Tugenden der ersten Stufe (Yama) des → Rāja-Yoga, die im *Yoga-Sūtra* des → Patañjali gefordert werden und das für alle Stufen geltende »Große Gelübde« (→ Mahāvrata) bilden. Die anderen vier sind: Satya (Aufrichtigkeit), Asteya (Nicht-Stehlen), Brahmacharya (Enthaltsamkeit) und Aparigraha (Besitzlosigkeit).

Aishvara-Yoga (Aiśvara-Yoga), Skrt.; die göttliche Einheit, von der die → *Bhagavad-Gītā* spricht, in der das Göttliche eins ist mit aller Existenz, aber als → Īshvara alle Existenz übersteigt. Aishvara ist das Adjektiv von Īshvara.

Aishvarya (Aiśvarya), Skrt., wörtl.: »Erhabenheit«; eine der sechs Eigenschaften des → Īshvara, des Persönlichen Gottes.

Aitareya, Skrt.; Name einer → Upanischade, die zum *Rigveda* gehört. Sie lehrt Selbsterkenntnis und beschreibt das Wesen des → Ātman.

Ajapa-Mantra, Skrt.; die unwillkürliche Wiederholung eines → Mantra, einer heiligen Formel.

Ājñā-Chakra, Skrt. → Chakra, 6.

Ajñāna, Skrt.; Nicht-Wissen. Es bezieht sich nicht auf fehlendes Wissen auf der empirischen Ebene und nicht auf Fakten der Erscheinungswelt, sondern auf den Zustand, in dem man sich für einen sterblichen Körper hält und nicht weiß, daß man als Selbst absolutes Bewußtsein (→ Brahman) ist. Seine Auswirkungen sind die gleichen wie bei → Avidyā. Das Gegenteil von diesem Nicht-Wissen ist → Jñāna.

Akāma, Skrt.; Wunschlosigkeit, Bedürfnislosigkeit. Dieser Zustand ist identisch mit Ichlosigkeit, denn nur das Ego hat Wünsche und Bedürfnisse, nicht das Selbst (→ Ātman).

Ākāsha (Ākāśa), Skrt.; das Alldurchdringende, der Raum. Der Äther, das feinste der fünf Elemente; eine Substanz, von der man annimmt, daß sie das gesamte Universum erfüllt und durchdringt und der besondere Träger des Lebens und des Klanges ist.

Akrodha, Skrt.; Freisein von Ärger, Zorn und Groll. Dieser Zustand kann durch Beherrschung des Denkens und Verwirklichung der Ichlosigkeit erlangt werden, denn nur das Ego produziert diese Eigenschaften.

Akshara (Akṣara), Skrt.; wörtl.: »unwandelbar«; das Unzerstörbare; eine Bezeichnung für → Brahman.

Akshara-Purusha (Akṣara-Puruṣa), Skrt.; die regungslose Seele, das unbeteiligte Selbst, das sich von den Bewegungen und Veränderungen der → Prakriti, der Natur, loslöst und nur noch der Zuschauer ihrer Vorgänge ist.

Alābha-Bhūmikātva, Skrt.; die Unfähigkeit, gleichmäßig und ausdauernd zu üben; keinen festen Grund unter den Füßen haben; das Gefühl, die Wirklichkeit nicht erringen zu können.

Ālambana, Skrt.; Halt, Stütze, Hilfe für die Konzentration. Dazu gehören ruhiges, beherrschtes Atmen und eine Körperhaltung, die die Konzentration nicht stört.

Ālvār, Tamil (südind.), soviel wie: »Der die Welt beherrscht durch seine Hingabe an Gott«; die Ālvārs sind → Vaishnava-Heilige Südindiens.

Amanaska, Skrt.; der Zustand, in dem man frei ist von Gedanken, Wünschen und Verlangen. Nur in Tiefschlaf, Bewußtlosigkeit und → Samādhi kann dieser Zustand eintreten, nicht im Wachen und nicht beim Träumen. Spirituellen Nutzen hat man von diesem Zustand jedoch nur im Samādhi.

Amarakosha (Amarakośa), Skrt., wörtl.: »Unsterblicher Wortschatz«; das wichtigste Lexikon des klassischen Sanskrit, verfaßt von Amara-Simha, der zwischen dem 6. und 8. Jh. lebte und Buddhist war. Das buddhist. Vokabular erfährt in seinem Werk jedoch keine besondere Berücksichtigung.

Amara-Purusha (Amara-Puruṣa), Skrt.; das unsterbliche Selbst, die Seele.

Ambā, Skrt., wörtl.: »Mutter«; ein Name für → Shakti, die Göttliche Mutter.

Amitābha, auch Amita, Skrt. (jap. Amida), wörtl.: »Grenzenloses Licht«; einer der wichtigsten und volkstümlichsten Buddhas des → Mahāyāna, der im frühen Buddhismus unbekannt ist. Er ist Herrscher über das »Westliche Paradies« Sukhāvatī, das nicht als Lokalität, sondern als Bewußtseinszustand zu verstehen ist (→ Reines Land). Amitābha steht im Zentrum der Verehrung in der Schule des Reinen Landes des chin. und jap. Buddhismus (→ Amidismus). Er symbolisiert Erbarmen und Weisheit.

Amrita (Amṛta), Skrt., wörtl.: »unsterblich«; Unsterblichkeitstrank, das Wasser des Lebens; ein in den Veden häufig gebrauchter Begriff. Auch der → Soma wurde oftmals so bezeichnet (→ Umrühren des Ozeans).

Amritattva (Amṛtattva), Skrt.; Unsterblichkeit, ewiges Leben; in der Körperebene nicht möglich, sondern nur erreichbar durch Verwirklichung des wahren Selbst (→ Ātman), das als absolutes Bewußtsein identisch ist mit Gott (→ Brahman).

Anāhata-Chakra, Skrt. → Chakra, 4.

Anāhata-Shabda (Anāhata-Śabda), Skrt., wörtl.: »unangeschlagener Klang«; ein mystischer Klang, oft auch Sphärenmusik genannt, der in einem gewissen Stadium der spirituellen Entwicklung in der Meditation wahrgenommen werden kann. Auch das → OM wird gelegentlich als Anāhata-Shabda bezeichnet. (Siehe dazu auch → Chakra.)

Ānanda, Skrt., wörtl.: »Seligkeit«, absolute Freude. Nicht die Freude an den Sinnesobjekten, die ja vergänglich sind, sondern die Seligkeit eines Zustandes jenseits aller Dualität und aller Gegensatzpaare.
→ Vedānta ist der Auffassung, daß ein Bewußtseinszustand, der frei vom Denken ist, also weder Krankheit, Alter, Tod noch Angst, Sorgen, Leid und Kummer projiziert, reine Seligkeit ist. Bei der begrifflichen Umschreibung des abstrakten Begriffs → Brahman wird im Vedānta die Formulierung »Sat-Chit-Ānanda« benutzt, wobei Ānanda, die unbeeinträchtigte, absolute Seligkeit, nur im → Samādhi erfahren wird und göttlichem Bewußtsein gleichzusetzen ist. – In den Mönchsorden der → Shankara-Tradition enden die Namen der → Sannyāsin auf *-ānanda,* z. B. Vivekānanda.

Ānandagiri, ein bedeutender Schüler von → Shankara. Er lebte im 9. oder 10. Jh. und schrieb eine der besten Biographien über den Heiligen, *Shankaravijaya* (»Shankaras Sieg«), in der er neben Shankaras Leben auch seine Kontroversen und Auseinandersetzungen mit den Gegnern seiner Lehren beschreibt. Ānandagiri ist auch der Verfasser des *Nyāyanirnaya,* eines → Advaita-Vedānta-Werks, das sich mit den Auffassungen des → Nyāya auseinandersetzt.

Ānandamaya-Kosha (Ānandamaya-Kośa), Skrt.; die letzte Hülle, die das Selbst verdeckt, auch Seligkeitshülle oder Ursachehülle genannt (→ Kosha).

Ānandamayī Mā, 1896–1982, wurde in Kheora (Ostbengalen, heute Bangladesch) geboren. Die Eltern gehörten der Brahmanenkaste an und gaben ihr den Namen Nirmalā Sundarī Devī. Mit zwölf Jahren wurde sie verheiratet, zeigte aber von früher Jugend an nur Interesse für ein spirituelles Leben. Innerhalb von sechs Jahren durchlief sie alle Yoga-Wege, die zur Erleuchtung führen. Sie nannte das ihr »→ Līlā des → Sādhana«. Nach ihrer Erleuchtung erhielt sie den Namen Ānandamayī Mā (»die von Seligkeit durchdrungene Mutter«). Bald sammelten sich Schüler und Verehrer um sie, die 1929 in Dacca den ersten Āshrama für sie errichteten. 1932 begab sie sich nach Dehradun am Fuße des

Himālaya, wo 1936 ein weiterer Āshrama für sie entstand. Von da an reiste sie jahrzehntelang durch ganz Indien, um spirituell Suchenden aller Schichten Trost und Hilfe zu bringen. Es entstanden zahlreiche Āshramas unter ihrem Namen, die wichtigsten in Kalkutta, Benares und Kankhal/Hārdvār. Am 27. 8. 1982 hat sie in ihrem Āshrama in Dehradun ihren Körper aufgegeben. Eine Auswahl von Aussagen der Heiligen findet sich in: Anandamayi Ma, *Worte der glückseligen Mutter,* Heiligkreuzsteinach 1980.

Ānanda-Purusha (Ānanda-Puruṣa), Skrt.; Begriff der → Upanischaden, mit dem klargemacht werden soll, daß unser wahres Selbst nichts anderes als Seligkeit sein kann.

Ānandatirtha → Madhva

Ananta, Skrt., wörtl.: »unendlich«; 1. ein Name für → Vishnu; Bezeichnung für die Schlange, auf der Vishnu lagert; 2. wie ein spirituell Strebender Gott betrachten sollte.

Anātma-Vritti-Nirodha (Anātma-Vṛtti-Nirodha), Skrt.; Zügelung grober Impulse; Beherrschung des Denkens, wenn es die Form von Zorn, Angst, Gier usw. angenommen hat.

Anavasthi-Tattva, Skrt.; Unbeständigkeit bei den spirituellen Übungen, verursacht durch die Vorstellung, die höchste Stufe des → Samādhi schon erlangt zu haben.

Andaja, Skrt. → Chatur-Yoni

Anga (Aṇga), Skrt., wörtl.: »Glied, Bestandteil«; 1. die acht Glieder oder Stufen des → Rāja-Yoga; 2. ein Teil der heiligen Schriften des → Jainismus. Die Angas gehören zum kanonischen Text, der im 5. Jh. n. Chr. endgültig festgelegt wurde und in → Prākrita geschrieben ist. Später wurde eine Sanskrit-Terminologie entwickelt, um den Jainismus gegen die orthodoxen Schulen des Hinduismus zu verteidigen.

Angkor Wat, Tempelanlage in Zentralkambodscha, die als Höhepunkt der klassischen Kunst und Architektur der Khmer gilt. Unter König Surjawarman II. (1113–1150) erbaut, war Angkor Wat zunächst ein → Vishnu geweihtes hinduist. Heiligtum. Seit die nachfolgenden Könige der Khmer zum Buddhismus übertraten, wurde Angkor Wat als buddhist. Heiligtum genutzt. Nach der Zerstörung von Angkor durch die Thai und die Flucht der Khmer-Könige nach Phnom Penh im 15. Jh. geriet Angkor Wat in Vergessenheit, wurde vom Urwald überwuchert und erst im 19. Jh. wiederentdeckt.

Aniruddha, Skrt. Ein Sohn von → Pradyumna und Enkel von Krishna.

Anīsh (Anīś), Skrt., wörtl.: »kein Herrscher«; ein Mensch, der nicht frei ist, sondern durch Nicht-Erkenntnis gefesselt.

Anitya, Skrt., wörtl.: »Unbeständigkeit«. Nichts ist von Dauer, sondern alles ist im Fluß von Werden und Vergehen; das Merkmal der → Māyā, deren einzige Beständigkeit der Wandel ist.

Añjali, Skrt.; 1. eine Haltung des → Hatha-Yoga, bei der die Hände mit nach oben gerichteten Fingern gefaltet werden; 2. die indische Art der Begrüßung durch Zusammenlegen der Handflächen.

Annamaya-Kosha (Annamaya-Kośa), Skrt.; die Körperhülle, auch Nahrungshülle genannt, die das Selbst umgibt und uns am bekanntesten und vertrautesten ist (→ Kosha).

Annamāyā-Purusha (Annamāyā-Puruṣa), Skrt.; nachdem Ātman, das Selbst, die Nahrungshülle (→ Annamāyā-Kosha) angelegt hat, wird es zum materialisierten Bewußtsein, zur körperlichen Person.

Annapūrnā, Skrt., wörtl.: »die Nahrung Spendende«; 1. ein Name der Göttlichen Mutter; eine der zwei residierenden Gottheiten in → Kāshi, die andere ist → Vishvanātha; 2. Name eines Bergmassivs des Himālaya in Nepal.

Antahkarana (Antaḥkaraṇa), auch Antarindriya, Skrt., wörtl.: »Inneres Organ«, »Inneres Instrument«; das, was uns denken, empfinden, erinnern und unterscheiden läßt. Es setzt sich zusammen aus → Manas, → Chitta, → Buddhi und → Ahamkāra. Als feine Form der → Prakriti ist Antahkarana leblos, wird aber aktiv, weil das Bewußtsein des Ātman sich in ihm reflektiert.

Antara-Kumbhaka, Skrt.; Anhalten des Atems nach einer vollen Einatmung (→ Prānāyāma); ein Terminus des → Hatha-Yoga.

Antaranga-Sādhana (Antaraṇga-Sādhana), Skrt., wörtl.: »innere spirituelle Übungen«; die letzten drei der acht Stufen des Yoga des → Patañjali, nämlich: → Dhāranā, → Dhyāna und → Samādhi.

Antarātman, Skrt.; das innere Selbst, der göttliche Funke; die Instanz, die alle Erfahrungen auswertet, spirituelle Erkenntnis entwickelt und mit der Zeit Gottverwirklichung erreicht.

Antarindriya, Skrt., identisch mit → Antahkarana

Antarmukha, Skrt.; nach innen gewendet bzw. Betrachtung der inneren Vorgänge. Dieser Begriff hat Ähnlichkeit mit der Forderung der fünften Stufe des → Rāja-Yoga: dem Abziehen der Sinne von den äußeren Objekten. Beides dient der Vorbereitung auf die Konzentration und Meditation.

Antaryāmin, Skrt., wörtl.: »innerer Führer«; Gott als unser innerer Herrscher, unser wirkliches Selbst (→ Ātman), das identisch ist mit göttlichem Bewußtsein.

Anubhāva, Skrt., wörtl. *anu:* »auf etwas hin«, *bhāva:* »Werden, reales Sein«; Erfahrung, unmittelbares Innewerden, Verwirklichung, Gewißheit. Die aus den Schriften gewonnene indirekte Erkenntnis des Göttlichen führt, wenn sie durch Erfahrung verwirklicht wird, zur Gewißheit der direkten Erkenntnis und damit zur Erleuchtung. Dieser ganze Vorgang ist in Anubhāva zusammengefaßt.

Anubhāvi-Guru, Skrt., wörtl.: »Augenzeuge«; der Guru ist sozusagen Augenzeuge der höchsten Wahrheit, da er sie erfahren und verwirklicht hat.

Anushthāna (Anuṣṭhāna), Skrt.; das Vollziehen religiöser Übungen und Riten. Die Anleitungen dazu sind im → Karmakānda der Veden enthalten.

Anuvyavasāya, Skrt.; eine höhere Form der Wahrnehmung, die nach intensiver Reflexion über das Selbst (→ Ātman) entsteht. Es ist eine unmittelbare, nicht durch das Denken gefilterte Wahrnehmung physischer und psychischer Gegebenheiten.

Anvaya, Skrt.; eine Methode der Übereinstimmung, der logischen Verbindung; was mit unseren eigenen Erfahrungen übereinstimmt und weder ihnen noch der Logik widerspricht.

Apara-Prakriti (Apara-Prakṛti), Sktr.; die niedere Natur, in der sich alles Stoffliche wie Körper, Pflanzen und unbelebte Materie manifestiert.

Aparā-Vairāgya, Skrt.; die Anfangsstufe der Entsagung, in der man Läuterung, Ruhe und Abstand gewinnt.

Apara-Vidyā, Skrt., wörtl.: »geringeres Wissen«; relative oder indirekte Erkenntnis, die durch Sinne und Intellekt erlangt wird: Erkenntnis der Wissenschaften, Kunst, Schrifttum – Wissen also aus zweiter Hand. (Beispiel: die Kenntnis einer Stadt aus Bildbänden und Stadtplänen, ohne durch ihre Straßen gegangen zu sein.) Das Gegenteil ist → Para-Vidyā.

Aparigraha, Skrt.; Besitzlosigkeit, Begierdelosigkeit; der Zustand, in dem man frei ist von dem Verlangen nach Horten und Sammeln; eine der fünf Tugenden der ersten Stufe (Yama) des → Rāja-Yoga, die im *Yoga-Sūtra* des → Patañjali gefordert werden und das für alle Stufen geltende »Große Gelübde« (→ Mahāvrata) bilden. Die übrigen vier sind: Satya (Aufrichtigkeit), Ahimsā (Nicht-Verletzen anderer), Asteya (Nicht-Stehlen) und Brahmacharya (Enthaltsamkeit).

Aparoksha (Aparokṣa), Skrt., wörtl.: »wahrnehmbar, nicht verborgen«, auch: gegenwärtig, sichtbar; eine Bezeichnung für Bewußtsein, das als Wachen, Träumen und Tiefschlaf in jedem Menschen vorhanden ist. → Shankara hat eine Abhandlung geschrieben mit dem Titel *Aparokshānubhūti* (»Direkte Erfahrung der Wirklichkeit«).

Apramatta, Skrt., wörtl.: »nicht fahrlässig«; seinem inneren Gesetz treu bleiben, ohne sich selbst zu verlieren; nicht fahrlässig seine schwer zu erlangende menschliche Geburt vergeuden, deren spirituelles Ziel es ist, Befreiung zu erlangen.

Apsarā, Skrt., wörtl.: »sich im Wasser bewegend«; die Apsarās sind gefeierte Nymphen im Himmel → Indras.

Ārādhana, Skrt.; 1. Verehrung des Göttlichen, Liebe zu und Hingabe an Gott und das Streben nach ihm; 2. Gebet und Wiederholung des göttlichen Namens.

Ārambha-Vāda, Skrt.; eine Theorie, die besagt, daß die Schöpfung auf Kausalität beruht, also Wirkung einer Ursache ist.

Āranyaka (Āraṇyaka), Skrt., wörtl.: »zum Wald gehörend«; die Āranyakas sind Nachträge zu den → Brāhmanas, die sich wiederum an die vedischen Samhitās anschließen, und gehören deshalb jeweils zu einem bestimmten Veda (→ Veden). Sie sind als Lektüre für die Waldeinsiedler gedacht, enthalten mystische Betrachtungen sowie die Beschreibung wichtiger Riten und bilden den Ausgangspunkt für die → Upanischaden.

Ārati, auch Aratrika, Skrt.; ein abendlicher Gottesdienst in Form einer Pūjā mit Blumen, Räucherstäbchen und → Bhajana, bei dem Lichter vor dem Bildnis eines Gottes oder eines Heiligen geschwenkt werden.

Arghya, Skrt.; Darbringen von Opfern für eine Gottheit bei der rituellen Anbetung der Hindus (→ Pūjā), wobei Blumen, Blätter eines heiligen Baumes, Sandelpaste, Dūrvā-Gras und Reis verwendet werden.

Ārjava, Skrt.; Geradlinigkeit, Aufrichtigkeit; eine der Daiva-Gunas, der göttlichen Eigenschaften (→ Gunas), die Krishna im 16. Gesang der *Bhagavad-Gītā* aufzählt und den dämonischen gegenüberstellt. Ārjava erwähnt er im 1. Vers dieses Gesanges.

Arjuna, Skrt., wörtl.: »weiß«; einer der fünf → Pāndava-Brüder und Kriegsheld aus dem *Mahābhārata.* Er war ein Freund und Schüler Krishnas, eines hinduist. → Avatāra. Seine Belehrung erfolgte auf dem Schlachtfeld → Kurukshetra, auf dem Krishna sein Wagenlenker war. Arjuna ist das Beispiel eines spirituell Strebenden, durch den Gott die ganze Menschheit belehrt. Arjunas Unterweisung durch Krishna finden wir in der *Bhagavad-Gītā.*

Āropa, Skrt., identisch mit → Adhyāropa

Arpitamano-Buddhi, Skrt.; gottergebenes Denken und Verstehen, das durch eine spirituelle Praxis von egoistischen Regungen frei geworden ist.

Artha, Skrt.; Reichtum, Besitz; eines der vier Ziele des menschlichen Strebens, das im Hinduismus so lange nicht als verwerflich gilt, wie bei seiner Verfolgung Moral und → Dharma berücksichtigt werden. Die drei anderen Ziele sind: Dharma (Rechtschaffenheit, Tugend), → Kāma (Sinnenlust) und → Moksha (Befreiung).

Arthana-Chandata-Kriyā, Skrt.; eine der acht okkulten Kräfte, die fortgeschrittene Yogis erlangen können. Sie befähigt den Yogi, alles, was er will, in die Tat umzusetzen.

Arunāchala (Aruṇācala), Skrt., wörtl.: »roter Berg« oder »Hügel des Lichts«; ein heiliger Berg im heutigen Tamil-Nadu, Südindien. Der Tamil-Legende nach ist er älter als der Himālaya.

Aryaman, Skrt.; 1. einer der → Ādityas; der Herr aller Sehnsucht und allen Strebens nach spirituellem Aufstieg; 2. die strebenden Kräfte der Wahrheit; das Licht des göttlichen Bewußtseins, das als Kraft wirkt.

Ārya Samāj, Skrt.; eine soziale und religiöse Reformbewegung des 19. Jh. in Indien, die von Svāmi → Dayānanda gegründet wurde und hauptsächlich in Nordindien Einfluß gewann.

Asamprajñāta-Samādhi, Skrt. → Samprajñāta-Samādhi

Āsana, Skrt.; 1. die verschiedenen Körperhaltungen des → Hatha-Yoga; 2. Platz oder Matte, auf der ein spirituell Strebender sitzt. In der *Bhagavad-Gītā* heißt es, daß der Platz fest, nicht zu hoch und nicht zu tief sein soll und still und sauber sein muß; der ind. Tradition nach soll er mit heiligem Gras bedeckt sein, worüber ein Rehfell und ein Tuch gelegt werden. Für den westl. Menschen genügt jeder bequeme Sitz, der dem Meditierenden gestattet, seinen Körper zu vergessen; 3. Körperhaltung während der Meditation, die dritte Stufe im Yoga des → Patañjali.

Āsana-Jaya, Skrt.; Beherrschung einer Körperhaltung des → Hatha-Yoga; die Fähigkeit, eine Stellung ohne Schwierigkeiten beizubehalten.

Asanga (Asaṇga), Skrt., wörtl.: »unberührt, ungebunden«. Der Zustand einer freien Seele (→ Ātman), die erkannt hat, daß sie nicht Körper und Denken ist, sondern absolutes Bewußtsein.

Asat, Skrt., wörtl.: »Nicht-Sein, Nicht-Existenz«; oft als Basis der materiellen Welt bezeichnet. Es ist ein abstrakter Begriff, da wir, als Instrument des Seins, uns Nicht-Sein nicht vorstellen können und es uns nur möglich ist, vom Fehlen von Objekten zu sprechen. Asat bezeichnet deshalb auch das Unerkennbare jenseits des Seins, etwas, was der Sprache und dem Denken nicht zugänglich ist und sich jeder Definition entzieht. Es ist das eigenschaftslose Absolute des → Advaita-Vedānta.

Āshrama (Āśrama), Skrt.; 1. auch Āshram, ein Zentrum für religiöse Studien und Meditation; es kann ein Heim, ein Landhaus, eine Einsiedelei oder ein Kloster sein. Jeder Versammlungsort spirituell Strebender ist ein Āshram. 2. Die vier Lebensstufen, in die der Hinduismus nach vedischen Vorschriften das Leben der

Menschen einteilt: die erste ist → Brahmacharya, die zweite → Grihastha, die dritte → Vānaprastha, die vierte → Sannyāsa.

Āshraya (Āśraya), Skrt., wörtl.: »Aufenthaltsort, Zuflucht«; Bewußtsein als die Basis aller manifestierten und unmanifestierten Dinge. Āshraya ist ein Begriff aus dem Nach-Shankara-Vedānta.

Ashtānga-Yoga (Aṣṭāṇga-Yoga), Skrt.; Achtgliedriger Yoga. Eine besondere Bezeichnung für den → Rāja-Yoga, weil er aus acht Gliedern (→ Anga) oder Stufen besteht.

Ashtāvakra (Aṣṭāvakra), Skrt., wörtl.: »achtfach verkrüppelt«; ein Weiser, Sohn von → Kahoda, der trotz körperlicher Mißbildung der geistige Lehrer → Patañjalis wurde. Er soll der Verfasser der *Ashtāvakra-Samhitā* (auch *Ashtāvakra-Gītā*) sein, einer kurzen Abhandlung in Dialogform über die Erkenntnisse und Wahrheiten des Vedānta, die als Standardwerk des → Advaita-Vedānta gilt. Sie liegt in dt. Übersetzung vor: *Bhagavadgita / Aschtavakragita,* übers. v. L. v. Schroeder/H. Zimmer, Düsseldorf/Köln ³1983.

Ashubha (Aśubha), Skrt., wörtl.: »ungünstig, unglücklich, unrein, häßlich«; das Gegenteil von *shubha* (»günstig, glücklich, Gutes verheißend«).
Ein Sprachsymbol aus der Welt der Gegensatzpaare, deren Bedeutung relativ und subjektiv ist.

Ashvattha (Aśvattha), Skrt.; 1. der als heilig verehrte Feigenbaum Indiens; 2. der Lebensbaum. Er wird dargestellt mit seinen Wurzeln im Himmel und den Zweigen und Blättern auf der Erde. Der Baum ist das Symbol für das kosmische Sein, das in transzendentalen Bereichen verwurzelt ist und dessen Zweige in die Welt reichen. → Brahman, das Eine, hat als kosmisches Sein zwei Aspekte: die Wurzeln des Ashvattha als das unmanifestierte Absolute, Stamm und Zweige als manifestierte Wesen.

Ashvatthāman (Aśvatthāman), ein General der → Kauravas. Nach der letzten großen Schlacht waren (wie das *Mahābhārata* berichtet) Ashvatthāman und zwei andere Krieger die einzigen Überlebenden der Kauravas.

Ashvin (Aśvin), Skrt., wörtl.: »Pferdelenker«; ein Arztgötterpaar namens Nāsatya und Dasra, Symbole für die Nervenkräfte und die Vitalkräfte; zwei Gottheiten, die vor der Morgendämmerung auf einem goldenen, von Pferden oder Vögeln gezogenen Wagen am Himmel erscheinen und ihr Gefährt auf einem goldenen Weg (Hiranyarūpa) hinunter zur Erde lenken, um die Menschen vor Leid und Unglück zu bewahren und sie zur Erleuchtung zu führen.

Asparsha (Asparśa), Skrt.; Nichtverhaftetsein. Dieser Zustand wird erreicht, wenn trotz der Subjekt-Objekt-Beziehung der → Jīva sich nur als Zuschauer betrachtet und keine Verhaftung mehr möglich ist, weil die Geschehnisse für ihn nur ein Spiel der → Māyā sind und keine Wirklichkeit. Der Weg zu diesem Zustand wird Asparsha-Yoga genannt, sein Ziel ist die Erkenntnis der transzendenten, nicht-dualen Wirklichkeit.

Asteya, Skrt., wörtl.: »Nicht-Stehlen«; eine der fünf Tugenden der ersten Stufe (Yama) des → Rāja-Yoga, die im *Yoga-Sūtra* des → Patañjali gefordert werden und das für alle Stufen geltende »Große Gelübde« (→ Mahāvrata) bilden. Die übrigen vier sind: Ahimsā (Nicht-Verletzen anderer), Satya (Aufrichtigkeit), Brahmacharya (Enthaltsamkeit) und Aparigraha (Besitzlosigkeit).

Āstika, Skrt., wörtl.: »orthodox, vedatreu«; ein Name für die sechs philosoph. Systeme, die → Darshanas, die als orthodox bezeichnet werden, weil sie die Autorität der Veden anerkennen.

Asura, auch Āsura, Skrt.; Dämon, böser Geist.
Im *Rigveda* bedeutet das Wort anfangs noch Gott, als Eigenschaftswort auch lebendig, göttlich. Erst in späteren Hymnen wurde Asura das Symbol für finstere Mächte und der Kampf der Asuras gegen die Götter zum immer wiederkehrenden beliebten Thema. Beide sind, wie auch die Menschen, von → Prajāpati erschaffen.

Atharvaveda, Skrt.; der vierte Veda (→ Veden), dem »Wissen von den Zaubersprüchen« gewidmet. Er ist sehr viel später als der *Rig-*, *Sāma-* und *Yajurveda* entstanden und wurde lange Zeit nicht als Veda anerkannt, obwohl ein Teil seiner 731 Hymnen auf den *Rigveda* zurückgeht. Er unterlag keiner strengen Abgrenzung, so daß sich ihm eine lange Reihe meist kurzer → Upanischaden angeschlossen hat, von denen viele apokryphen Charakter haben und in Wirklichkeit Textbücher späterer Schulen des Hinduismus sind. Von den Anhängern des Vedānta werden nur einige von ihnen anerkannt und benutzt, insbesondere die *Mundaka-*, *Prasna-* und *Māndūkya-Upanishad.*

Ātmabodha, Skrt., wörtl.: »Erkenntnis des Selbst«; eine kurze, aber bedeutende Abhandlung des → Advaita-Vedānta, die → Shankara zugeschrieben und in der Literatur dieser Philosophie immer wieder zitiert wird. In 68 Slokas (Versen) behandelt sie die wichtigsten Begriffe wie Ātman, Brahman, die Überdeckung Brahmans durch die Formen der Erscheinungswelt und die Methoden, die zur Erkenntnis des Selbst und damit zur Befreiung führen. – Dt. Übersetzung des Werks von Swami Nikhilananda, Frankfurt/M. 1956.

Ātma-Chintana (Ātma-Cintana), Skrt.; Gedanken, die auf das Selbst gerichtet sind.

Ātmadāna, Skrt.; die Hingabe, das Geschenk des Selbst an das Göttliche. Nur wenn Gott als höchstes Gut erkannt wird, ist solche Hingabe (→ Bhakti) möglich.

Ātma-Darshan (Ātma-Darśan), Skrt.; eine Vision des wirklichen Selbst (→ Ātman).

Ātma-Droha, Skrt.; gleichgültige oder feindselige Einstellung gegenüber dem Selbst, dem → Ātman; die Denkweise der Materialisten, Atheisten und Erkenntnislosen.

Ātma-Jñāna, Skrt.; das Wissen vom Selbst und die Erkenntnis des Selbst, die nach Auffassung des → Vedānta identisch ist mit Gotterkenntnis.

Ātman, Skrt.; nach hinduist. Verständnis das wirkliche, unsterbliche Selbst des Menschen, das der Westen als Seele bezeichnet. Er ist der unbeteiligte Zuschauer des → Jīva, jenseits von Körper und Denken und als absolutes Bewußtsein identisch mit → Brahman. Philosophisch wird Ātman auch als → Kūtastha bezeichnet. Durch seine Identität mit Brahman sind auch seine besonderen Merkmale (Ātmakara) mit ihm identisch: ewiges, absolutes Sein, absolutes Bewußtsein und absolute Seligkeit.
Im Buddhismus wird die Existenz eines Ātman geleugnet: Weder innerhalb noch außerhalb der physischen und psychischen Daseinserscheinungen gibt es etwas, das man als unabhängige, unvergängliche Wesenheit, als Selbst bezeichnen könnte. (Siehe dazu auch → Anātman, → Skandha.)

Ātmānanda, Skrt.; die Seligkeit des Selbst (→ Ātman).

Ātmaprasāda, Skrt.; die Klarheit, Heiterkeit und Ruhe des göttlichen Selbst, die nur in Erscheinung tritt, wenn die Identifizierung mit Körper und Denken aufgegeben wird.

Ātmarati, Skrt.; die friedvolle Seligkeit des göttlichen Selbst in uns, die nur in tiefer Meditation und im → Samādhi erfahren wird.

Ātmasamarpana (Ātmasamarpaña), Skrt.; die absolute Hingabe oder Unterwerfung des Selbst an Gott.

Ātma-Shakti (Ātma-Śakti), Skrt.; die Kräfte des göttlichen Selbst (→ Ātman) im Menschen. Als absolutes Bewußtsein haben sie die Fähigkeit, alle Denkprojektionen zuzulassen, sowohl die zur Befreiung führenden als auch die zum Haften an der Welt der Erscheinungen führenden.

Ātmavīrya, Skrt.; die Stärke und Kraft des Selbst, die aus der Erkenntnis entspringt, eins mit Gott zu sein.

Ātmayajña, Skrt.; die Aufopferung des kleinen Selbst oder Ich, die als das wichtigste Opfer auf dem Weg von der Dunkelheit zum Licht, vom Tod zur Unsterblichkeit, angesehen wird.

AUM, Skrt. → OM

Aupapāduka, Skrt. → Chatur-Yoni

Aurobindo Ghose (Ghosh), genannt Shrī Aurobindo, 1872–1950; ind. Heiliger, Verfasser zahlreicher Werke, die sich mit dem Yoga und der Weisheit der *Bhagavad-Gītā* befassen. Um Shrī Aurobindo entstand ein Āshram, der heute weltweit bekannt ist. Er entwickelte den sog. → Purna-Yoga oder Integralen Yoga und trug mit seinen Schriften, die aufgrund seiner humanistischen Erziehung in England stark vom abendländischen Geist beeinflußt waren, viel zur Verbreitung östlicher Religiosität im Westen bei. Aurobindo betrachtete die klassischen Yogas des Hinduismus als einseitige Wege des »Aufstiegs« zum Göttlichen, das Aurobindo auch das »Supramentale« nennt. Er sagt dazu: »In Indien und anderswo wurde der Versuch gemacht, es zu erreichen, indem man sich zu ihm erhebt; was nicht erreicht wurde, war die Methode, es mit dem Leben zu integrieren und für die Umwandlung der gesamten Natur, selbst der physischen Natur, herabzubringen.« (*Briefe über den Yoga,* I, S. 172) In seinem Integralen Yoga versucht er den »Aufstieg« zum göttlichen Bewußtsein mit einem Sich-Öffnen für das »Absteigen« des göttlichen Prinzips in die Materie zu verbinden, wodurch der Mensch schließlich zum »Übermenschen« mit supramentalen Fähigkeiten werden soll.

Auch wenn Shrī Aurobindo dem Geist des Abendlandes nahestand, sah er dessen Grenzen doch sehr deutlich. Er schreibt: »Der Gedanke, der Intellekt, der logische Verstand [das, was Aurobindo das »Mental« nennt] wurden (im Westen) mehr und mehr als die höchsten Mittel betrachtet und sogar als höchstes Ziel; in der Philosophie ist das Denken der Anfang und das Ende. Die Wahrheit muß hier durch intellektuelles Forschen und die Spekulation entdeckt werden; sogar die spirituelle Erfahrung wird aufgerufen, sich den Prüfungen des Intellekts zu unterziehen, wenn sie als gültig angesehen werden will... Westliches Denken ist nicht mehr dynamisch, es hat eine Theorie der Dinge und nicht die Verwirklichung gesucht... es wurde zu einer intellektuellen Spekulation, doch ohne jeden praktischen Weg und praktische Methoden, die Wahrheit mit Hilfe spiritueller Erfah-

rung, spiritueller Entdeckung und spiritueller Umwandlung zu erreichen... Was in der Überintellektualität des Mentals in Europa verlorenging, ist der spirituelle Pfad, der Weg, der über den Intellekt hinausführt, der Übergang vom äußeren Wesen zum innersten Selbst.« (*Briefe über den Yoga,* I, S. 171)
Das Ziel des Integralen Yoga im Gegensatz zum herkömmlichen hinduist. Yoga und zum Weg des abendländischen Geistes charakterisiert Aurobindo folgendermaßen: »Nicht, indem man die gesamte Wirklichkeit ›durchdenkt‹, sondern durch eine Bewußtseinsveränderung kann man aus der Unwissenheit zum Wissen gelangen, zu jenem Wissen, durch das wir zum Gewußten werden. Der *integrale* Weg zur Wahrheit besteht darin, sich vom äußeren in ein direktes und wesenhaftes inneres Bewußtsein zu wenden, das Bewußtsein über die Grenzen von Körper und Ego auszudehnen, es durch inneren Willen und Aspiration zu erhöhen und dem Licht zu öffnen, bis es in seinem Aufsteigen das Mental überschreitet; ferner eine Herabkunft des supramentalen Göttlichen durch Selbst-Geben und Hingabe und die fortwährende Umwandlung von Mental, Leben und Körper herbeizuführen. Dies ist, was hier die Wahrheit genannt wird und das Ziel unseres Yoga ist.« (*Briefe über den Yoga,* I, S. 172)
Zu den Hauptwerken von Shri Aurobindo gehören *Das göttliche Leben* (3 Bde., Gladenbach 1974/75) und *Die Synthese des Yoga* (Gladenbach 1976).

Avachcheda-Vāda, Skrt; die Auffassung, daß der → Jīva eine Erscheinungsform → Brahmans ist, d. h. eine Manifestation des Absoluten, die aber durch Nicht-Erkenntnis (→ Avidyā) eingeschränkt ist, wobei das Absolute durch die Identifikation mit dem Körper und dem Denken überdeckt und verhüllt ist.

Avadhūta, Skrt.; ein Mensch, der göttliche Erkenntnis erlangt und jede Verhaftung an die Welt aufgegeben hat.

Avadhūt-Gītā, Skrt., wörtl.: »Gesang eines Erleuchteten«; Verfasser dieses 193 Verse umfassenden Liedes war der Mahātmā Dattatreya, der vermutlich im 4. Jh. v. Chr. gelebt hat.

Āvarana (Āvarana), Skrt., wörtl.: »verhüllend«; die Fähigkeit der Nicht-Erkenntnis (→ Avidyā) Brahman zu verhüllen (siehe dazu auch → Vikshepa).

Avasthā, Skrt.; Bewußtseinsebene oder -zustand. Es gibt vier Avasthās: → Jāgrat (Wachbewußtsein, im Vedānta auch → Vaishvānara genannt), → Svapna (Traumzustand), → Sushupti (Tiefschlaf) und → Turīya (»das Vierte«).

Avatāra, auch Avatār, Skrt., wörtl.: »Herabkunft«; eine Inkarnation des göttlichen Bewußtseins auf Erden. Ein Avatāra wird nicht aus karmischen Konsequenzen geboren wie die gewöhnlichen Menschen, sondern aus freier Entscheidung, und er ist sich während des ganzen Lebens seiner göttlichen Mission bewußt. Er kommt, um neue Wege der religiösen Verwirklichung zu finden und sie seinem Zeitalter anzupassen, und er ist in der Lage, seine göttliche Erkenntnis seinen Mitmenschen durch Berührung, Blick oder Schweigen zu übermitteln. Da er frei von allen Bindungen des Ego ist, befindet er sich jenseits der Dualität.

Āvesha (Āveśa), Skrt.; die Fähigkeit des fortgeschrittenen Yogis, in andere Körper eintreten zu können.

Avidyā, Skrt., wörtl.: »Nicht-Wissen, Nicht-Erkenntnis«. Ein Begriff der Vedānta-Philosophie, der die individuelle wie auch die kosmische Nicht-Erkenntnis bedeutet; die individuelle vermag zwischen Vergänglichem und Unvergänglichem, zwischen Wirklichem und Unwirklichem nicht zu unterscheiden, die kosmische Nicht-Erkenntnis ist → Māyā. Die Auswirkung ist die gleiche wie bei → Ajñāna.

Avidyā-Māyā, Skrt., wörtl.: »Māyā der Nicht-Erkenntnis«; jene Täuschung, die zu einer dualistischen Sicht der Welt führt. Aus ihr resultieren Zorn, Gier und andere Leidenschaften, die den Menschen an die phänomenale Welt binden. Ihr Gegenstück ist Vidyā-Māyā. Beide gehören zur relativen Welt (siehe dazu auch → Māyā).

Aviveka, Skrt.; Unterscheidungslosigkeit, mangelndes Unterscheidungsvermögen; nicht unterscheiden können, was wirklich und was unwirklich, was dauernd und was vergänglich ist, was zu Gott führt und was zur Verhaftung an die Welt.

Avyakta, Skrt., wörtl.: »unmanifestiert«; das Latente, Verborgene, das nicht Objekt Gewordene; die Kraft, die auch vorhanden ist, wenn sich keine Erscheinungswelt manifestiert hat.

Ayam Ātman Brahman, Skrt., wörtl.: »Dieses Selbst ist Brahman«; eines der → Mahāvākyas, der großen Lehrsätze der Veden, das feststellt, daß mein wirkliches Selbst nicht Körper und Denken, sondern mit → Brahman identisch ist.

Āyurveda, Skrt., wörtl.: »das Wissen (die Wissenschaft) vom (langen) Leben (von der Gesundheit)«; altes naturheilkundliches System Indiens, das manchmal als ein → Upaveda, und zwar als ein späterer Zusatz zum → *Atharvaveda* angesehen wird. Diagnose und Therapie im Āyurveda basieren auf dem System der drei dynamischen Prinzipien (→ Dosha), die in Verbindung gebracht werden mit den drei Grundeigenschaften (→ Guna) des Materie-Prinzips → Prakriti. Krankheit entsteht, wenn ein oder mehrere Doshas zu stark oder zu schwach wirken. Verschiedene Mischungsverhältnisse der Doshas im Menschen führen zu unterschiedlichen Konstitutionstypen, deren Berücksichtigung im System des Āyurveda eine große Rolle spielt. Die Heilmittel, deren Wirkung vor allem mit Hilfe ihres Geschmacks *(rasa)* bestimmt wird, wirken verstärkend oder abschwächend auf die Doshas und können so zur Wiederherstellung des Gleichgewichts der Kräfte im Organismus angewendet werden.
Der Āyurveda ist ein »ganzheitliches« Heilsystem, in dem neben der Pflanzenheilkunde zur Heilung auch die rechte Lebensführung im religiösen Sinn zur Erhaltung der Gesundheit eine vorrangige Rolle spielt. Eine Einführung in die Grundlagen des Āyurveda gibt: Birgit Heyn, *Die sanfte Kraft der indischen Naturheilkunde. Ayurveda – die Wissenschaft vom langen Leben,* Bern 1983.

B

Babu, Hindi, wörtl.: »Herr«, auch Landedelmann und Mann mit Ansehen. Das Wort wird im allgemeinen hinter den ersten Namen gesetzt, z. B. Girish Babu, und ist eine höfliche Anrede.

Bahiranga-Sādhana (Bahiraṇga-Sādhana), Skrt.; Entwicklung einer Abneigung gegen die äußere Welt, der Beginn des spirituellen Weges. Die ersten drei Stufen des → Patañjali-Yoga (Yama, Niyama und Āsana) sind Hilfsmittel zur Herbeiführung von Bahiranga-Sādhana.

Bahirātman, Skrt.; das äußere Selbst, Körper und Denken; von *bahir:* außen, und → Ātman: das Selbst.

Bahir-Mukha, Skrt., wörtl.: »sich abwendend, nach außen gerichtet«; unser Denken wendet sich, durch die Sinne veranlaßt, von unserem wahren Selbst (→ Ātman) ab und richtet sich nach außen, auf die Erscheinungswelt. Daraus haben sich alle empirischen Wissenschaften entwickelt.

Bāhya-Pūjā, Skrt., äußere Anbetung von Gottheiten oder → Avatāras. Daraus haben sich die vielfältigen → Pūjās der Hindus entwickelt, die im → Karma-Kānda der Veden ihre Basis haben.

Balarāma, der ältere Bruder → Krishnas. Im *Mahābhārata* wird berichtet, daß → Vishnu sich ein weißes und ein schwarzes Haar auszog, und daraus wurden Balarāma und Krishna. Balarāma hatte helle Haut, Krishna eine dunkle Hautfarbe. Deshalb wird er in der Kunst blauhäutig dargestellt.

Bali, auch Mahābali; ein guter und tugendhafter → Daitya-König, der Sohn von → Vairochana und Gemahl von Vindhyavali. Seine Hauptstadt war Mahābalipura. Nach einer verlorenen Schlacht wurde er vor die Wahl gestellt, mit hundert Toren in den Himmel zu gehen oder mit einem Weisen in die Hölle. Er wählte die Hölle, weil er sagte: »Mit einem Weisen kann ich leicht die Hölle zum Himmel machen, aber mit hundert Toren wird selbst der Himmel zur Hölle.«

Bāna (Bāṇa), ein → Daitya, der älteste Sohn von → Bali. Er war ein Freund Shivas und ein Feind Vishnus; er ist auch unter den Namen Tripura und Vairochi bekannt.

Bandha, Skrt.; Bindung, Verhaftung, Abhängigkeit, von *bandh:* fesseln, binden. Die Verhaftung an die Sinnesobjekte der Erscheinungswelt ist das größte Hindernis für die spirituelle Entwicklung.

Bengali-Kalender, zu Beginn des 19. Jh. eingeführter und bis heute in Indien gültiger Kalender, der das Jahr in Mond-Monate unterteilt, und zwar folgende: 1. Vaishākh, Mitte April bis Mitte Mai; 2. Jyaishtha, Mitte Mai bis Mitte Juni; 3. Āshad, Mitte Juni bis Mitte Juli; 4. Shrāvan, Mitte Juli bis Mitte August; 5. Bhādra, Mitte August bis Mitte September; 6. Āshvin, Mitte September bis Mitte Oktober; 7. Kārtik, Mitte Oktober bis Mitte November; 8. Āgrahāyan, Mitte November bis Mitte Dezember; 9. Paush, Mitte Dezember bis Mitte Januar; 10. Māgh, Mitte Januar bis Mitte Februar; 11. Phālgun, Mitte Februar bis Mitte März; 12. Chaitra, Mitte März bis Mitte April.

Bhaga, Skrt.; 1. Name eines Gottes der → Āditya-Gruppe; 2. der göttliche Genießer im Menschen. Das Göttliche ist reine Seligkeit und unvergängliche Freude; es kann den bösen Traum, Körper zu sein und sterben zu müssen, vertreiben.

Bhāgatyāga-Lakshana (Bhāgatyāga-Lakṣaṇa), Skrt.; ein Prozeß des Unterscheidens und Zurückweisens, wobei erkannt werden soll, was uns vom Selbst trennt. Dieser intellektuelle Vorgang muß vor der Meditation erfolgen.

Bhagavad-Gītā, Skrt., wörtl.: »Gesang des Erhabenen«; philosoph. Lehrgedicht, das als »Evangelium« des Hinduismus gilt. Es ist ein Teil des zwischen dem 5. Jh. v. Chr. und 2. Jh. n. Chr. entstandenen ind. Nationalepos → *Mahābhārata* (6. Buch). In 18

Kapiteln (700 Verse) empfängt der Kriegsheld → Arjuna von seinem göttlichen Wagenlenker Krishna angesichts einer bevorstehenden Schlacht eine grundlegende Unterweisung. Den westl. Leser mag es verwirren, daß der Schauplatz dieser Belehrung ein Schlachtfeld ist. Doch unabhängig von Arjunas Karma, das ihn in die Schlacht getrieben hat, ist das Schlachtfeld ein Symbol für die unentwegten Kämpfe, die im Menschen stattfinden zwischen den guten und bösen Kräften, zwischen dem Ego und seiner höheren Natur.

Bhagavān, Skrt., wörtl.: »erhaben, heilig, der Erhabene«; Name für Gott, wenn ein Gottesverehrer den persönlichen Gott anspricht, der Eigenschaften besitzt wie Allmacht, Allwissenheit, Weisheit, Herrlichkeit und andere; auch große Heilige werden von ihren Anhängern und Schülern oft mit Bhagavān angesprochen, so z. B. Bhagavān Shri → Ramana Maharshi.

Bhāgavata-Purāna, auch *Bhāgavatam* genannt, Skrt.; das »Purāna der Anhänger des Erhabenen [Vishnu]« ist das berühmteste und zugleich eines der jüngsten von den 18 »Alten Berichten« (→ Purāna). Es wurde vermutlich im 10. Jh. verfaßt, wird von manchen Kommentatoren → Vyāsa oder seinem Sohn → Shukadeva zugeschrieben und seiner kunstvollen Sprache und philosoph. Tiefe wegen von vielen mit der *Bhagavad-Gītā* und den Upanischaden auf eine Stufe gestellt. Das *Bhāgavata-Purāna* erläutert religiöse Wahrheiten durch Geschichten von Heiligen, Sehern, Königen und beschäftigt sich ausführlich mit dem Leben Krishnas, weshalb es für die → Vaishnavas als besonders heilig gilt.

Bhāgīrathī, Skrt. → Gangā

Bhairava, Skrt., wörtl.: »furchterregend, der Schreckliche«; 1. ein Name für → Shiva, häufig auch ein Name für einen göttlichen Gefährten Shivas; 2. Anwärter für die Aufnahme in eine tantrische Sekte (→ Tantra).

Bhajana, auch Bhajan, Skrt.; Form der Anbetung und Verehrung Gottes oder eines → Avatāra, die mit Musik und Gesang verbunden ist.

Bhakta, Skrt.; ein Anhänger des Yoga-Weges, der durch Liebe zu Gott und Hingabe an ihn die Verwirklichung Gottes erstrebt (→ Bhakti-Yoga).

Bhakti, Skrt.; Liebe zu Gott, Hingabe an den Guru und das Erwählte Ideal (→ Ishta-Deva). Der Hinduismus unterscheidet verschiedene Arten und Grade der Bhakti: Guru-Bhakti, die Hingabe an den Guru; Vaidhi-Bhakti, eine vorbereitende Stufe, auf der alle Anordnungen *(vidhi)* des Gurus zur Ausübung der Bhakti befolgt werden; Rāga-Bhakti, ein Zustand, in welchem der → Bhakta nur an Gott denkt. Alles erinnert ihn an Gott, alles bezieht er auf ihn; → Para-Bhakti, höchste Liebe zu Gott, in der nichts existiert außer ihm und dem Bewußtsein der Einheit mit ihm; Prema-Bhakti, ekstatische Liebe zu Gott; → Mahābhāva, intensive ekstatische Liebe zu Gott. Die letzten drei sind verschiedene Bezeichnungen für denselben Zustand.

Bhakti-Mārga, Skrt.; der Weg zur Erkenntnis und Verwirklichung durch Anbetung eines persönlichen Gottes.

Bhakti-Shāstras (Bhakti-Śāstras), Skrt.; alle Schriften, die sich mit der Anbetung und Verehrung Gottes befassen.

Bhakti-Sutra, Skrt.; ein von → Nārada verfaßtes Werk über die Liebe zu Gott und seine Anbetung.

Bhakti-Yoga, Skrt.; der Weg der Liebe und Hingabe, einer der vier Haupt-Yogas oder -Wege zur Vereinigung mit Gott. Nach der Entwicklung intensiver Liebe zu den vielen Aspekten Gottes als Persönlichkeit – oft auch als göttliche Inkarnation – geht das Ego des Gottesverehrers schließlich in seinem Erwählten Ideal, seinem → Ishta-Deva, auf. Bhakti-Yoga ist der natürliche Pfad der Gotteserkenntnis. Der → Bhakta braucht seine Gefühle nicht zu unterdrücken, er intensiviert sie und richtet sie auf Gott. Die Mehrheit der Gläubigen aller großen Weltreligionen sind im Grunde Anhänger dieses Weges. Im Bhakti-Yoga werden fünf verschiedene Einstellungen zu Gott, die → Bhāvas, unterschieden.

Bharata, 1. ein König und Heiliger aus dem → *Bhāgavata-Purāna,* der Sohn von → Shakuntalā und Stammvater des Volkes der Bhārata, deren großen Kampf das berühmte Heldenepos *Mahābhārata* schildert. Nach ihm wurde Indien früher Bhāratavarsha genannt, und auch heute nennen die Inder ihr Land wieder Bhārata; → Arjuna trägt oft den Beinamen Bhārata, was ihn als Angehörigen des Volks der Bhārata oder Nachkomme von Bhārata kennzeichnet. 2. ein Halbbruder von → Rāma; 3. ein Beiname von → Agni.

Bhāratavarsha, Skrt. → Bharata

Bhāratī, Skrt.; das umfassende Wort, das alles aus der göttlichen Quelle hervorbringt; die Weite der Weisheit und die Größe des Wahrheitsbewußtseins.

Bhargavi-Varuni-Vidyā (Bhārgavī-Varuṇi-Vidyā), Skrt.; die Erkenntnis von → Bhrighu (Bhārgavī-Varuni: von Bhrigu, dem Sohn Varunas, stammend), daß alle Materie Brahman ist, daß aber der Mensch durch die Identifizierung mit seinem materiellen, vergänglichen Körper Brahman als materielles Universum wahrnimmt. Hört diese Identifizierung nach der Erleuchtung auf, erkennt er, daß das ganze Universum in Wahrheit Brahman ist.

Bhāskara, ind. Philosoph, der um 900 n. Chr. lebte und zu den Hauptkommentatoren des → *Vedānta-Sūtra* gehört. Sein Kommentar trägt den Titel *Bhāskarabhāshya.* Er vertritt darin den Bhedābheda-Vāda, die Lehre, daß aller Verschiedenheit eine Identität zugrunde liegt (→ Dvaitādvaita-Vedānta), und stimmt in vielen Punkten mit den von → Nimbārka vertretenen Ansichten überein. Er glaubt, daß eine völlige Vereinigung mit Brahman nur nach dem Tod des Körpers möglich ist.

Bhāva, Skrt.; Gefühl, Empfindung, Ekstase. Bezeichnung für die fünf verschiedenen Einstellungen, die ein → Bhakta seinem Erwählten Ideal (→ Ishta-Deva) gegenüber einnehmen kann: 1. Shānta, eine friedliche und heitere Atmosphäre, in der man sich Gott nahe fühlt, ohne eine bestimmte Beziehung zu ihm aufgebaut zu haben; 2. Dāsya, die Einstellung eines Dieners seinem Herrn gegenüber und eines Kindes zu seinen Eltern und Beschützern; 3. Sākhya, die Einstellung eines Freundes seinem Freund gegenüber; 4. Vātsalya, die Einstellung der Eltern ihrem Kind gegenüber (z. B. Marias und Josephs zu Jesus); 5. Madhura, die Einstellung einer Frau oder Geliebten dem Ehegatten oder Liebhaber gegenüber. – Als Bhāva wird auch die zweite Stufe des → Bhakti-Yoga bezeichnet.

Bhāvamukha, Skrt.; ein erhabener Zustand spiritueller Erfahrung, in dem das Bewußtsein des Strebenden auf der Grenze zwischen dem Absoluten und dem Relativen verweilt. Hier kann er sowohl über das eigenschaftslose → Brahman meditieren, als auch an den Tätigkeiten der Erscheinungswelt teilnehmen, die er als Manifestation des Absoluten betrachtet. Technisch ausgedrückt bewegt sich das Bewußtsein des spirituell Strebenden zwischen dem Ājñā-Chakra und dem Sahasrāra-Chakra. (Siehe dazu auch → Chakra und → Kundalinī.)

Bhāva-Pratyaya, Skrt.; die vollkommene Beherrschung der materiellen Welt, durch die ein hoher → Samādhi-Zustand erlangt wird.

Bhavasāgara, Skrt., wörtl.: »Ozean des Werdens«; die Welt des Wandels. Die Welt ist ständig in einem Zustand der Veränderung und kennt keine Ruhe. Das wahre Ziel des menschlichen Lebens ist die Überwindung dieses unbeständigen Zustandes und die Verwirklichung von Wahrheit und innerem Frieden.

Bhāva-Samādhi, Skrt.; ein Zustand der Ekstase, der durch Verehrung und Liebe zu Gott erreicht wird. Im Anbetenden bleibt eine Spur des Egos zurück, damit er Gott und sein göttliches Spiel genießen kann. Ramakrishna nannte es »Zucker schmekken, anstatt Zucker zu werden«.

Bhavatārinī (Bhavatāriṇī), Skrt., wörtl.: »Erlöserin des Universums«; ein Name der Göttlichen Mutter → Kālī, unter dem sie im Tempel von Dakshineshvara verehrt wird.

Bheda, Skrt.; Unterschied, Verschiedenheit, Spaltung. Das Hauptmerkmal unserer Erscheinungswelt (→ Nāmarūpa) ist Verschiedenheit.

Bhedābheda-Vāda, Skrt., identisch mit → Dvaitādvaita-Vedānta

Bherī-Nāda, Skrt.; der innere Widerhall des gesprochenen → OM oder eines anderen Klanges, über den meditiert wird.

Bhīshma (Bhīṣma), der Erzieher der → Kauravas und der → Pāndavas, einer der Kriegshelden auf dem Schlachtfeld → Kurukshetra. Er wird im *Mahābhārata* und in der *Bhagavad-Gītā* erwähnt.

Bhoga, Skrt.; 1. Genuß der Sinnesobjekte Sinnesvergnügen; 2. Nahrung und Speisen, die der Gottheit dargebracht werden.

Bhrānta, Skrt.; verwirrt, getäuscht, unsicher, zweifelnd; Irrtum. Gemeint ist hier das fehlende Unterscheidungsvermögen (→ Viveka) des unspirituellen Menschen. Er kann zwischen dem Wirklichen und dem Unwirklichen, dem Dauernden und dem Vergänglichen keine Abgrenzungen vornehmen. Er sieht mit den Worten → Shankaras ständig eine Schlange, wo nur ein Stück Tau vorhanden ist. Folgen dieser Erkenntnislosigkeit sind Angst und Bedrängnis.

Bhrānti-Darshana (Bhrānti-Darśana), Skrt.; eine Erkenntnis oder Vision, die unter falschen Voraussetzungen entsteht und somit eine Täuschung ist.

Bhrigu (Bhṛgu), in den Veden ein Heiliger, der Sohn → Varunas; einer der sieben großen Rishis (→ Maharishi).

Bhrūmādhya-Drishti (Bhrūmādhya-Dṛṣṭi), Skrt. wörtl.: *bhrū:* Augenbraue, *mādhya:* in der Mitte befindlich, *drishti:* sehen; eine Konzentrationsübung, bei der die Konzentration zwischen den Augenbrauen fixiert wird.

Bhūman, Skrt., wörtl.: »Fülle, höchstes Wesen«; das höchste Ziel des menschlichen Lebens, das absolute Bewußtsein (→ Brahman), mit dem wir als → Ātman, aber nicht als begrenzter → Jīva identisch sind.

Bhūman-Vidyā, Skrt.; Erkenntnis des unendlichen Selbst, das alles einschließt und durch seine Unsterblichkeit Dunkelheit und Sorgen, Krankheit und Tod vertreibt.

Bhūr, Skrt.; eine → Vyāhriti, das erste Wort der → Gāyatrī. Aus diesem Wort, das → Prajāpati bei der Schöpfung sprach, entstand die Erde *(bhū)*.

Bhūrloka, Skrt.; die materielle Welt: der Körper und seine materiellen Bedingungen sind die irdische Welt des Menschen.

Bhūta, Skrt.; 1. Geschöpf, Wesen sowie allgemein etwas, das geworden ist; 2. die fünf Elemente der materiellen Welt (→ Prakriti).

Bhūtaloka, Skrt.; die unterirdische Welt.

Bhūta-Siddhi, Skrt.; die Beherrschung der Elemente, somit der → Prakriti. Da sich Prakriti in den drei → Gunas manifestiert, müssen diese beherrscht und überwunden werden.

Bhūtātman, Skrt., wörtl.: »mit geläutertem Geist«; das sich erinnernde Selbst, das erkannt hat, was es wirklich ist (von *bhūta:* Vergangenheit, und → Ātman: Selbst).

Bhuvaneshvara (Bhuvaneśvara), Skrt., wörtl.: »Weltenherr«; 1. Beiname → Shivas; 2. eine Stadt in Orissa (heute Bhubaneswar), in der viele schöne Tempel Shiva geweiht sind. Der berühmteste und größte ist der Lingarāj-Tempel. Babu Rajendra Lala hat in seinem großen Werk über Orissa diese Tempel beschrieben. Die Gegend um Bhuvaneshvara war in alten Zeiten ein Waldgebiet namens Ekāmra-Kānana, das ein bevorzugter Jagdgrund Shivas gewesen sein soll.

Bhuva, Skrt.; eine → Vyāhriti, das zweite Wort der → Gāyatrī. Aus diesem Wort, das → Prajāpati bei der Schöpfung sprach, entstand der Luftraum.

Bhuvarloka, Skrt.; die Welt verschiedener Erscheinungen, in der Empfindungen, Gefühle, Leidenschaften und Zuneigungen existieren, die aus Wünschen resultieren. Diese vitale, nervliche Ebene ist über unserer materiellen Erde, in ihr verkehren die Götter mit den Menschen. Es ist ein verwirrendes, weites Feld, dessen Wege vielfältig und schwierig sind.

Bibhīshana, Skrt. → Vibhīshana

Bīja, Skrt.; Energie, Saat, Same, Wurzelkraft; was als Kraft hinter jeder materiellen Manifestation steht; besonders wirksam im Bīja-Mantra (»Saatwort«), das von einem Guru gegeben wird. In den Buchstaben eines Bīja-Mantra ist das Wesen eines besonderen Aspektes der letzten Wirklichkeit in Form eines Klangsymbols konzentriert. Solche Klangsymbole, die auf der spirituellen Erfahrung eines Heiligen beruhen, haben mystische, göttliche Kräfte, wenn sie von einem geeigneten, echten Guru empfangen werden. Jeder Schüler eines Guru erhält bei seiner Initiation ein solches Mantra.

Bindu, Skrt., wörtl.: »Punkt«; ein Symbol für das Universum in seiner unmanifestierten Form. Da die Verwandlung des Unmanifestierten in die Erscheinungswelt schwer verständlich ist – Schöpfung aus dem Nichts? –, wird als Beispiel der Punkt benutzt, aus dem alle Linien und Formen entstehen können. Im Tantra bezeichnet das Wort den Samen des Mannes, aus dem neue Formen und neues Leben entstehen.

Bodhi, Skrt., Pali, wörtl.: »Erwachen«.
Vollkommene Erkenntnis.

Brahmā, Skrt., der erste Gott des → Trimūrti, der Hindu-Trinität von Brahmā, Vishnu und Shiva. Brahmā ist Gott in seinem Aspekt als Schöpfer des Universums. Zunächst genoß er die gleiche Verehrung wie Vishnu und Shiva. Im heutigen Indien tritt der → Brahmanismus jedoch hinter dem → Vaishnavismus, → Shaivismus und → Shaktismus zurück. Brahmā ist eine Vorstellung innerhalb der → Māyā (vgl. Īshvara) und darf keinesfalls mit → Brahman verwechselt werden. Dargestellt wird er häufig mit vier Gesichtern und vier Armen, in denen er neben anderen Symbolen die Veden und einen Gebetskranz hält.

Brahma-Chaitanya (Brahma-Caitanya), Skrt.; Brahman-Bewußtsein, auch → Turīya genannt. Es ist der vierte, überbewußte Zustand, der nur im → Samādhi erfahren wird und in dem keine Identifizierung mit Körper und Denken mehr existiert.

Brahmachāri (Brahmacārin), Skrt.; 1. ein religiös Strebender, der sich spirituellen Übungen unterzieht und die ersten Mönchsgelübde abgelegt hat; 2. ein junger Mensch auf der ersten der vier ved. Lebensstufen, dem → Brahmacharya.

Brahmacharya (Brahmacarya), Skrt.; Enthaltsamkeit, Keuschheit.
1. Enthaltsamkeit in Gedanken, Worten und Taten, eine der fünf Tugenden der ersten Stufe (Yama) des → Rāja-Yoga, die im *Yoga-Sūtra* des → Patañjali gefordert werden und das für alle Stufen geltende »Große Gelübde« (→ Mahāvrata) bilden. Die übrigen vier dazugehörenden sind: Ahimsā (Nicht-Verletzen anderer), Asteya (Nicht-Stehlen), Satya (Aufrichtigkeit) und Aparigraha (Besitzlosigkeit); 2. Einweihung, bei der der Novize die ersten Mönchsgelübde ablegt, sowie die Stellung, die der → Brahmachāri nach dem Ablegen der Gelübde einnimmt; 3. die Lehrzeit, die erste der vier Stufen (→ Āshrama), in die das Leben eines Menschen nach ved. Auffassung eingeteilt wird. In dieser Zeit lernt der junge Mensch von seinen Eltern und Lehrern und erhält weltliche und religiöse Anweisungen. Er entwickelt sein Denken und die Tugenden eines spirituellen Lebens.

Brahmajñāna, auch Brahmavidyā, Skrt.; die transzendente Erkenntnis Brahmans, seine Verwirklichung. »Wer Brahman erkennt, der wird zu Brahman«, sagen die Upanischaden, und im 4. Gesang der *Bhagavad-Gītā* heißt es: »Wer Brahman erkennt in jeglichem Tun, der kommt zu Brahman.« Das höchste Ziel des menschlichen Lebens ist nach Auffassung des Hinduismus die Verwirklichung Brahmans, und somit ist Brahmajñāna die höchstmögliche Erkenntnis überhaupt. Wer es erreicht hat, wird Brahmajñāni (wörtl.: »ein Kenner Brahmans«) genannt.

Brahmakāra-Vritti (Brahmakāra-Vṛtti), Skrt.; andächtige Gedanken, die sich mit der Erfahrung Gottes und des göttlichen Bewußtseins befassen.

Brahmāloka, Skrt.; ein Himmel oder eine Existenzebene, wohin der spirituell Entwickelte nach dem Tod gelangt, um in göttlicher Gemeinschaft zu leben.

Brahmamuhūrta, Skrt., wörtl.: »die Stunde Brahmās«; die Tageszeit, die für die Meditation am günstigsten ist: die Stunden der Dämmerung, wenn die Nacht in den Tag übergeht oder der Tag in die Nacht.

Brahman, Skrt.; das ewige, unvergängliche Absolute; die höchste, nicht-duale Wirklichkeit des Vedānta (nicht zu verwechseln mit → Brahmā); Brahman ist ein Begriff, für den es in den dual aufgefaßten Religionen mit einem persönlichen Gott kein Äquivalent gibt. Als absolutes Bewußtsein ist er in seiner Abstraktion dem Denken nicht zugänglich. Bei jeder Konkretisierung wird er → Īshvara.

Brāhmana (Brāhmaṇa), Skrt.;1. Brahmane, Priester, Angehöriger der Priesterkaste (→ Varna); 2. auch Brāhmanam; zu jedem Veda (→ Veden) gehört ein Brāhmana, eine Anleitung *(vidhi)* zum praktischen Gebrauch des in der → Samhitā vorliegenden Materials. Daran schließen sich Erklärungen *(arthavāda)* der verschiedensten Art an. Sie sind der Ausgangspunkt für Betrachtungen und Gedanken philosophischer Art, welche meist gegen Ende der Brāhmanas entstehen und deshalb unter dem Namen → Vedānta (»Veda-Ende«) zusammengefaßt werden. Er bildet den Inhalt der Nachträge zu den Brāhmanas, den sogenannten → Āranyakas, aus denen später die → Upanischaden hervorgegangen sind, die deshalb jeweils einem bestimmten Veda zugeordnet werden.

Brahma-Nadī, Skrt.; eine Bezeichnung des Tantra für den Energiekanal im Körper, durch den die → Kundalinī aufzusteigen beginnt.

Brahmā-Nāma, Skrt.; eine → Japa-Übung, bei der Brahmās Name wiederholt wird.

Brahmānanda, Skrt., wörtl.: »die Seligkeit Brahmans«; 1. In der Auffassung des Vedānta ist Brahman absolutes Bewußtsein, und da dieses keine Gegensatzpaare kennt, muß es reine, ungetrübte Seligkeit sein. 2. Einer der beiden Hauptschüler → Rāmakrishnas (1863-1922); der andere war Swāmi → Vivekānanda.

Brahmanaspati (Brahmaṇaspati), Skrt.; Brahmā als einer der drei großen Götter des Trimūrti. Er wird zum Schöpfer durch das Wort; durch seinen Schrei läßt er werden; er bringt alle Existenz, alle Bewegungen des Lebens und jede bewußte Erkenntnis zum Ausdruck.

Brahman-Bhāvanā, Skrt.; Identifizierung des eigenen Selbst mit der letzten Wirklichkeit, dem absoluten Bewußtsein (→ Chit).

Brahmānda (Brahmāṇḍa), Skrt., wörtl.: »Ei des Brahmā«; das Universum, die Erscheinungswelt.

Brahmanentum, gründet sich auf die Stellung der Brahmanen als der Priester, die die oberste der vier Kasten (→ Varna) bilden. In altved. Zeit waren die Brahmanen nichts weiter als die Priester, die die von den → Rishis offenbarten Hymnen des *Rigveda* sangen. Diese Hymnen wurden jedoch niemals Gemeingut des Volkes, sondern in den Familien der Sänger vom Vater an den Sohn weitergegeben. Je weiter die Zeit fortschritt, je weiter sich das Volk vom Ursprung der alten Hymnen entfernte, desto dunkler und unklarer wurde ihm der Sinn und Vorstellungskreis dieser Hymnen und desto höher stiegen die Brahmanen, die Bewahrer jenes geistigen Schatzes, in seiner Achtung. Um ihre Vormachtstellung auszubauen, nährten die Brahmanen im Volk die Vorstellung, daß nur durch die alten Hymnen und die mit ihnen verknüpften Opferhandlungen der rechte Verkehr mit den Göttern möglich sei, von deren Gunst wiederum alles irdische Glück, Nachkommenschaft, Reichtum, Sieg über die Feinde usw. abhinge.

Brahmānī (Brahmāṇī), Skrt.;1. ein anderer Name für → Durgā; 2. Gemahlin → Brahmās.

Brahmanirvāna, Skrt.; das Aufgehen und Verlöschen in Brahman. Dies ist nur möglich im Nirvikalpa-Samādhi, wo auch die letzte Spur von Dualität verlöscht

Brahmanismus, 1. die im Westen bekanntere Bezeichnung für den → Hinduismus; 2. die Verehrung → Brahmās als Schöpfergott. Die Vorstellung eines Schöpfergottes spielt in Indien eine weit geringere Rolle als im Westen. Brahmā wird in den Veden als Schöpfergott kaum erwähnt. Dort ist → Prajāpati der Herr der Geschöpfe, dem Brahmā mitunter gleichgesetzt wird. Beide sind hervorgegangen aus → Hiranyagarbha. Im *Rigveda,* dem ältesten der Veden, heißt es in dem berühmten Schöpfungshymnus, dem → *Nāsadāsīya,* im 6. Vers sogar, die Götter seien erst nach der Schöpfung entstanden, »diesseits der Schöpfung entsprungen«.
Erst im viel später entstandenen → Trimūrti, der Hindu-Trinität, wird Brahmā als Schöpfergott verehrt, muß aber seine Stellung mit Vishnu, dem Gott der Erhaltung, und Shiva, dem Gott der Zerstörung, teilen, wobei bald dem einen, bald dem anderen der Vorrang gewährt wird, bis Brahmā schließlich hinter den beiden anderen zurücktritt.

Brahman Satyam, Jagat Mithyā, Skrt.; berühmter Ausspruch des → Advaita-Vedānta, der besagt, daß einzig Brahman wirklich ist und die Welt nur eine Überdeckung, nur Täuschung und Schein.

Brahmarandhra, Skrt.; Scheitelpunkt des Kopfes, der durch bestimmte Übungen des Yoga durchgängig gemacht wird, wodurch das Bewußtsein in höhere Bereiche aufsteigen kann. Symbol für die Entmaterialisierung des Bewußtseins (→ Kundalinī).

Brahma-Samādhi, Skrt.; ein → Samādhi-(Erleuchtungs-)Zustand des Brahman-Bewußtseins, von dem man annimmt, daß er sich durch → Japa, der mit einem Mantra richtig und ausdauernd ausgeübt wird, erreichen läßt, wobei aber keine Kausalverbindung besteht zwischen der Zeitdauer und Anzahl des Japa und der Erleuchtung, die ein Zustand jenseits der Kausalität ist.

Brahmasthiti, Skrt.; ein fester Stand im Göttlichen; von *sthā:* stehen. Gemeint ist das Festgegründetsein in Gott, bei dem jeder Zweifel über sein Vorhandensein verschwunden ist. Der Glaube an Gott als »Arbeitshypothese« ist in dem, der Brahmasthiti gewonnen hat, abgelöst worden durch die Gewißheit, daß Gott vorhanden ist.

Brahma-Sūtra, Skrt.; eine Sammlung von Aphorismen und Versen über die Vedānta-Philosophie; sie sollen von Bādarāyana oder → Vyāsa verfaßt sein und sind auch als → *Vedānta-Sūtra* bekannt.

Brahmatejas, Skrt.; die Macht und Herrlichkeit Brahmans, das Feuer bzw. die brennende Glut des Göttlichen.

Brahma-Vastu, Skrt.; die Wahrheit, die Wirklichkeit Gottes. Solange sie im Denken existiert, ist sie nicht die Letzte Wahrheit. Diese erfüllt sich nur in der Vereinigung mit Gott (→ Brahman), und dann ist sie ohne Aussage.

Brahmavid, Skrt.; einer, der Gott geschaut und erkannt hat. Ein Erleuchteter, für den Gott wirklich geworden ist, der, wie die christl. Mystiker sagten, die »Visio Dei« gehabt hat.

Brahmavid-Varishtha (Brahmavid-Variṣṭha), Skrt.; einer, der die höchste Erkenntnis des Göttlichen erlangt hat bzw. der beste der Gotteskenner.

Brahmavidyā, Skrt.; das Wissen um Brahman, identisch mit → Brahmajñāna.

Brahma-Yoga, Skrt.; Vereinigung mit der göttlichen Unendlichkeit, mit dem All, mit allem Manifestierten und Unmanifestierten.

Brahmopāsana, Skrt.; die Anbetung Brahmās oder des Göttlichen (→ Upāsana).

Brāhmo-Samāj, Skrt.; soziale und religiöse Reformbewegung des 19. Jh. in Indien. Sie hatte einen theistischen Einschlag und widmete sich der Anbetung und Verehrung des Ewigen, Unergründlichen und Unwandelbaren, das als Schöpfer und Erhalter hinter diesem Universum steht.

Braja, Skrt. → Vrindāvan

Brihadāranyaka-Upanishad (Bṛhadāranyaka-Upaniṣad), Skrt., wörtl.: *brihat:* »groß«, *āranyaka:* »zum Wald gehörend«; eine Upanischade des *Weißen → Yajurveda.* Sie wird »groß« genannt, weil sie lang und tiefgründig ist. Sie ist berühmt wegen der Belehrung, die der Heilige Yājñavalkya darin seinem Weib Maitreyī über das Selbst gibt. Das Werk lehrt die absolute Identität von Ātman und Brahman. Shankara hat einen Kommentar dazu geschrieben. (Dt. Übers. v. P. Deussen in: *Sechzig Upanishad's des Veda,* Leipzig 1905)

Brihaspati (Bṛhaspati), identisch mit Brahmanaspati (Brahmaṇaspati), Skrt., wörtl.: »Herr des Gebets«; er ist der Schöpfer des Wortes, das schon in den Veden (wie im Johannes-Evangelium) am Anfang aller Schöpfung steht und eins ist mit Gott. Durch das Wort übermittelt Brihaspati Erkenntnis, Überzeugungskraft und die Fähigkeit zum schöpferischen Rhythmus des Ausdrucks.

Brindāban, auch Brindāvan, Skrt. → Vrindāvan

Buddhehparatah (Buddheḥparataḥ), Skrt.; über dem Verstand stehend, höheres Bewußtsein, Intuition. Ohne Intuition sind spirituelle Erfahrungen nicht möglich, und diese persönlichen Erfahrungen stehen höher als Logik und Verstand.

Buddhi, Skrt.; Intelligenz. Diejenige Instanz im → Antahkarana, die durch Unterscheidungsvermögen alle Sinneseindrücke zu klassifizieren vermag. Als Instrument leblos, leiht sie sich die Intelligenz und das Bewußtsein des → Ātman und entfaltet alle Fähigkeiten des Menschen bis hin zur Intuition.

Buddhīndriya, Skrt. → Indriya

Buddhi-Yoga, Skrt.; Selbsterkenntnis, die durch Unterscheidungsvermögen erlangt wird. In der *Bhagavad-Gītā* wird der Einsatz der Buddhi als Intelligenz und Unterscheidungsvermögen Buddhi-Yoga genannt und als eine der wichtigsten Voraussetzungen für die Gotteserkenntnis bezeichnet.

C

Chāddar, Hindi; ein langes Stück Tuch, das um den oberen Teil des Körpers geschlungen wird, die traditionelle Tracht der orthodoxen Hindus.

Chaitanya (Caitanya), Skrt.;1. spirituell erwachtes Bewußtsein, kein bloßes Denkbewußtsein; 2. im → Rāmakrishna-Orden Hinzufügung zum Namen eines initiierten → Brahmachāri, z. B. Bhakti-Chaitanya, d. h. »dessen Bewußtsein von Hingabe erfüllt ist«; 3. ein großer Heiliger und spiritueller Führer (1485-1534), der in Navadvip (Bengalen) geboren wurde und auch unter den Namen Gauranga, Gaur, Gorā, Nimai und Krishna-Chaitanya bekannt ist.

Chaitanya-Purusha (Caitanya-Puruṣa), Skrt.; Bewußtsein des → Purusha. Obwohl der Mensch seinem wahren Wesen nach absolutes Bewußtsein (→ Chit) ist, benutzt er dieses Bewußtsein, um darauf die Vorstellung zu projizieren, Körper und Denken zu sein. Er wird dadurch zum → Jīva, der durch sein Denken die Erscheinungswelt (→ Māyā) schafft.

Chaitya-Purusha (Caitya-Puruṣa), Skrt.; der → Sānkhya-Philosophie nach entsteht das Universum aus der Vereinigung der Weltseele (→ Purusha) mit der materiellen Natur (→ Prakriti). Die Weltseele vereinigt in sich alle Einzelseelen, die als Chaitya-Purusha bezeichnet werden.

Chakra (Cakra), Skrt., wörtl.: »Rad, Kreis«; 1. im Hinduismus ein Kreis von Gottesverehrern. 2. Bezeichnung für die Zentren subtiler oder »feinstofflicher« Energie (→ Prāna, → Kundalinī) im Energieleib (Astralkörper) des Menschen. Sie sammeln, transformieren und verteilen die sie durchströmende Energie. Wenn die Chakras auch Entsprechungen auf der grobstofflichen, körperlichen Ebene haben (z. B. Herz oder *Solarplexus*), so sind sie mit diesen Entsprechungen jedoch nicht identisch, sondern

gehören einer anderen Ebene der phänomenalen Wirklichkeit an. Die Chakras sind Punkte, an denen Seelisches und Körperliches ineinander übergehen und sich durchdringen. Die sieben Haupt-Chakras des ind. → Kundalinī-Yoga (diese Zentren sind unter anderen Namen auch in anderen Kulturen bekannt) liegen entlang der → Sushumnā, des durch die Wirbelsäule aufsteigenden Hauptkanals subtiler Energie, durch den die Kundalini im Verlauf des geistigen Erwachens eines Menschen emporsteigt. Die ersten sechs Chakras liegen innerhalb des grobstofflichen Körpers, das siebte Chakra außerhalb von diesem über dem Scheitelpunkt des Kopfes. Erwacht die Kundalinl, was i. allg. durch besondere Übungen eines auf diesem System aufbauenden Yoga herbeigeführt wird, so steigt sie vom ersten, untersten Haupt-Chakra, ein Chakra nach dem anderen aktivierend, zum siebten, obersten auf. In jedem Chakra, zu dem der Yogi die Kundalinī hinführt, erfährt er eine besondere Art von Glückseligkeit (Ānanda), erwirbt er besondere psychische Kräfte (→ Siddhi) und verwirklicht er eine besondere Form der Erkenntnis – weshalb die Chakras auch als Zentren des Bewußtseins (Chaitanya) bezeichnet werden. Von jedem Chakra strahlt eine bestimmte Zahl von Energiekanälen (→ Nādī) aus.
Medial begabte Menschen, die den Astralkörper des Menschen sehen können, beschreiben die Chakras als »Lotosblüten« mit unterschiedlich vielen Blütenblättern, und so werden sie auf Abbildungen traditionellerweise dargestellt. Die Zahl der Blütenblätter entspricht der Zahl der von dem jeweiligen Chakra ausstrahlenden Nādīs. Diese »Lotosblüten« befinden sich in kreisender Bewegung, wodurch der Eindruck eines »Rades« (wie bei einem wirbelnden Feuerrad) entsteht; daher die Bezeichnung »Chakra«. Nach dem System des Kundalinī-Yoga entsprechen jedem Chakra bestimmte geistig-körperliche Eigenschaften, die durch verschiedene Symbole (Formen, Farben, mantrische Silben, Tiersymbole, Gottheiten usw.) ausgedrückt werden. Die sieben Haupt-Chakras und ihre wichtigsten Zuordnungen sind:
1. *Mulādhāra-Chakra;* es liegt an der untersten Stelle der Sushumnā, zwischen der Wurzel des Zeugungsorgans und dem Anus. Im Mūlādhāra-Chakra ruht (im unerweckten Zustand) die Kundalinī, die als zusammengerollte Schlange dargestellt wird (weshalb man auch von »Schlangenkraft« spricht) und allen

Chakras Macht und Energie verleiht. Vier Nādīs gehen von diesem Chakra aus und stellen die vier Blütenblätter dieses »Lotos« dar; die symbolische Form ist das Quadrat, seine Farbe ist Gelb, die zugeordnete »Keimsilbe« (→ Bīja) ist LAM, das Tiersymbol ein Elefant mit sieben Rüsseln, die Gottheiten sind → Brahmā und Dākinī, die Brahmā als → Shakti zugeordnet ist.
Der Yogi, der in das Mūlādhāra-Chakra durch geistige Übung eingedrungen ist, hat die Erd-Eigenschaft *(prithivī-tattva)* besiegt und hat keine Furcht mehr vor dem körperlichen Tod. Indem er sich auf dieses Chakra konzentriert und darüber meditiert, erlangt er »vollkommene Erkenntnis der Kundalinī und damit die Mittel, diese zu erwecken. Ist sie erwacht, empfängt er Darduri-Siddhi, die Kraft, sich vom Boden zu erheben und den Atem, das Bewußtsein und den Samen zu beherrschen. Sein Prāna tritt in die mittlere Brahma-Nādī ein. Seine Sünden werden ausgelöscht. Er erkennt Vergangenheit, Gegenwart und Zukunft und erfreut sich der natürlichen Glückseligkeit *(sahajaānanda)*.« (Zit. n. Sivananda, 1953, S. 71f.)
2. *Svādhishthāna-Chakra*; es liegt im Energiekanal Sushumnā an der Wurzel der Genitalien. Es entspricht → Bhuvar-Loka, und seine körperliche Entsprechung ist der *Plexus hypogastricus,* der die inneren Organe der Ausscheidung und Fortpflanzung beherrscht. Von seiner Mitte gehen sechs Nādīs (oder »Blütenblätter«) aus. Die symbolische Form ist der Halbmond, seine Farbe ist Weiß, die Keimsilbe VAM, das Tiersymbol das Krokodil, die zugeordneten Gottheiten sind → Vishnu und als Shakti die niedere Gottheit Rākinī.
»Wer sich auf dieses Chakra konzentriert und über die Devatā meditiert, hat keine Furcht vor dem Wasser und beherrscht das Wasserelement vollkommen. Er erwirbt verschiedene psychische Kräfte, intuitive Erkenntnis, vollkommene Beherrschung seiner Sinne und Erkenntnis der astralen Wesenheiten. Begierde, Zorn, Gier, Täuschung, Stolz und andere Unreinheiten sind ausgelöscht. Der Yogi wird zum Sieger über den Tod [→ Mrityuñjaya-Siddhi].« (Zit. n. Sivananda, 1953, S. 73f.)
3. *Manipūra-Chakra*; es liegt im Energiekanal Sushumnā in der Nabelgegend. Das ihm entsprechende körperliche Zentrum, der *Solarplexus,* beherrscht Leber, Magen usw. Von diesem Chakra gehen zehn Nādīs aus, die die Blütenblätter dieses »Lotos« dar-

stellen. Die symbolische Form ist das Dreieck, seine Farbe ist Rot, die Keimsilbe ist RAM, das Tiersymbol der Widder, die beherrschenden Gottheiten sind → Rudra und → Lākinī.

»Der Yogi, der sich auf dieses Chakra konzentriert, erlangt Satala-Siddhi und vermag verborgene Schätze zu finden. Er ist von allen Krankheiten befreit und kennt keine Furcht vor Feuer. ›Selbst wenn er in brennendes Feuer geworfen wird, bleibt er ohne Todesfurcht am Leben.‹« (Zit. n. Sivananda, 1953, S. 74f.)

4. *Anāhata-Chakra*; es liegt in der Herzgegend innerhalb des Energiekanals Sushumnā. Das dem Anāhata-Chakra entsprechende körperliche Zentrum ist der *Plexus cardiacus*; er beherrscht das Herz. Von diesem Chakra strahlen fünfzehn Nādīs aus, die die Blütenblätter dieses »Lotos« darstellen. Die symbolische Form ist das Hexagramm, seine Farbe ist Graublau, die Keimsilbe ist YAM, das Tiersymbol die Gazelle, die beherrschenden Gottheiten sind → Īsha und Kākinī.

»In diesem Zentrum wird der Klang Anāhat [→ Anāhata-Shabda], der Klang des → Shabda-Brahman, offenbar. Man vernimmt ihn sehr deutlich, wenn man sich auf dieses Zentrum konzentriert... Wer über dieses Zentrum meditiert, beherrscht in vollkommener Weise Vāyu-Tattva (Luft-Eigenschaft), die voller Sattvas (harmonische Eigenschaften) ist. Er vermag durch die Luft zu fliegen und in den Körper anderer einzudringen *(bhuchari-siddhi, kechari-siddhi, kaja-siddhi)*. Kosmische Liebe und andere göttliche Eigenschaften werden ihm zuteil.« (Zit. n. Sivananda, 1953, S. 76.)

5. *Vishuddha-Chakra*; es liegt in der Sushumnā-Nādī am unteren Ende des Halses und ist das Zentrum des Äther-Elements. Von diesem Chakra, dem als körperliches Zentrum der *Plexus laryngeus* entspricht, gehen sechzehn Nādīs aus, die den Blütenblättern des »Lotos« entsprechen. Die symbolische Form ist der Kreis, seine Farbe ist Weiß, die Keimsilbe ist HAM, das Tiersymbol ein Elefant mit sechs Stoßzähnen, die beherrschenden Gottheiten sind Sadā-Shiva und die Göttin Shākinī.

»Die Konzentration auf die Eigenschaften *(tattva)* dieses Chakra heißt Ākāshi-Dhāranā. Wer diese Konzentration übt, wird selbst beim Untergang des Kosmos (→ Pralaya) nicht vergehen, denn er erlangt die höchste und vollkommene Erkenntnis der vier Veden. Er wird zu einem Trikāla-Jñāni [→ Trikāla-Jñāna], der Vergangenheit, Gegenwart und Zukunft kennt.« (Zit. n. Sivananda, 1953, S. 77.)

6. *Ājñā-Chakra*; es liegt in der Sushumnā-Nādī und hat seine physische Entsprechung im Zwischenraum zwischen den beiden Augenbrauen. In westlichen esoterischen Systemen wird dieses Chakra als das »Dritte Auge« bezeichnet. Dieser »Lotos« hat zwei Blütenblätter, d. h., es strahlen zwei Nādīs von der Mitte des Chakra aus. Seine Farbe ist ein milchiges Weiß, die Keimsilbe ist das kurze A, die zugeordneten Gottheiten sind Parama-Shiva in der Form von → Hamsa und die Göttin Hākinī. Dieses Chakra, dem als körperliches Zentrum der *Plexus cavernosus* entspricht, wird als Sitz des Bewußtseins angesehen.

»Wer sich auf dieses Chakra konzentriert, zerstört alles Karma aus vergangenen Leben. Deshalb sind die Wohltaten solcher Meditation, die den Yogi zum Jīvanmukti [→ Jīvanmukta], zu einem im Leben Befreiten macht, unbeschreiblich bedeutsam. Der Yogi erwirbt alle höheren und die zweiunddreißig niederen → Siddhis.« (Zit. n. Sivananda, 1953, S. 78.)

7. *Sahasrāra-Chakra*; dieses Chakra liegt über dem Scheitelpunkt des Kopfes, also außerhalb des grobstofflichen Körpers, über dem oberen Ende der Sushumnā. Wie der Name des Chakra besagt, hat dieser »Lotos« tausend Blätter, d. h., es strahlen tausend oder »unzählige« Nādīs von ihm aus. Die physische Entsprechung des Sahasrāra-Chakra ist das Gehirn, seine Keimsilbe ist OM, der heilige Laut (→ Pranava). Die fünfzig Buchstaben des Sanskrit-Alphabets laufen auf den tausend Blütenblättern dieses Lotos zwanzigmal rundum, so daß diese Lotosblüte die Gesamtheit aller Keimsilben und Chakras darstellt, die das Sahasrāra-Chakra als allen anderen übergeordnetes Chakra umfaßt. Es strahlt ein Licht »wie zehn Millionen Sonnen« aus und gehört zu einer höheren Ebene der Wirklichkeit als die sechs anderen Haupt-Chakras, die als die Sechs Chakras *(shat-chakra)* die Chakras im engeren Sinn des Wortes ausmachen.

Das Sahasrāra-Chakra, als die Behausung des Gottes → Shiva angesehen, entspricht dem kosmischen Bewußtsein. »Ist Kundalinī mit dem Gott Shiva im Sahasrāra-Chakra vereint, erfährt der Yogi höchste Glückseligkeit (→ Paramānanda), Überbewußtsein und höchste Erkenntnis. Er wird → Brahmavid-Varishtha, ein vollkommener Jñāni.« (Zit. n. Sivananda, 1953, S. 78.)

Eine ausführliche Darstellung der Chakras und ihrer vielfältigen Aspekte nach der Lehre des Kundalini-Yoga findet sich in: Arthur Avalon, *Die Schlangenkraft,* Bern ²1975.
Im Hinduismus ausgebildet, spielt das System der Chakras jedoch auch im Buddhismus, vor allem im tantrischen Buddhismus (→ Tantra, → Vajrayāna, → Tibetischer Buddhismus) eine Rolle. Vom grundlegenden Entwurf her ist das System der Energiezentren (Chakras) und der sie verbindenden Energiekanäle (Nādīs) hier dasselbe wie im Kundalinī-Yoga. Die Symbolik, die sich damit verbindet, ist jedoch der buddhist. Ikonographie entnommen, und die darauf aufbauende meditative Praxis unterscheidet sich in vieler Hinsicht wesentlich von der des Kundalinī-Yoga. Eine Darstellung des buddhist. Chakra-Yoga findet sich in: Lama Anagarika Govinda, *Grundlagen tibetischer Mystik,* Bern ⁸1991

Chakrabandha (Cakrabandha), Skrt.; ein Zustand, in dem alle → Chakras aktiviert sind. In diesem Zustand kann die → Kundalinī zum siebenten Zentrum feinstofflicher Energie (Sahasrāra) aufsteigen und damit die Erleuchtung bewirken.

Chamatkara (Camatkāra), Skrt., wörtl.: »Staunen«; das nicht Normale, Außergewöhnliche, vor allem das, was jenseits der Sinne und des Denkens liegt. Es gehört in den Bereich des verfeinerten Bewußtseins und offenbart sich nur der Intuition.

Chañchala (Cañcala), Skrt., von *cañc:* »hüpfen, springen, flakkern«, soviel wie unbeständig, unzuverlässig, unstet. Gemeint ist unser unbeherrschtes Alltagsdenken, das ruhelos von einem Objekt zum anderen springt, uns ständig täuscht und in Aufregung versetzt.

Chandas, auch Chhandas, Skrt.; jener der sechs → Vedānga, der sich mit der Verslehre (Metrik) befaßt. Es geht dabei nicht nur um Zahl und Länge der Silben, sondern auch um ihr »Gewicht«, d. h. um den Rang oder Wert, der einer Silbe zugesprochen wird.

Chandī (Caṇḍī), Skrt.; eine heilige Schrift, in der die Göttliche Mutter (→ Shakti) als »Letzte Wirklichkeit« beschrieben wird; sie gehört zu den *Shakta-Tantras* und besteht aus 13 Kapiteln.

Chāndogya-Upanishad, Skrt.; die »Geheimlehre der Chandoga-Schule« ist die zweitälteste der → Upanischaden und dem → *Sāmaveda* zugehörig. Sie erörtert die Grundlagen der → Vedānta-Philosophie, insbes. das Wesen des »wirklichen Selbst des Menschen« (→ Ātman) und enthält den großen Lehrsatz → Tat Tvam Asi (»Das bist du«).

Chandra-Nādī (Candra-Nāḍī), Skrt., wörtl.: »Kanal der Mondenergie«; eine Bezeichnung für die → Idā.

Chandrayama (Candrayama), Skrt.; ein religiöses Gelübde, die Nahrung zu reduzieren oder zu vermehren, je nach Abnehmen oder Zunehmen des Mondes *(chandra)*.

Chārvāka (Cārvāka), ein ind. Philosoph, dessen Lehrsätze sich mit Skeptizismus und Materialismus befassen; sein angebliches Hauptwerk, *Bārhaspati-Sūtra* (ca. 600 v. Chr.), ist verlorengegangen, doch finden sich Zitate daraus in Texten der buddhist. und der Jaina-Literatur (→ Jainismus) des 8. Jh.s. Nach Chārvāka nannte sich eine philosoph. Schule, die den Weg zu Glück und Vollendung im Hier und Jetzt sucht.

Chatur-Āshrama (Catur-Āshrama), Skrt.; die vier *(chatur)* Lebensstufen der Hindus (→ Āshrama).

Chatur-Yoni (Catur-Yoni), Skrt.; vier *(chatur)* Arten der Geburt, in denen die Wesen der sechs Existenzweisen (→ Gati) wiedergeboren werden können: 1. Jarāyuja: lebendgeboren (Säugetiere, Menschen); 2. Andaja: eigeboren (Vögel, Reptilien); 3. Samsvedaja: feuchtigkeits- oder wassergeboren (Fische, Würmer); 4. Aupapāduka: durch Metamorphose geboren, d. h. nicht durch eine »Mutter«, sondern allein durch die Kraft des → Karma. Auf diese Art und Weise werden → Devas, → Pretas, Höllenbewohner (→ Naraka) und Wesen einer neu entstandenen Welt geboren.

Chela, eigentlich Cheta (Ceṭa), Skrt., wörtl.: »Diener«; allgemein Schüler, insbes. aber ein spirituell Strebender, der von seinem Guru Belehrung erwartet und ihm deshalb dient.

Chetas (Cetas), Skrt.; Intelligenz, Denkbewußtsein; sich über etwas bewußt werden, verstehen.

Chid-Ābhāsa (Cid-Ābhāsa), Skrt., wörtl.: »Erscheinen wie Bewußtsein«; absolutes Bewußtsein (→ Chit), das sich in Denken und Nicht-Erkenntnis reflektiert; das Bewußtsein der individualisierten Seele, des → Jīva.

Chidākāsha (Cidākāśa), Skrt.; der Bereich des alldurchdringenden, absoluten Bewußtseins (→ Chit), das identisch ist mit → Brahman.

Chidambaram, Skrt.; 1. berühmter Pilgerort und Tempel in Südindien; 2. ein Name für Gott, der alles mit seinem Bewußtsein durchdringt.

Chidātman (Cidātman), Skrt.; Bewußtsein des → Ātman, des Selbst. Dieses Bewußtsein (→ Chit) ist identisch mit → Brahman, dem absoluten Bewußtsein.

Chinmātra (Cinmātra), Skrt.; Zustand des reinen Seins (→ Sat) als Hinweis auf → Brahman. Brahman ist vor der Manifestation seiner Urenergie (→ Shakti) absolutes Sein, ohne Namen und Formen.

Chinmāyākosha (Cinmāyākośa), Skrt.; die Hülle (→ Kosha), in der der → Ātman im Zustand der göttlichen Selbstgewahrwerdung noch steckt, eine Hülle aus göttlichem Bewußtsein.

Chinmātroham (Cinmātroham), Skrt., wörtl.: »Ich bin absolutes, reines Sein«. Absolutes Sein ist für den Verstand schwer faßbar, aber Meister Eckhart meint dasselbe, wenn er von »Istheit« spricht. Da Gott als »Nicht-Objekt« nicht beschrieben werden kann, wird er im Hinduismus als absolutes Sein, absolutes Bewußtsein und absolute Seligkeit (→ Satchidānanda) umschrieben, und der obige Ausspruch besagt, daß eine Identität mit Gott als Sein, Bewußtsein und Seligkeit möglich ist.

Chinnamasta, Skrt.; die Göttliche Mutter (→ Shakti) in ihrem schöpferischen und zerstörerischen Aspekt, als Symbol für Auflösung und Rückkehr in den Urgrund (→ Brahman).

Chintāmani (Cintāmaṇi), Skrt.;
1. ein mystischer Edelstein, der die Kraft hat, seinem Besitzer jeden Wunsch zu erfüllen; 2. ein Name Gottes; 3. Titel bzw. Titelteile mehrerer Werke der Sanskrit-Literatur.

Chit (Cit), Skrt.; absolutes Bewußtsein; wichtiger Begriff des → Vedānta für eine Bewußtseinsvorstellung, die sich von der westlichen stark unterscheidet. Während wir in Descartes' Vorstellung »Ich denke, also bin ich« leben, stellt der Vedānta fest, daß »ich auch bin, wenn ich nicht denke«, wie etwa in der Ohnmacht, im Tiefschlaf und im → Samādhi. – Chit umfaßt vier Bewußtseinszustände: Wachen, Träumen, Tiefschlaf und Samādhi, der auch → Turīya, »das Vierte«, genannt wird. Denkbewußtsein dagegen gibt es nur im Wachen und Träumen.

Chitam (Cita), Skrt.; technischer Ausdruck für den Sitz des Unbewußten, Bewußten und Überbewußten. Durch Yoga wird das Unbewußte und Bewußte beherrscht, so daß sich das Überbewußte manifestieren kann.

Chit-Purusha (Cit-Puruṣa) Skrt.; die Bewußtseinskräfte des Selbst (→ Purusha).

Chitra-Nādī (Citra-Nāḍī), Skrt.; ein Kanal innerhalb der → Sushumnā, durch den beim Aufsteigen der → Kundalinı spirituelle Bewußtseinsströme aufsteigen, die von → Sattva beherrscht werden.

Chit-Shakti (Cit-Śakti), Skrt.; Bewußtsein als höchste Energie, als Kraft, die das Universum entstehen läßt. Für den → Vedānta besteht die Erscheinungswelt nur aus Energie (→ Shakti), die mit Bewußtsein (→ Chit) identisch ist. In der Identifizierung mit dem Körper benutzen wir dieses Bewußtsein, um die Vorstellung eines materiellen Universums zu schaffen.

Chitta (Citta), Skrt.; eine Instanz im Inneren Organ (→ Antahkarana), die als Geistmaterie bezeichnet wird und Wahrnehmung und Denken entstehen läßt.

Chit-Tapas (Cit-Tapas), Skrt.; die göttliche Selbstgewahrwerdung und der unendliche, alles erreichende Wille; es ist die Hülle des → Chaitanya-Purusha.

Chittaprasāda (Cittaprasāda), Skrt.; Zufriedenheit, Heiterkeit des Gemüts; Gedankenstille.

Chitta-Shuddhi (Citta-Śuddhi), Skrt.; die Läuterung der Denkinhalte und Gefühle.

Chitta-Vikshepa (Citta-Vikṣepa), Skrt.; das von Zerstreuung, Verwirrung und Ablenkung überdeckte Denken; Verwicklung in Nicht-Erkenntnis.

Chittavritti (Cittavṛtti), Skrt., wörtl.: »Gemütsverfassung«; geistige Schwingungen, Gedanken; Zustand oder Verfassung der Geistmaterie in Form von Erinnerungen, Wünschen und Gefühlen.

Chittavritti-Nirodha (Cittavṛtti-Nirodha), Skrt.; Zügelung der Denkbewegungen; Beherrschung des Denkens; die achte Stufe in den Übungen des → *Yoga-Sūtra,* gleichzusetzen mit → Samādhi.

D

Dahara-Vidyā, Skrt., wörtl. *dahara:* »kleiner Raum«, *vidyā:* »Erkenntnis, Wissen«; die Verwirklichung des → Ātman in der inneren Region des Herzens, der »Stadt Brahmās«.

Daitya, auch Daiteya, Skrt.; Titan, Nachkomme der Göttin → Diti. Die Daityas waren eine Rasse von Dämonen und Giganten, die gegen die Götter Krieg führten und Opferhandlungen behinderten. Sie wurden besiegt und verschwanden.

Daiva, Skrt.; 1. Gottheit; 2. Schicksal; Omen; der Einfluß von Kräften und Mächten, die sich von der sichtbaren Mechanik der Natur unterscheiden; 3. heilige Handlung.

Daivī-Māyā, Skrt.; es gibt zwei Arten der → Māyā: 1. die göttliche (Daivī), durch die Brahman sich in der Erscheinungswelt manifestiert; 2. die niedere Māyā, die als Materie für wirklich gehalten wird.

Daivi-Shakti (Daivi-Śakti), Skrt., wörtl.: »göttliche Kraft«; beim Mantra, das von einem Guru gegeben wird, geht man davon aus, daß es Daivi-Shakti, also göttliche Kraft, besitzt.

Daksha (Dakṣa), Skrt.; 1. Bezeichnung für→ Prajāpati als Herrn der geschaffenen Wesen; 2. Name eines Gottes der → Āditya-Gruppe; 3. intuitives Unterscheidungsvermögen; das erfassende Denken; 4. Tüchtigkeit.

Dakshinā (Dakṣiṇā), Skrt.; 1. die rechte Seite; rechts herum; 2. Milchkuh; 3. Geschenke, die man einem spirituellen Lehrer macht, um sich für seine Belehrungen und Segnungen zu bedanken. Im Hinduismus darf man nur die rechte Hand benutzen, wenn man jemandem etwas gibt; 4. Süden; 5. Göttin der göttlichen Einsicht. Sie regiert über die Opferhandlungen und die Verteilung der Opfergaben.

Dakshinā-Agni (Dakṣiṇāgni), Skrt.; das dritte der drei Opferfeuer, das südliche *(dakshinā)* Feuer der Einsicht; ein Symbol für den Gott der Intuition und des Geistes.

Dakshināchāra (Dakṣiṇācāra), Skrt., wörtl. *dakshinā:* »rechts«, *āchāra:* »Brauch«; im Tantra ein Ritual, das rein ist (es gibt auch andere) und als »Rechte-Hand-Übung« bezeichnet wird. Der rechten Hand sind im Hinduismus alle reinen Handlungen vorbehalten, die schmutzigen dürfen nur mit der linken Hand ausgeführt werden.

Dakshinā-Mārga (Dakṣiṇā-Mārga), Skrt., wörtl. *dakshinā:* »rechts«, *mārga:* »Weg«; bei der Anbetung der → Shakti im Tantra ist dieser Weg auf Erkenntnis gerichtet im Gegensatz zum Vāma-Mārga (*vāma:* links), auf dem Vergnügen bevorzugt wird.

Dakshināyana (Dakṣiṇāyana), Skrt., wörtl.: »südlicher Pfad«; der Pfad, den ein Mensch während seiner Evolution auf Erden einschlagen kann. Er führt zum Totenreich, abgeleitet vom Halbjahresgang der Sonne nach Süden (d. h. Halbjahr der abnehmenden Tage). Gegenteil → Devayāna.

Dama, Skrt. → Shatkasampatti

Dandin (Daṇḍin), Skrt., wörtl.: »Der mit dem Stock«;
1. ein → Sannyāsin, der während seines ganzen Mönchslebens einen Stab mit sich trägt;
2. ein Brahmane im vierten Lebensstadium (→ Varna).
3. auch Dandi, einer der berühmtesten Sanskrit-Schriftsteller. Er lebte zwischen dem 6. und 8. Jh. und hinterließ den trotz seiner Unvollständigkeit hochgeschätzten »Roman« *Dashakumāra-Charita,* (dt. Ausgabe u. d. T. *Die Abenteuer der zehn Prinzen* bzw. *Die zehn Prinzen,* zuletzt 1985). Das durch viele phantastische und humorvolle Ausschmückungen aufgelockerte Werk ist eines der wenigen der Sanskrit-Literatur, die in Prosa geschrieben sind; sein Stil ist indessen so vollkommen, daß es zu den Kunstgedichten *(kāvyas)* zählt. – Wichtig ist ferner Dandins *Kāvyādarsha* (»Spiegel der Dichtkunst«), ein dreibändiges Handbuch der Sanskrit-Poetik in Versen.

Dardura-Siddhi, Skrt., wörtl. *dardura:* »Frosch«, *siddhi:* »übernatürliche Kraft«; die durch Yoga-Übungen erlangte Kraft, sich vom Boden lösen und schweben zu können, im Westen als Levitation bezeichnet. (Siehe dazu auch → Divya-Siddhis.)

Daridrā-Shevā (Daridrā-Śevā), Skrt., wörtl. *daridra:* »arm«, *shevā:* »Dienst, Pflege, Verehrung«; Dienst und Fürsorge für die Armen und Bedürftigen.

Darshana (Darśana), auch Darshan, Skrt., wörtl.: 1. »Anblick, Anschauen«; 2. »System«.
Zu 1: einem Heiligen oder einem heiligen Ort Achtung erweisen, um durch seinen Anblick Segnung und Läuterung zu erfahren. Jede Begegnung mit einem Guru oder Heiligen kann als Darshana betrachtet werden.
Zu 2: Bezeichnung für die sechs Systeme (Shad-Darshana), die die sechs Schulen der Hindu-Philosophie bilden, nämlich 1. → Nyāya, 2. → Vaisheshika, 3. Sānkhya, 4. Yoga (→ Rāja-Yoga), 5. → Pūrva-Mīmāmsā oder Mīmāmsā, 6. → Vedānta, auch Uttara-Mīmāmsā genannt. – Alle diese Philosophiesysteme haben ein und dasselbe Ziel: die Befreiung der Seele von der Wiedergeburt und die Vereinigung mit Gott oder dem Absoluten. Sie alle haben in der → *Bhagavad-Gītā* ihren Niederschlag gefunden.

Dasharatha (Daśaratha), Skrt.; König von Ayodhyā. Er hatte drei Gemahlinnen. Seine Hauptgemahlin Kausalyā gebar ihm den Prinzen → Rāma, der eine der zehn Inkarnationen → Vishnus ist und die Hauptgestalt des berühmten Heldenepos → *Rāmāyana.* Seine anderen drei Söhne waren → Bharata, → Lakshmana und Shatrughna.

Dāsya, Skrt., wörtl.: »Knecht«; eine der fünf Einstellungen des Gottesverehrers: Gott als Herr und der Verehrende als Diener oder Kind (→ Bhāva).

Dayānanda, Svāmi, 1824-1883, Gründer des → Ārya Samāj, einer Reformbewegung, die hauptsächlich in Nordindien Bedeutung gewann. Svāmi Dayānanda war ein großer Gelehrter der Veden, die er streng monotheistisch auslegte. Er predigte gegen

Bilderverehrung und versuchte, die alten ved. Opferriten wieder einzusetzen. Für ihn waren die Veden die höchste Autorität in bezug auf Religion, er akzeptierte jedes ihrer Worte als buchstäblich wahr.

Deha-Abhyāsha (Deha-Abhyāśa), Skrt., wörtl. *deha:* »Körper«, *abhyāsha:* »Nähe«; Verhaftung an den Körper und Identifizierung mit ihm durch Nicht-Erkenntnis.

Deva, Skrt., Pali, wörtl.: »der Leuchtende«.
1. Brahman in Form eines persönlichen Gottes; 2. Bezeichnung für die Götter, die sich auf einer höheren Ebene als die Menschen befinden, aber trotzdem sterblich sind; 3. Beifügung zum Namen Erleuchteter, die Gott verwirklicht haben.

Devadatta, Skrt., wörtl.: »gottergeben«.
1. ein → Prāna-Strom, der Gähnen verursacht, um dem ermüdeten Körper mehr Sauerstoff zuzuführen; 2. verbreiteter ind. Männername; 3. Name von → Arjunas Muschelhorn.

Devakī, die Mutter → Krishnas und Gemahlin → Vāsudevas, Kusine von → Kansa. Sie wird mitunter als Inkarnation Aditīs, der Mutter der Sonnengötter, bezeichnet.

Devayāna, auch Uttarayāna, Skrt., wörtl.: »Weg der Götter«; der zum höheren Bewußtsein, jenseits des Verstandes, führende Weg, d. h. der Weg der Weisheit und spirituellen Erkenntnis. Gegenteil → Dakshināyana.

Devi, Skrt.; 1. Göttin. Das Wort kann sich auf jede weibliche Gottheit des Hinduismus beziehen. Oft wird es dem Namen einer Göttin beigefügt, z. B. Lakshmī-Devī; 2. Königin; 3. Prinzessin; 4. als Respektanrede dem ersten Namen ind. Damen beigefügt.

Dhāma, Skrt.; in der hinduist. Mythologie urspr. eine Klasse übernatürlicher Wesen. Der → Vaishnavismus bezeichnet damit die übernatürliche Ebene göttlicher Liebe. Sie entspricht der christl. Vorstellung vom »Reich Gottes«.

Dhanurveda, Skrt., wörtl.: »Bogenkunde«; zum → *Yajurveda* gehörende Schrift über die Kunst des Bogenschießens, die → Bhrigu oder → Vishvāmitra zugeschrieben wird. Auch im *Agni-Purāna* wird diese Kunst gelehrt, die jeder Fürst beherrschen mußte.

Dhanvantari, 1. Name einer ved. Gottheit, der in der Dämmerung Opfer dargebracht wurden; 2. der Arzt der Götter. Er war der Lehrer der medizinischen Wissenschaft; der → *Āyurveda* wird ihm zugeschrieben. In einer anderen Geburt war er der Sohn des Rishi Dīrghatamas. Er war frei von menschlichen Schwächen und in jeder Existenz ein Meister universaler Erkenntnis. Er wird auch Sudāpāni genannt, wörtl.: »der Nektar in seinen Händen trägt«, sowie Amrita, wörtl.: »der Unsterbliche«; 3. ein gefeierter Arzt der zu den »Neun Edelsteinen« am Hof des Königs → Vikramāditya zählte.

Dhāranā (Dhāraṇā), Skrt.; Konzentration, die sechste der acht Stufen, die → Patañjali in seinen Yoga-Aphorismen aufführt. Im → Rāja-Yoga eine wichtige Voraussetzung für tiefe Meditation.

Dharma, Skrt., wörtl.: »tragen, halten«. Umfassender Begriff für »das, was unser wahres Wesen ausmacht«, Rechtschaffenheit. Die Grundlage der menschlichen Moral und Ethik, die gesetzliche Ordnung des Universums und Basis jeder Religion. Die Hindus nennen ihre Religion → Sanātana-Dharma, die ewige Religion.

Dharma-Shāstra (Dharma-Śāstra), Skrt.; Bezeichnung für mehrere traditionelle Gesetzbücher der altind. Kultur. Als das grundlegende gilt das »Gesetzbuch des Manu«, die → *Manu-Samhitā* (auch *Mānava-Dharmashāstra).* Auf ihr basieren die meisten anderen Gesetzeswerke, so die *Dharma-Smriti,* die → Yājñavalkya zugeschrieben wird (daher auch *Yājñavalkya-Smriti)* und das *Dharma-Shāstra* des → Gotama. Älter noch als das Gesetzbuch des Manu ist wahrscheinlich das *Vasishtha-Dharmashāstra,* das mit dem Seher und *Rigveda*-Verfasser → Vasishtha in Verbindung gebracht wird, jedoch erst aus dem 4. Jh. v. Chr. zu stammen scheint.

Die Dharma-Shāstras waren in erster Linie als Kodex für den Lebenswandel der Brahmanen gedacht, doch wurden sie aufgrund ihres umfassenden Pflichtenkatalogs und ihrer weisen Rechtsregeln mit der Zeit auch für die anderen höheren Kasten verbindlich.

Dharma-Sūtra, Skrt., wörtl.: »Leitfaden des Rechts«; Anweisungen und Regeln für konventionelle und religiöse Bräuche und Gesetze.

Dhashanjaya (Dhaśaṇjaya), Skrt.; der → Prāna-Strom, der nach dem Tod noch im Körper verbleibt und Veränderungen in ihm bewirkt.

Dhātu-Prasāda, Skrt., wörtl. *dhātu:* »Wurzel, Quelle«, *prasāda:* »Gnade, Klarheit, Gemütsruhe«; der Friede und die Gnade, die aus dem Innern kommen durch Läuterung der Quellen des eigenen Wesens, das reines Bewußtsein ist.

Dhenu, Skrt.; 1. die Kuh, die in Indien als heilig verehrt wird; Milch; 2. Erde.

Dhritarāshtra (Dhṛtarāṣṭra), Skrt.; der blinde Bruder von → Pāndu. Beide Brüder entsagten nacheinander dem Königsthron. Zwischen ihren Söhnen, den → Kauravas und den → Pāndavas, entbrannte die große Schlacht des *Mahābhārata.* Im Alter zog er sich mit seiner Gemahlin Gāndhārī in eine Einsiedelei in den Wäldern zurück, wo beide bei einem Waldbrand ums Leben kamen.

Dhruva, Skrt.; 1. der Polarstern; 2. morgens gepreßter, abends geopferter → Soma; 3. ein Prinz, von dem im *Bhāgavata-Purāna* berichtet wird, daß er ein großer Verehrer Vishnus war.

Dhyāna, Skrt.; Meditation, Versenkung. Dhyāna gehört zu den drei Endstufen des Yoga des → Patañjali, die als → Dhāranā, Dhyāna und → Samādhi bezeichnet werden. Dhyāna ist die Technik, um Samādhi zu erlangen. Dabei muß das Denken zum Schweigen gebracht werden, damit das absolute Bewußtsein von jeder Überdeckung frei wird. Patañjali nennt Meditation den ununterbrochenen Gedankenstrom auf das Objekt der Konzentration (→ Dhāranā). Ohne Dhyāna sind höhere Bewußtseinszustände nicht erlangbar.

Digambara, Skrt., 1. wörtl.: »luftgekleidet«, nackt. Wenn ein → Sādhu nackt einhergeht, so wird das im Hinduismus als Zeichen dafür betrachtet, daß er dem Geschlecht nicht mehr verhaftet ist; 2. Name einer der beiden Hauptsekten des → Jainismus.

Dīkshā (Dīkṣā), Skrt., Einweihung eines spirituell Strebenden in das spirituelle Leben durch den Guru. Der Schüler erhält ein Mantra und wird in die letzten spirituellen Wahrheiten eingeführt.

Dīpāvali, auch Dīvāli oder Devali, Skrt.; eine Gruppe von Lampen oder Lichtern, eine Lichterkette; das Lichterfest in der Neumondnacht des Monats Kārttika (Mitte Oktober bis Mitte November), bei dem überall Lichter aufgestellt werden.

Diti, altind. Göttin des irdischen Bereichs; weniger mächtig als → Aditī, die das ganze Sonnensystem beherrschende Göttin, daher auch in den ved. Schriften seltener erwähnt und weniger verehrt. Sie gilt als die Mutter der → Daitya genannten Titanen.

Divya-Gandha, Skrt., wörtl. *divya:* »himmlisch«, *gandha:* »Geruch«; himmlische Düfte, die mitunter während der Meditation wahrgenommen werden.

Divya-Jyotish (Divya-Jyotis), Skrt., wörtl. *divya:* »himmlisch«, *jyotish:* »Licht«; ein übernatürliches Licht, das mitunter während der Meditation wahrgenommen wird und ein Zeichen für spirituellen Fortschritt sein soll.

Divya-Siddhis, Skrt.; übernatürliche, okkulte Kräfte, die sich mitunter durch Meditationsübungen einstellen. Gute spirituelle Lehrer warnen ihre Schüler davor, diese Kräfte zu beachten oder zu benutzen, da sie die spirituelle Entwicklung behindern können.

Draupadī, Tochter von Drupada, dem König von Pañchāla, die Gemahlin der fünf Pāndu-Prinzen (→ Pāndavas), eine bekannte Gestalt des *Mahābhārata*.

Drig-Drishya-Viveka (Dṛg-Dṛśya-Viveka), Skrt., wörtl.: »die Unterscheidung *(viveka)* zwischen dem Seher *(drig)* und dem Gesehenen *(drithya)*«. Dies ist der Titel eines Sanskrit-Traktats von 46 Shlokas, der den Einstieg in die höhere → Vedānta-Philosophie ermöglicht. Drei Namen werden mit der Entstehung des Werks in Verbindung gebracht: Bhārati Tīrtha, → Shankara und Svāmi → Vidyāranya. Aller Wahrscheinlichkeit nach war Bhārati Tīrtha der Verfasser. Er war der Lehrer von Vidyāranya und von 1328 bis 1380 Leiter des von Shankara gegründeten Klosters Shringeri.

Drishti (Dṛṣṭi), Skrt.; allgemein im Sinn von »Vision, Schau, Offenbarung, Auge, Weltanschauung, Theorie« verwendeter Begriff.

Drittes Auge → Chakra (6. Ājñā-Chakra)

Duhkha-Nirodha (Duḥkha-Nirodha), Skrt., wörtl. *duhkha:* »Leid«, *nirodha:* »Vernichtung«; die Überwindung, das Aufhören von Leid.

Durgā, Skrt., wörtl.: »die Unergründliche«; einer der ältesten und am häufigsten gebrauchten Namen für die Göttliche Mutter, die Gefährtin Shivas.

Dūrvā, Skrt.; ein heiliges Gras, das bei der → Pūjā, dem Hindu-Ritual der Gottesverehrung, benutzt wird, wobei es aus seiner Hülse herausgezogen wird. Diese Handlung symbolisiert die Anstrengung des spirituell Strebenden, → Ātman von Körper und Denken zu trennen.

Dvaita, Skrt., wörtl.: »Zweiheit«; Philosophie des Dualismus, nach deren Auffassung der Mensch als Geschöpf von seinem Schöpfergott getrennt ist. Die exoterischen Lehren aller Religionen und die Philosophie bewegen sich in dieser Zweiheit; nur die

Mystiker der Weltreligionen und die von ihnen begründeten esoterischen Traditionen sind über die Dualität von Schöpfer und Geschöpf hinausgelangt (→ Advaita-Vedānta). Unser Alltagsbewußtsein unterliegt zwangsweise der dualen Aufspaltung in Subjekt und Objekt.

Dvaitavāda, Skrt. → Dvaita-Vedānta

Dvaitādvaita-Vedānta, auch Bhedābheda-Vāda, Skrt., von *dvaita:* »Zweiheit« und → Vedānta; eine Philosophie des dualistischen Nicht-Dualismus, deren Hauptvertreter → Nimbārka ist. Sie lehrt, daß Brahman eins ist mit dem All (Nicht-Dualismus), aber drei verschiedene (dualistische) Formen annimmt: 1. die unbelebte Welt (→ Jagat); 2. die individuelle Seele (→ Jīva); 3. den persönlichen Gott (→ Īshvara), der für Nimbārka durch Vishnu repräsentiert wurde.

Dvaita-Vedānta, Skrt., von *dvaita:* »Zweiheit«, → Vedānta; die dritte der drei Hauptschulen der Vedānta-Philosophie. Sie wurde von → Madhva entwickelt, der seinen Dualismus (Dvaita) → Shankaras → Advaita-Vedānta entgegenstellte. Der Dvaita-Vedānta (auch Dvaitavāda) lehrt, daß Gott und die individuelle Seele ewig getrennt sind und die Welt wirklich ist, nicht Täuschung (→ Māyā). Das Eine und die Vielfalt bleiben ewig voneinander verschieden. Zwischen Dvaita und Advaita steht der → Vishishtādvaita-Vedānta des Rāmānuja.

Dvandvamoha (Dvaṃdvamoha), Skrt., wörtl. *dvandva:* »Paar, Gegensatz«, *moha:* »Täuschung«; die Täuschung der Gegensatzpaare wie Freude und Leid, Licht und Dunkelheit usw. Der → Advaita-Vedānta betrachtet die Gegensatzpaare als Täuschung, weil sie nur innerhalb der → Māyā möglich sind. In → Brahman, der höchsten Wirklichkeit, gibt es keine Gegensätze.

Dvāpara-Yuga, Skrt. → Yuga

Dvārakā, Skrt.; ein berühmter heiliger Ort am westlichsten Punkt Indiens. Der dortige Tempel ist der Anbetung Krishnas geweiht.

Dvija, Skrt., wörtl.: »zweimal geboren«; als Dvija gelten die Angehörigen der oberen drei Kasten (→ Varna) der Hindu-Gesellschaft, nämlich die Brahmanen, die Kshatriyas und die Vaishyas. Die Angehörigen der vierten Kaste, die Shūdras, zählen nicht dazu.

Dyaus, Skrt.; die dreifache, untere Welt des Denkens mit ihren drei Himmeln. Die → Rishis sahen die Welt in vielen Ebenen und teilten oftmals die Ebenen wieder in drei Regionen. Mit den drei Himmeln des menschlichen Denkens sind die Region reinen Lichts, die Region reinen Denkens und die Region eines reinen psychischen Zustands gemeint.

Dyoya-Drishti (Dyoya-Dṛṣṭi), Skrt.; das sog. Dritte oder Göttliche Auge (*drishti:* »Auge«), das zwischen den Augenbrauen liegt und mit dem Ājñā-Chakra (→ Chakra, 6.) identisch ist. Es ist der Sitz der Intuition.

E

Ekādashī (Ekādaśī), Skrt.; der elfte Tag nach dem Neumond oder Vollmond, den die orthodoxen Hindus mit Andacht, Meditation und Fasten verbringen. In den Klöstern wird dieser Tag mit dem Singen von → Rām-Nam verbunden.

Ekāgra, auch Ekāgrata, Skrt.; einzig auf einen Gegenstand oder allein *(eka)* auf einen Punkt gerichtete Aufmerksamkeit; Situation, in der alle geistigen Kräfte nur auf *ein* Objekt konzentriert werden.

Ekāgrata, Skrt. → Ekāgra, → Einspitzigkeit des Geistes

Eka-Tattvābhyāsa, Skrt., wörtl. *eka:* »einzig«, *tattva:* »Wahrheit, Wirklichkeit«, *abhyāsa:* »wiederholte Beschäftigung«; Studium der einzigen Wirklichkeit, des höchsten Bewußtseins, das alle Wesen als innerstes Selbst durchdringt.

Ekatva, Skrt.; Einheit, Allbetrachtung; die Fähigkeit, das Selbst oder das Göttliche in allem zu sehen und alle Dinge im Selbst.

Ellora, auch Elūrā, Höhlen- und Felsentempelanlage im ind. Staat Mahārāshtra. Der Kultbereich umfaßt 34 Tempel und Klöster aus dem 5.–9. Jh., und zwar sowohl hinduist. und jainist. als auch buddhist. Heiligtümer. Das markanteste ist der Tempel Kailāsanātha (8. Jh.), der aus einem einzigen freistehenden Felsblock herausgemeißelt wurde und den »Silbernen Berg« → Kailāsa, den Wohnsitz Shivas, symbolisieren soll. Die Steinreliefs zeigen vor allem Shivas und → Durgās Kampf gegen Dämonen; ferner Shivas Tanz, der den kosmischen Kreislauf von Erschaffen und Zerstören versinnbildlicht.

G

Ganapati, Skrt. → Ganesha

Gandharva, Skrt.; der himmlische Gandharva aus den hinduist. Veden ist eine Gottheit, die die Geheimnisse des Himmels und der göttlichen Wahrheit kennt und offenbart. Er ist eine Personifizierung des Lichts der Sonne. Seine Aufgabe ist es, den himmlischen Soma-Trank für die Götter zu bereiten. In den späteren Vorstellungen wurden die Gandharvas (ein Halbgöttergeschlecht) Sänger und Musiker, die an den Banketten der Götter teilnahmen; in diesem Sinn wird der Begriff auch im Buddhismus verwendet.

Gandhi, Mohandas Karamchand, gen. Mahātmā (Skrt. »Große Seele«), 1869-1948, Führer der ind. Unabhängigkeitsbewegung. Sein Programm des gewaltlosen Widerstands gegen diskriminierende Gesetze und vor allem gegen die britische Kolonialherrschaft in Indien gründete auf der Idee von → Satyāgraha (Skrt. »Festhalten an der Wahrheit«) und → Ahimsā (Skrt., »Nicht-Verletzen«, d. h. Gewaltlosigkeit). In den Satyāgraha-Kampagnen von 1920–1922 und 1930–1932 forderte er seine hinduist. Landsleute zur Nicht-Beteiligung an der Verwaltung Britisch-Indiens und passivem Widerstand gegen die Regierung auf, wofür er mehrmals zu langen Haftstrafen verurteilt wurde. Durch asketisches Leben, vorurteilsloses Eintreten für die »Unberührbaren« (Parias) und für die Anerkennung der ethischen Werte anderer Religionen (u. a. Studium der Bergpredigt und der Lehren Tolstois) wirkte er beispielhaft für eine Vertiefung und Neuorientierung des Hinduismus und eine friedliche Koexistenz mit den Anhängern des Islam. Am 30. 1. 1948 in Neu-Delhi von den Kugeln eines fanatischen Hindu tödlich getroffen, sank er mit den Worten »O Rāma!« zu Boden.

Ganesha (Gaṇeśa), auch Ganapati, Skrt., der Sohn → Shivas und → Pārvatīs; Gott der Weisheit und Beseitiger aller Hinder-

nisse; er gewährt im weltlichen wie auch im spirituellen Leben Erfolg. Viele → Pūjās beginnen mit der Anbetung Ganeshas. Seine Herrlichkeit besingt das *Ganesha-Purāna*.
Ganesha wird dargestellt als kleiner, dicker Gott mit vorstehendem Bauch und von gelblicher Farbe. Er hat vier Hände und einen Elefantenkopf, aber nur einen Stoßzahn. In einer Hand hält er eine Muschel, in der zweiten einen Diskus, in der dritten eine Keule und in der vierten eine Wasserlilie. Sein Reittier ist eine Ratte,

Ganesha-Gītā (Gaṇeśa-Gītā), Skrt.; die → *Bhagavad-Gītā,* in der Krishnas Name durch den Ganeshas ersetzt wird. Sie wird von den Ganapatyas benutzt, einer kleinen Sekte, die → Ganesha oder Ganapati als ihre Hauptgottheit verehrt.

Gangā, der Fluß Ganges, der im Himālaya bei Gangotri entspringt und in den Golf von Bengalen mündet. Er ist für die Hindus so heilig wie der Jordan für die Christen. Die Sterbenden erhalten oft einen Schluck Gangeswasser. Auch bei jeder → Pūjā findet Gangeswasser Verwendung.

Gārhapatya-Agni, Skrt., wörtl.: »Haushälterfeuer«; der göttliche Funke im Menschen, den der Haushälter symbolisch weckt, indem er das im Holz eingeschlossene Feuer befreit; das erste, kreisförmige der drei heiligen Feuer, das vom Haushälter bei seinem Opferritual entfacht wird.

Garuda (Garuḍa), Skrt.; ein mythischer Vogel, halb Mensch, halb Vogel. Garuda ist der König der Vögel, das Reittier Vishnus und ein großer Feind der Schlangen. Diesen Haß übernahm er von seiner Mutter, die sich mit ihrer Nebenfrau Kadru, der Mutter der Schlangen, gestritten hatte. Garuda wird dargestellt mit Kopf, Schwanz und Flügeln eines Adlers und Leib und Beinen eines Menschen. Sein Gesicht ist weiß, seine Flügel rot und sein Körper golden. Garuda soll das → Amrita von den Göttern gestohlen haben, um seine Mutter von Kadru freizukaufen. → Indra entdeckte den Diebstahl und kämpfte mit Garuda. Das Amrita wurde zurückgewonnen, aber Indra wurde besiegt und sein Donnerkeil zerbrochen.

Gaudapāda, ein konsequenter Advaitin (→ Advaita-Vedānta). Berühmt wurde er durch seinen Kommentar (→ Kārikā) zur → *Māndūkya-Upanishad.*

Gaurānga, Skrt. → Chaitanya

Gautama → Gotama

Gavishthira (Gaviṣṭhira), Skrt., wörtl.: »standfest im Licht der Erleuchtung« (*gaviṣṭha:* »Sonne«); eine Bezeichnung für die alten → Rishis.

Gayā, Stadt im nordind. Staat Bihar, eine der sieben heiligen Städte; berühmter Wallfahrtsort, der aber an Bedeutung verloren hat. Sein Tempel, Vishnupāda, ist den Lotosfüßen Vishnus geweiht. – Als heiliger Ort des Buddhismus Bodh-Gayā genannt.

Gāyatrī, Skrt.; 1. Metrum von 3 x 8 Silben; 2. einer der heiligsten Verse des → *Rigveda,* ein wichtiges Mantra. Die Gāyatri wendet sich an die Sonne als → Savitri, den Erzeuger, und wird deshalb auch Sāvitrī genannt. Als Göttin personifiziert, ist Sāvitrī die Gemahlin Brahmās, die Mutter der vier → Veden und der Zweifachgeborenen (der drei oberen Kasten der Hindu-Gesellschaft). Es gibt verschiedene Gāyatrī-Übersetzungen. Die heute gebräuchlichste lautet: »Mögen wir über das leuchtende Licht dessen meditieren, der anbetungswürdig ist und alle Welten geschaffen hat! Möge er unsere Intelligenz auf die Wahrheit lenken!« Von den Hindus der oberen drei Kasten wird erwartet, daß sie dieses Gebet täglich sprechen. – Gāyatrī ist auch der Name der Göttin, die über dieses Mantra regiert.

Ghantā, Skrt. → Pūjā

Ghāt, Hindi; ein Platz, meist mit Stufen, an dem die Menschen zu einem Fluß oder See hinuntergehen, hauptsächlich um zu baden, aber auch, um ihre Wäsche zu waschen; Verbrennungs-Ghāts sind Bestattungen vorbehalten, damit die Beteiligten Zugang zum Wasser haben für ihre Reinigung und für das Ausstreuen der Asche.

Ghatākāshsa (Ghaṭākāśa), Skrt., wörtl.: *ghata:* »Topf«, *ākāsha:* »Raum«; Raum, der von einem Topf begrenzt wird. Das Beispiel vom Topf, der den Raum unterteilt in inneren, begrenzten Raum und äußeren, unbegrenzten Raum, wird philosoph. häufig verwandt, z. B. um den Unterschied zu erklären zwischen → Jīvātman (d. h. → Ātman, der von einem Körper begrenzt wird) und dem reinen, unbegrenzten Ātman, der identisch ist mit → Brahman.

Ghrita (Ghṛta), Skrt., wörtl.: »geklärte Butter«; mit Ghrita werden die Butterlämpchen bei der → Pūjā gespeist. Es ist das Symbol für Klarheit des Denkens und Erleuchtung. Die dreifache Klarheit von Ghrita besteht aus → Indra, → Sūrya und → Soma. Es ist das formgewordene Licht der Erkenntnis. Indra befreit das göttliche Licht von der dynamischen Mentalität, Sūrya von der nur reflektierenden Erkenntnis und Soma von der Sinnesverhaftung.

Gītā, Skrt.; Gesang, Lied; fast immer ist damit die → *Bhagavad-Gītā* gemeint, aber es gibt auch andere bedeutende Lieddichtungen der Sanskrit-Literatur, z. B. die *Avadhūt-Gītā,* die *Ashtāvakra-Gītā,* die *Ganesha-Gītā.*

Gītagovinda, Skrt.; lyrisches Gedicht in zwölf Gesängen von Jayadeva (Anfang des 12. Jh.), dem Hofpoeten des bengal. Königs Lakshmanasena. Es besingt die Jugend Krishnas als Govinda, den Hirtenknaben im Wald von → Vrindāvan, und die Liebe zwischen ihm und → Rādhā. Sie symbolisiert die glühende Liebe der menschlichen Seele zur Gottheit (→ Bhakti). – Das Werk wird noch heute als Melodrama aufgeführt. Friedrich Rückert hat einzelne Gedichte daraus ins Deutsche übersetzt (1837).

Go, Skrt.; 1. Kuh, die als Lebensspenderin von den Hindus hoch verehrt wird; auch allg. Rind; 2. Gestirne, Strahlen; 3. Erde.

Gobhila Grihya-Sūtra

Goloka, Skrt., wörtl.: 1. »Ort der Kühe«; 2. »Himmel«, insbes. Krishnas Himmel, eine moderne Hinzufügung zu den ursprünglichen sieben → Lokas, die Vorstellung der → Vaishnavas von einem Himmel ewiger Schönheit und Glückseligkeit; ferner der ewige Wohnsitz → Vishnus.

Gomati, Skrt., wörtl.: »voller Licht«; eine Beschreibung der Morgendämmerung, auch der geistigen, als voller Licht; spirituell interpretiert: die Fülle der Erleuchtung.

Gopāla, Skrt., wörtl.: »Kuhhirte«, ein Name für den jungen Krishna, als er unter den Kuhhirten in → Vrindāvan lebte. Für den spirituell Strebenden, der die vierte der fünf Beziehungen (→ Bhāva) eines → Bhakta zu Gott einnimmt, d. h. die Beziehung der Liebe der Eltern zu ihrem Kind (→ Vātsalya), ist Gopāla oft sein »Erwähltes Ideal« (→ Ishta-Deva).

Gopīs, Skrt., wörtl.: »Hirtenmädchen«; die Milchmädchen von → Vrindāvan, Gespielinnen und Verehrerinnen Krishnas, allen voran → Rādhā; Vorbild und Symbol für intensive Gottesliebe.

Gorakh, Prophet des 10. Jh. Er war ein tantrischer Heiliger und gründete eine eigene Sekte, deren Anhänger sich Kaupatta-Yogis nennen. Viele haben den Namen Gorakh angenommen.

Gosvāmī, Skrt., Priester der → Vaishnavas. Die Gosvāmīs sind Brahmanen und Nachkommen von → Nityānanda, dem Gefährten → Chaitanyas.

Gotama, auch Gautama oder Satānanda; der Gründer der → Nyāya-Schule der sechs → Darshanas und Verfasser eines wichtigen hinduist. Gesetzbuches (→ Dharma-Shāstra), das in zwölf Bänden Schöpfung, Seelenwanderung und Befreiung behandelt und ausführliche Anweisungen für alle Schichten der Gesellschaft in bezug auf ihre Pflichten im Leben enthält.

Govinda, Skrt.; 1. häufig für Krishna gebrauchte Anrede, womit zum Ausdruck gebracht wird, daß er der Kenner der Erde und der Sinne und der Beschützer der Kühe ist (*go:* sowohl »Kuh« als auch »Erde«); 2. ein Name für Vishnu, von dem Krishna eine Inkarnation (→ Avatāra) ist.

Granthi, Skrt., wörtl.: »Knoten«; im metaphysischen Bereich sind die Granthis die Verstrickungen der feinen Nervenkräfte des psycho-physischen Systems, die das freie Fließen der spirituellen Kräfte im Menschen blockieren. Diese Knoten, die durch Bindungen an die niedrigen Elemente unseres Wesens entstehen, erzeugen Wünsche, Leidenschaften, Selbstsucht usw., die nur durch spirituelle Übungen überwunden werden können.

Grihastha (Gṛhastha), auch Garhasthya, Skrt., wörtl.: »Haushälter«; die zweite Lebensstufe (→ Āshrama) der Hindus, in der geheiratet und eine Familie gegründet wird. Heirat ist im Hinduismus eine spirituelle Übung, durch die man nicht nur sein Bewußtsein erweitert, sondern gleichzeitig eine Lektion an Selbstbeherrschung erteilt bekommt.

Grihya-Sūtra (Gṛhya-Sūtra), Skrt.; Regeln für das häusliche Ritual und die persönlichen Pflichten, die sich von der Empfängnis bis zur Bestattung eines Menschen erstrecken. Das bekannteste *Grihya-Sūtra,* von Gobhila verfaßt, hat Friedrich Knauer ins Deutsche übersetzt (Dorpat 1884).

Gritsamada (Gṛtsamada), Skrt.; bekannter → Rishi, der in vielen Hymnen des → *Rigveda* erwähnt wird, Hauptverfasser von *Rigveda II.*

Gudakesha (Guḍakeśa), Skrt., wörtl.: »der mit dem Haarbüschel«; ein Beiname für → Arjuna, der in der *Bhagavad-Gītā* häufig mit diesem Namen angesprochen wird.

Guha, Skrt,, wörtl.: »Angreifer«; 1. Beiname des Kriegsgottes → Skanda; 2. Beiname Shivas; 3. ein König der Nishadhas und Freund Prinz Rāmas.

Guna (Guṇa), Skrt., wörtl.: »Grundeigenschaft«; alle Objekte der Erscheinungswelt (→ Prakriti) bestehen in ihrer Struktur aus den drei Gunas Sattva, Rajas und Tamas. Als Eigenschaften der → Māyā sind die Trigunas von → Brahman abhängig, verhüllen aber dessen Wirklichkeit. Sind die Gunas in vollkommenem Gleichgewicht, so tritt nichts in Erscheinung, es gibt weder Manifestation noch Schöpfung. Wird das Gleichgewicht gestört, tritt die Schöpfung in Erscheinung. In der physikalischen Welt verkörpert Sattva das Reine und Feine (z. B. das Sonnenlicht), Rajas Aktivität (z. B. einen Vulkan) und Tamas Schwere und Unbeweglichkeit (z. B. einen Granitblock).

Gunātīta (Guṇātīta) auch Trigunātīta, Skrt., wörtl.: »über die Gunas hinausgegangen«; die drei *(tri)* → Gunas sind die Grundeigenschaften der Erscheinungswelt (→ Prakriti). Wer sich von den Gunas befreit hat, der hat die materielle Welt überwunden und Brahman verwirklicht. Damit hat er Befreiung (→ Moksha) erlangt, das Ziel allen spirituellen Strebens im Hinduismus.

Gupta, 350–650 n. Chr., Dynastie von Königen, die in Māgadha regierten und unter deren Herrschaft zahlreiche Tempel gebaut wurden. In der Kunstgeschichte wird sie als Gupta-Periode bezeichnet.

Guru, Skrt.; Lehrer, insbesondere der spirituelle Meister. Die Hindu-Tradition spricht von vier Guru-Stufen: 1. die Eltern, die uns zu diesem Körper verhelfen und uns mit dem Leben und seinen Problemen bekannt machen; 2. die weltlichen Lehrer der Schule und Universität, die Handwerksmeister und alle anderen, die sich um unsere Ausbildung kümmern; 3. der spirituelle Meister, der den Weg kennt, uns den Sinn und Zweck des Lebens erklärt und den Weg zur Selbstverwirklichung, aber auch seine Gefahren und Hindernisse zeigt. Er kann uns auf diesem Weg führen und leiten, aber gehen müssen wir ihn selbst, es gibt keinen spirituellen »Huckepackverkehr«; 4. der kosmische Guru (→ Avatāra), zu dem uns der spirituelle Meister führt und der als göttliche Inkarnation vollkommen und erleuchtet ist. Für die Christen ist Jesus Christus der kosmische Guru.

Gurubhāva, Skrt.; die spirituelle Kraft eines Guru, die nur wirksam wird, wenn der Schüler aufnahmebereit ist.

Gurudeva, Skrt.;1. die höchste Guru-Stufe, eine göttliche Inkarnation (→ Avatāra); 2. Bezeichnung für Gott.

Gurukripā (Gurukṛpā), Skrt.; die Gnade *(kripā)* des Guru, die er einem geeigneten Schüler zuteil werden läßt.

Gurumantra, Skrt.; das vom Guru bei der Einweihung gegebene → Mantra, das der Schüler ständig wiederholen, aber geheimhalten sollte.

H

Ha, Skrt. → Hatha-Yoga

Hamsa (Haṃsa), Skrt., wörtl.: »Schwan«; 1. Im *Bhāgavata-Purāna* Bezeichnung für die »*eine* Kaste«, als es in alten Zeiten nur einen Veda, einen Gott und eine Kaste gab; 2. im *Mahābhārata* ein Name für → Krishna; 3. eine Bezeichnung für Heilige, dann auch → Paramahamsa.

Hanuman, andere Schreibweise für → Hanumat

Hanuman-Nātaka (Hanuman-Nātaka), auch *Mahānātaka,* Skrt., wörtl.: »Großes Drama des Hanumat«; eines der merkwürdigsten Werke der ind. Literatur in Form eines »Schauspiels« in 14 Akten, das jedoch genausogut ein Epos genannt werden könnte und zwischen dem 9. und 13. Jh. entstanden sein soll. Es erzählt die Abenteuer des Affenkönigs → Hanumat und seiner Untertanen als tapfere Kämpfer an der Seite Rāmas. Der Legende nach war Hanumat selbst der Verfasser.

Hanumat, auch Mahāvīra (»Großer Held«) oder Mahāvīr genannt, Skrt., wörtl.: »mit starken Kinnbacken«; ein Affenkönig. Er konnte durch die Luft fliegen und ist eine bekannte Gestalt des *Rāmāyana.* Mit seinem Affengefolge unterstützte er → Rāma in dessen Krieg gegen → Rāvana. Hanumats Taten sind auf vielen Bildern dargestellt. Wegen seiner magischen und heilenden Kräfte wird er auch Yogāchāra genannt. Im *Rāmāyana* heißt es: »Der Häuptling der Affen ist vollkommen, niemand kommt ihm gleich an Kenntnissen der → Shāstras, Gelehrsamkeit und Auslegung der Schriften.« Für den Bhakta, den Gottliebenden, ist Hanumat das Symbol für Dāsya, die Haltung des Dieners seinem Herrn gegenüber (→ Bhāva). Hanumats Abenteuer beschreibt das → *Hanuman-Nātaka.*

Hari, Skrt., wörtl.: »Vertreiber der Sünde«; ein Name für Gott als Vishnu und Krishna: Später generell angewendet für den persönlichen Gott (→ Īshvara). Beim → Soma-Opfer ist Hari die bräunliche Farbe des Soma-Tranks.

Hari-Hara, Skrt.; Kombination aus den Beinamen Vishnus (Hari) und Shivas (Hara), um die Einheit der beiden Götter als Eines zu manifestieren, was auf den → Advaita hinführt.

HARI OM, Skrt.; heilige Formel (→ Mantra), mit der die Gegenwart Gottes beschworen wird (→ OM).

Harivamsha (Harivaṃśa), Skrt., wörtl.: »Das Geschlecht des Hari (oder Vishnu)«; religiöses Epos, das als Anhang zum → *Mahābhārata* gilt, obwohl es viel später entstanden ist. Das Werk hat drei Teile. Der erste befaßt sich mit der Schöpfung und den verschiedenen legendären Dynastien, der zweite schildert das Leben und die Abenteuer Krishnas, der dritte handelt von der Zukunft der Welt und der Verderbtheit des noch heute andauernden Zeitalters Kali-Yuga (→ Yuga).

Harsha (Harṣa), Name zweier berühmter ind. Dichter. 1. Der Verfasser von drei handlungsreichen Dramen *(Nāgānanda* »Die Wonne der Schlangendämonen«; *Priyadarshikā* und *Ratnāvalī,* »Die Perlenschnur«, dt. 1928), die beliebte Stoffe der ind. Sagenwelt behandeln und teilweise buddhist. Einschlag erkennen lassen. Harsha war 606–647 Kaiser eines ausgedehnten Reiches in Nordindien. Sein abenteuerliches Leben hat der Dichter Bāna im 7. Jh. in dem Roman *Harsha-Charita* beschrieben.
2. Der Epiker und Vedānta-Philosoph Harsha, der im 12. Jh. Hofdichter der Könige von Kanauj war, wurde unter den Ehrennamen Shrīharsha bzw. Harshadeva als Verfasser des großen Kunstepos *Naishadha-Charita* berühmt, das die Liebe von → Nala und Damayantī zum Thema hat. Er schrieb auch das philosoph. Werk *Khandanakhandakhādya* (»Leckerbissen der Kritik«), das vom Standpunkt des Vedānta-Anhängers die Lehren der → Nyāya-Schule bekämpft.

Hatha-Yoga, Skrt.; dieser Yoga war urspr. eine Technik des Raja-Yoga, wie er von → Patañjali gelehrt wurde und mit der die Zentren psychischer Energie (→ Chakra) aktiviert wurden, um die → Kundalinī zu höheren Bewußtseinsebenen aufsteigen zu lassen. Die wichtigsten Praktiken dabei sind → Āsana und → Prānāyāma, die Beherrschung der → Prāna-Ströme. Sein Hauptziel ist es, Ha (Sonnen-Atem, als Prāna bekannt) mit Tha (Mond-Atem, als Apāna bekannt) zu vereinen. Dabei erlangt der Hatha-Yogi spirituelle Kräfte, und die Kundalinī beginnt durch die sechs Chakras aufzusteigen.
Der Hatha-Yoga kennt verschiedene Körperstellungen und Reinigungsübungen. Heute ist sein Hauptziel körperliche Gesundheit. Wenn im Westen von Yoga gesprochen wird, ist fast ausschließlich dieser Hatha-Yoga gemeint, von dem es zahlreiche Schulen und Lehrer gibt. Er ist nicht zu verwechseln mit dem traditionellen → Yoga, der nach Befreiung und Vereinigung mit Gott strebt.

Hatha-Yoga-Pradīpikā (Hatha-Yoga-Pradīpikā), Skrt., wörtl.: »Leuchte des strengen Yoga«; ein Standardwerk aus dem 16. Jh. über den → Hatha-Yoga von Svātmārāma, in welchem er in vier Kapiteln mit 395 Memorialversen die Übungen des Hatha-Yoga mit dem → Rāja-Yoga in Verbindung bringt und aufzeigt, wie sich beide ergänzen. Nach Aufzeichnungen aller Einzelheiten kommt er zu dem Schluß, daß, wo der Hatha-Yoga endet, der Rāja-Yoga beginnt. (Dt. Übersetzung: H. Walter, Diss. München 1893.)

Hayagrīva, Skrt., wörtl.: »Pferdenacken«. Einer Legende nach stahl ein → Daitya dieses Namens den Veda, als er gerade dem Munde Brahmās entschlüpfte, der am Ende eines → Kalpas schlief. Er wurde von Vishnu in seiner Fischinkarnation (→ Matsya) getötet. Nach einer anderen Legende nahm Vishnu selbst diese Form an, um den Veda zurückzuholen, den zwei Daityas gestohlen hatten.

Himavat, Skrt., wörtl.: »Schneegipfel«; Symbol für die höchsten Gipfel des Seins; die göttlichen Kräfte in ihrer höchsten Manifestation.

Hindi, in weiten Teilen Nordindiens Landessprache (Ost-Hindi und West-Hindi) mit mehreren Dialektgruppen. Das von ca. 112 Mill. Menschen gesprochene West-Hindi ist heute die offizielle Staatssprache Indiens. Sie wird in der auch für das klassische → Sanskrit üblichen Devanāgarī-Schrift geschrieben.

Hinduismus, der im Westen eingeführte Name für die traditionellen religiösen und gesellschaftlichen Strukturen und Einrichtungen der Inder. Jene Inder, die nicht den von dieser Tradition abweichenden Lehren des Islam, des → Jainismus und → Sikhismus anhängen, bezeichnet man heute allg. als »Hindus«. In Indien wird dieser Religionsverbund → Sanātana-Dharma, die »Ewige Religion«, genannt, da alle Aspekte der Wahrheit durch Jahrhunderte hindurch darin aufgenommen wurden. Als mythologisch gewachsene Religion hat sie weder einen Stifter (wie etwa Buddhismus, Islam und Christentum) noch einen unveränderlichen Kanon. Es lassen sich zahlreiche lokale Kulte und Traditionen der Götterverehrung und der Glaubensauffassung unterscheiden. Gemeinsam ist allen Hindus indessen die Lehre vom Gesetz des → Karma.
Seit Eindringen der indo-arischen Völker nach Indien und dem damit beginnenden ved. Zeitalter haben Seher, Heilige und → Avatāras spirituelle Erkenntnisse und Wahrheiten gefunden, die in den → Shrutis niedergelegt sind und noch heute dem Leben der Hindus Basis und Inhalt geben. Als die Indo-Arier auf die dravidischen Kulturen Südindiens stießen, waren sie offen für deren Weisheiten, die ebenfalls in den Sanātana-Dharma eingingen. Nie hat dieser sich neuen Einsichten und Weisheiten gegenüber verschlossen und sich deshalb bis zum heutigen Tage ungebrochen seine Lebendigkeit bewahrt.
Da der Sinn der Inder von Anfang an auf die Ewigkeit gerichtet war, haben sie der zeitlichen Einordnung der Geschehnisse und Erkenntnisse keine Bedeutung beigemessen. Deshalb differieren im Hinduismus die historischen Daten von Heiligen, Philosophen, philosoph. Schulen usw. oft um Jahrhunderte. Trotzdem läßt sich in großen Zügen eine gewisse Abfolge feststellen.
Auf die → Veden und → Upanischaden folgen als weitere heilige Schriften, die allerdings nicht mehr zur Shruti, d. h. zu den Offenbarungen, gehören, die → Itihāsas, deren wichtigste die bei-

den großen Epen, das → *Rāmāyana* und das → *Mahābhārata* sind. Letzteres enthält die jedem Inder vertraute und oft auswendig gelernte → *Bhagavad-Gītā,* die zu den heiligsten Schriften des Hinduismus überhaupt zählt.
Auf die Itihāsas, die mehr geschichtlichen Charakter tragen, folgen die → Purānas, die hauptsächlich dazu dienen, durch ihre anschaulichen Sagen und Legenden den Menschen den abstrakten Sinn der Veden und Upanischaden, den zu erfassen sie in späteren Zeiten meist nicht mehr in der Lage waren, zugänglich zu machen. Sie bilden die Hauptschriften des → Vaishnavismus, → Shaivismus und → Brahmanismus.
Als nächstes ist das → Tantra von großer Bedeutung für die religiös-spirituelle Entwicklung des Inders. Es befaßt sich hauptsächlich mit der göttlichen Energie, die – richtig genutzt – dem Strebenden auf dem Weg zur Erleuchtung von großer Hilfe ist, falsch genutzt jedoch große Gefahren in sich birgt.
Die → Darshanas genannten sechs philosoph. Systeme wurden zwar erst verhältnismäßig spät schriftlich fixiert, ihre ersten Ansätze finden sich jedoch schon in ved. Zeiten. Vor allem die Erkenntnisse des → Vedānta ziehen sich durch die gesamte ind. Philosophie vom → *Rigveda* bis zu den Reformbewegungen der letzten zwei Jahrhunderte. Der Vedānta gilt auch bei abendländischen Gelehrten als Höhepunkt der ind. Philosophie.
Alle bisher erwähnten Entwicklungen werden als orthodox (Āstika) bezeichnet, weil sie die Autorität der Veden anerkennen. Daneben entstanden aber schon sehr früh Lehren und Schulen, die die Autorität der Veden nicht anerkennen und deshalb als Nāstika (unorthodox) bezeichnet werden. Die beiden wichtigsten sind der → Jainismus und der Buddhismus. Für den Hinduismus ist Buddha nicht nur ein Hindu, sondern einer der → Avatāras, der Inkarnationen des göttlichen Bewußtseins auf Erden, und zwar von den zehn traditionellen der neunte und bisher letzte, denn der zehnte (→ Kalki) ist noch nicht erschienen.
Die heutigen wichtigsten ind. Bewegungen der Gottesverehrung sind der Vaishnavismus, der Shaivismus sowie der → Shaktismus, während der im Westen immer wieder im Zusammenhang mit Indien genannte Brahmanismus, sofern er sich direkt auf → Brahmā bezieht, im Hinduismus nur eine untergeordnete Rolle spielt.

Nicht zuletzt waren für die historische und religiöse Entwicklung des Sanātana-Dharma auch die Einflüsse des Buddhismus, Islam, Christentums, der Jainas und der Parsen von Bedeutung und haben erheblich zur ständigen Ausweitung des Hinduismus beigetragen. Schon im *Rigveda* steht der fundamentale Satz: *»Ekam Sat Vipra Bahudhā Vadanti«* – »Es gibt nur eine Wahrheit, aber die Weisen nennen sie mit verschiedenen Namen.« Für diese Wahrheit hat in unserer Zeit → Rāmakrishna lebendiges Zeugnis abgelegt, als er die verschiedenen Pfade der einzelnen Religionen im Laufe seines Lebens praktizierte und auf jedem zur gleichen Erleuchtung gelangte.

Hiranyagarbha (Hiraṇyagarbha), Skrt., wörtl.: »Goldenes Ei«; im *Rigveda* ist Hiranyagarbha der Anfang, der *eine* Gott aller Wesen, der Himmel und Erde erhält, Atem und Leben gibt, das belebende Prinzip in allen Kreaturen ist und dem alle Götter gehorchen.

Hiranyaparakosha (Hiraṇyaparakośa) Skrt., wörtl.: »Goldene Hülle des Jenseits«; das Göttliche, die goldene höchste Hülle, der Körper → Brahmās.

Hiranyavat (Hiraṇyavat), Skrt., wörtl.: »Goldreichtum«; die Grundsubstanz der Wahrheit. Hiranya bedeutet wörtl. zwar Gold, und damit Reichtum, wird aber in Wortverbindungen oft symbolisch für den strahlenden Reichtum des göttlichen Lichts gebraucht.

Hitopadesha (Hitopadeśa), Skrt., wörtl.: »Guter Rat oder Freundliche Unterweisung«; Sammlung von lehrreichen Geschichten und Tierfabeln, die weitgehend auf dem älteren und umfangreicheren → *Pañchatantra* fußen und zwischen dem 10. und 14. Jh. von einem gewissen Nārāyana in Bengalen verfaßt worden sein muß. Bis heute ist es ein beliebtes heiter-erbauliches Lesebuch für jedermann und liegt auch in mehreren dt. Übersetzungen vor.

Homa, Skrt.; Opferhandlung aus ved. Zeit, bei der einem Feuer, das nach Anweisung der heiligen Schriften entzündet wird, Opfergaben dargebracht werden. Das Feuer wird als sichtbare Manifestation der angebeteten Gottheit verehrt. Der Homa ist ein Ritual innerer Läuterung, an dessen Schluß der Anbetende der Gottheit ein geistiges Opfer darbringt in Form all seiner Gedanken, Worte und Taten.

I

Ichchā-Mrityu, (Iccā-Mṛtyu), Skrt., wörtl.: »Nach-Wunsch-Tod«; die Fähigkeit, nach eigenem Willen das Leben aufzugeben, nicht durch Selbstmord, sondern, indem die Todesstunde nach eigenem Wunsch bestimmt wird.

Idā (Iḍā), Skrt.; einer der wichtigsten Kanäle feinstofflicher Energie (→ Nādī), die die Lebenskraft (→ Prāna) zu den jeweiligen Bestimmungsorten im Körper leiten, um den ganzen Körper damit zu versorgen. Die Idā nimmt den Prāna durch das linke Nasenloch auf und ist kühlend und beruhigend wie der Mond. Sie entspricht dem Parasympathikus des sympathischen Nervensystems. Ihr Gegenstück ist die → Pingalā.

Idam, Skrt., wörtl.: »dies«. Die → Rishis (Seher, Erleuchtete) der → Upanischaden benutzten das Wort »dies« oft als Substantiv, um damit zum Ausdruck zu bringen, daß dieses Universum Gott in seiner manifestierten Form offenbart, im Gegensatz zur unbeschreibbaren, allgegenwärtigen Wirklichkeit, die allem Sichtbaren unterliegt, es durchdringt und übersteigt, und die sie als *tat,* »das«, bezeichneten, das sie dann auch als Substantiv gebrauchten, wie in dem berühmten Lehrsatz → Tat Tvam Asi.

Ikshvāku, (Ikṣvāku), Skrt.; der Sohn des Manu→ Vaivasvata, der wiederum ein Sohn des Sonnengottes Vivasvat war. Krishna erwähnt alle drei in der *Bhagavad-Gītā* (IV, 1).

Indra, der Gott des Firmaments, die personifizierte Atmosphäre. In den Veden ist er der höchste der Götter; er ist jedoch nicht ungeboren, sondern hat Vater und Mutter. Er beherrscht das Wetter und sendet Regen, Blitz und Donner. Als Spender des Regens, der Quelle der Fruchtbarkeit, wird er verehrt, als Herrscher über die Unwetter gefürchtet. In den Veden sind ihm mehr Hymnen gewidmet als allen anderen Göttern, mit Ausnahme von → Agni.

Indrajit, Skrt.; wörtl.: »Überwinder Indras«; von→ Brahmā stammender Beiname für Meghanāda, den Sohn → Rāvanas. Beide kämpften gegen→ Indra, und Meghanāda, dem Shiva die magische Fähigkeit des Unsichtbarwerdens verliehen hatte, fesselte ihn und schleppte ihn nach Lankā. Die Götter, angeführt von Brahmā, wollten Indra auslösen. Das gelang ihnen aber erst, nachdem sie Indrajit Unsterblichkeit versprochen hatten.

Indriya, auch Jñānendriya und Buddhīndriya, Skrt., wörtl.: »Sinnesorgan«. Eine Kraft → Indras, deren Wirken uns die Erkenntnis der Erscheinungswelt (→ Nāmarūpa) verschafft. Die Indriyas bestehen aus den fünf Wahrnehmungsorganen: Sehen, Hören, Riechen, Schmecken und Tasten; ferner aus den fünf Tätigkeitsorganen: Stimme, Hände, Füße, Ausscheidung und Fortpflanzung. Das elfte Indriya ist das Denken. Die Indriyas versorgen → Manas mit den Eindrücken der äußeren Welt und gehören dadurch mit in den Bereich des → Antahkarana.

Integraler Yoga, → Aurobindo, → Pūrna-Yoga

Īshā (Īśā), Skrt.;1. Name der Hindus für Jesus; 2. Name einer Upanischade des *Weißen* → *Yajurveda.* Sie ist mit ihren 18 Versen wohl die kürzeste Upanischade, trotzdem aber von großem Wert. Ihren Namen hat sie von ihren Anfangsworten und wird deshalb mitunter auch *Īshavāsya* genannt. Sie pflegt meistens die ind. Upanischaden-Sammlungen zu eröffnen; zeitlich gesehen gehört sie aber einer ziemlich späten Entwicklungsstufe an. Sie stellt die empirische Erkenntnis der Vielheit, die für sie → Avidyā ist, der Erkenntnis der *einen* Wirklichkeit, → Ātman oder → Brahman, gegenüber. → Shankara schrieb einen Kommentar zu dieser Upanischade. Ihre bekanntesten Mantras lauten SO-'HAM und SO'HAM ASMI. Beide bedeuten »Ich bin Er«, womit ausgedrückt werden soll, daß der Ātman, das Selbst des Menschen, identisch ist mit Gott, Brahman. (Dt. Übersetzung in: P. Deussen, *Sechzig Upanishad's des Veda,* Leipzig 1905; Prabhavananda / F. Dispeker, *Die schönsten Upanischaden,* Zürich 1951.)

Ishta-Deva (Iṣṭa-Deva), auch Ishta-Devatā oder nur Ishta, Skrt., wörtl. *ishta:* »1. Geliebter; 2. Wunsch«, *deva:* »Gott«, *devatā:* »Gottheit«; gewöhnlich übersetzt mit dem Begriff »Erwähltes Ideal«.
Da der Mensch auf dem Weg des → Bhakti-Yoga für seine Hingabe und Anbetung ein konkretes Objekt braucht, sucht er nach einem Ideal, auf das er seine Aufmerksamkeit konzentrieren kann, sei es eine Gottheit, eine besondere Manifestation Gottes, ein Heiliger, ein → Avatāra oder ein anderes Symbol, das ihn besonders anzieht.

Ishta-Mantra (Iṣṭa-Mantra), Skrt., wörtl.: »erwähltes Mantra«; beim → Japa mit einem Mantra, das nicht von einem Guru gegeben wurde, stehen zahlreiche Mantras traditioneller Prägung zur Verfügung, z. B. OM NAMO NĀRĀYANĀYA (»OM! Ehre sei Gott, dem inneren Führer«) oder OM NAMAH SHIVĀYA (»OM! Ehre sei Shiva«).

Īshvara (Īśvara) Skrt., wörtl.: »Herr des Universums« (von der Wurzel *ish:* »herrschen«); die Vorstellung eines persönlichen Gottes als Schöpfer der Welt. → Brahman in Verbindung mit der Erscheinungswelt und als Objekt unserer Anbetung und Verehrung ist Īshvara; in Svāmi → Vivekānandas Worten: »Īshvara ist die höchstmögliche Lesart des Absoluten (Brahman) durch das menschliche Denken.« (Siehe dazu auch → Aishvara-Yoga.)

Īshvarakoti (Īśvarakoti), Skrt.; eine freie, vollkommene Seele, die noch einmal auf Erden geboren wird, um der Menschheit zu helfen, die letzten spirituellen Wahrheiten zu erfassen. Sie besitzt dafür gewisse Eigenschaften eines → Avatāra.

Īshvara-Pranidhāna (Īśvara-Pranidhāna), Skrt.; Hingabe aller Handlungen in Gedanke, Wort und Tat an Gott, ein Bemühen, das auf der zweiten Stufe von → Patañjalis Yoga gefordert wird, aber auch wichtiger Bestandteil des → Bhakti-Yoga und des → Karma-Yoga ist.

Itihāsa, Skrt., wörtl.: »So war es«; Legenden, legendäre Gedichte, Heldensagen, Geschichten mythologischen Inhalts. Die bekanntesten Werke dieser Literaturgattung sind das → *Mahābhārata* und das *Rāmāyana*.

J

Jābāli, ein Priester des Königs → Dasharatha, der skeptische philosoph. Ansichten vertrat und, wie es im *Rāmāyana* heißt, seine Ansichten → Rāma aufzwingen wollte, die dieser energisch ablehnte. Darauf behauptete Jābāli, die atheistischen Ansichten nur vertreten zu haben, um Rāma zu prüfen. In Wirklichkeit sei er religiös und fromm. Er war ein Logiker und hat wahrscheinlich der → Nyāya-Schule angehört.

Jada-Prakriti (Jaḍa-Prakṛti), Skrt.; die leblose, unbewußte Natur, in der → Tamas dominiert (→ Prakriti).

Jada-Samādhi (Jaḍa-Samādhi), Skrt., von: *jada,* »starr, apathisch, stumpf«; ein Zustand, in dem das Denken aufgehört hat, d. h. ein inaktiver Bewußtseinszustand, der eine gewisse Zeit andauert. Er entspricht mehr oder weniger dem Zustand des traumlosen Schlafs, den wir alle kennen, von dem wir jedoch kein Bewußtsein haben. Er wird zwar Jada-»Samādhi« genannt, ist aber kein echter → Samādhi, da in ihm nicht das absolute Bewußtsein erfahren wird, sondern nur das Denken aussetzt.

Jagannātha, Skrt., wörtl.: »Herr der Welt«; Name für → Vishnu. Jagannātha wird hauptsächlich in Bengalen verehrt. Puri im Staat Orissa beherbergt den berühmten Tempel seiner Anbetung. Große Pilgerscharen versammeln sich dort, besonders zu den Festen Rathayātrā (Wagenfest) und Snānayātrā (Badefest).

Jagat, Skrt.; das Universum, die Erscheinungswelt.

Jāgrat, Skrt.; eine der vier → Avasthās, der Zustand des Wachbewußtseins, in dem der Mensch denkt und handelt, sobald er aufgewacht ist. Es ist das Bewußtsein, das die Intelligenz benutzt, um äußere Dinge zu erkennen und zu genießen, ein Zustand, in dem Sinne und Denken sich nach außen wenden.

Unter Jāgrata-Avasthā versteht man die Wahrnehmung aller vier Bewußtseinszustände: Jāgrat, → Svapna (Traumbewußtsein), → Sushupti (Tiefschlafbewußtsein) und → Turīya (wörtl.: »das Vierte«).

Jahānaka, Skrt. → Mahāpralaya

Jahnu, Skrt.;1. ein Heiliger, der bei seiner Meditation vom Geräusch des vorbeifließenden Ganges gestört wurde und deshalb dessen Wasser verschluckte. Später bedauerte er es und ließ das Wasser wieder aus seinem Ohr herausfließen. Seitdem wird der Ganges auch Jahnāvī, die Tochter des Jahnu, genannt; 2. Name einer Höhle im Himālaya, der der Ganges entströmt.

Jai, Skrt. → Jaya

Jaimini, ein Heiliger dieses Namens, Schüler des Veda-Vyāsa. Er soll von seinem Meister den → Sāmaveda empfangen haben und wurde sein Verbreiter und Interpret. Wahrscheinlich ist er nicht identisch mit dem Gelehrten Jaimini, der mit seinem → Mimāmsā-Sūtra die → Mīmāmsā-Philosophie begründete.

Jainismus (Skrt. Jaina); eine unorthodoxe ind. Religion, die die Autorität der Veden ablehnt. Ihre Tradition spricht von 24 Lehrern oder → Tīrthankaras, auch Jinas (wörtl.: »die Erobernden«) genannt. Der letzte Lehrer und zugleich der Begründer der Religion war → Mahāvīra, ein Zeitgenosse Buddhas.
Die Jainas glauben nicht an Gott. Ihre Religion lehrt eine jeder Seele innewohnende Göttlichkeit und die Verehrung vollkommener Seelen als den Höchsten Geist. Befreiung wird erlangt durch richtigen Glauben, richtige Erkenntnis und richtiges Verhalten, wobei das Nicht-Verletzen lebender Wesen besonders betont wird.

Janaka, 1. König von Videha, der Vater von → Sītā. Er ist der ideale → Karma-Yogi des Altertums. Durch selbstloses, wunschfreies Tun, das er Gott als Opfer darbrachte, frei von Verhaftung und egoistischer Zielsetzung, erlangte er Vollkommenheit. Er gilt als Beispiel dafür, wie man nach der Befreiung ruhig und ge-

lassen in der Welt weiterleben kann. Der Heilige → Yājñavalkya war Janakas Priester und Ratgeber.
2. Zwanzig Generationen vor Janaka gab es einen ersten bedeutenden Träger dieses Namens, den König von Mithilā, der späteren Hauptstadt von Videha. Nach dem Tod seines Vorgängers Nimi soll ein Heiliger aus dessen Leib einen Prinzen geformt haben, den man Janaka nannte, was »ohne Vorfahren geboren« bedeutet.

Japa, auch Japam, Skrt., wörtl.: 1. »flüstern, murmeln«; 2. »Rose«; die Wiederholung eines heiligen Namens oder einer heiligen Formel (→ Mantra) als Form der Meditation. Diese Wiederholung kann verbal oder in Gedanken geschehen. Es kann dafür irgendein Name Gottes oder das vom Guru gegebene Mantra genommen werden. Japa ist eine wichtige Übung zur Beruhigung und Läuterung des Denkens, wobei ein Rosenkranz (→ Mālā) oder eine andere Kette eine große Hilfe sein kann. Man unterscheidet drei Japa-Arten: 1. laute Wiederholung (Likhita-Japa); 2. Wiederholung in Gedanken (Mānasika-Japa); 3. tonloses Wiederholen mit den Lippen (Vaikhari-Japa).

Jarāyuja, Skrt. → Chatur-Yoni

Jaya, auch Jai, Skrt./Hindi: »Heil!« oder »Sieg Ihm!« oder »Ruhm sei Ihm!«; der Ausruf wird oft bei der → Pūjā gebraucht und im Chor gesprochen, z. B. in Verbindung mit »Jai Shrī Guru Mahārāj« oder »Jai Shrī Durgā« und anderen Preisungen von Heiligen und Göttern.

Jina, Skrt. → Jainismus, → Tīrthankara

Jīva, Skrt., von *jiv:* »leben«; ein im Körper Lebender, also ein Sterblicher; das verkörperte Selbst, das sich mit Körper und Denken identifiziert, als Ego die Vorstellung von Dualität und Kausalität schafft und somit an den Kreislauf von Geburt und Tod gefesselt ist. (Siehe dazu auch → Jīvātman.)

Jīvakoti, Skrt., wörtl.: »höchster Sterblicher«; ein Mensch, der nach der Verwirklichung Brahmans nicht wiedergeboren wird, im Gegensatz zum → Īshvarakoti.

Jīvanmukta, Skrt., wörtl.: »zu Lebzeiten Befreiter«; ein Mensch, der sich noch im Körper befindet, sich aber von den Fesseln der Nicht-Erkenntnis (→ Avidyā) und der → Māyā befreit hat. Er hat die Identifizierung mit Körper und Denken aufgegeben und Befreiung (→ Mukti) erlangt. Als Selbst (→ Ātman) weiß er sich eins mit Brahman.

Jīvanmukti-Viveka, Skrt., wörtl.: »zu Lebzeiten befreit durch Unterscheidung«; ein bedeutendes Werk von → Vidyāranya (14. Jh.), das in fünf Kapiteln den Weg zur Erleuchtung aufzeigt. Das Werk stützt sich auf die Autorität der Veden und leitet daraus Beweise für die Möglichkeit der Befreiung ab, fordert die Überwindung aller Wünsche, schildert, wie das Denken ausgeschaltet werden muß, um Befreiung zu erlangen, und endet mit der Beschreibung der Entsagung des Erleuchteten (→ Vidvat-Sannyāsa).

Jīvātman, Skrt.; → Ātman, der sich als verkörpertes Selbst manifestiert. Er weilt im Körper und benutzt ihn als Instrument, weiß aber, daß er in Wirklichkeit Ātman ist.

Jñāna, Skrt., von der Wurzel *jñā:* »wissen«. 1. Allgemeines Wissen; 2. spirituelle Weisheit und Erleuchtung; Erkenntnis der letzten Wirklichkeit; die transzendente Verwirklichung, daß → Ātman und → Brahman eins sind.
Jñāna ist der rein intellektuelle, logische Weg der Gotteserkenntnis, der durch das heute stark entwickelte Denkvermögen einfach, klar und logisch zu sein scheint, aber in der Praxis einer der schwersten Wege ist. Sein Prozeß des → Neti, Neti (»Nicht dies, nicht das«) setzt ein kompromißloses Unterscheidungsvermögen voraus, das alles, was → Māyā ist, als unwirklich abtut, somit auch alle Wünsche und Vorstellungen, bis als einzige Wirklichkeit nur Brahman übrigbleibt. Es ist ein abstrakter, trockener Weg zu Gott, von dem → Rāmakrishna einmal sagte: »Ich will nicht Zucker sein, sondern Zucker schmecken.«

Jñāna-Kānda (Jñāna-Kāṇḍa), Skrt.; der Erkenntnisteil der Veden, der in Form von Upanischaden und weiteren → Shrutis das System der → Vedānta-Philosophie bildet. Der andere Teil ist der → Karma-Kānda.

Jñāna-Karma-Samuchchaya-Vāda (Jñāna-Karma-Samuccaya-Vāda), Skrt., wörtl. *jñāna:* »Erkenntnis«, *karma:* »Handeln«, *samuchchaya:* »sowohl als auch«; eine Theorie, die von Bhartripapañcha, → Rāmānuja und anderen Philosophen vertreten wird und besagt, daß nur eine Verbindung von Erkenntnis und Tätigkeit zur Befreiung führen kann.

Jñāna-Mudrā, Skrt.; eine Handgebärde (→ Mudrā), bei der Zeigefinger und Daumen sich berühren, während die anderen Finger gestreckt bleiben, ein Symbol für → Jñāna. Der Zeigefinger symbolisiert die individuelle Seele, der Daumen die kosmische Seele. Die Vereinigung der beiden ist das Symbol für wahre Erkenntnis.

Jñāna-Yoga, Skrt.; der Weg der Erkenntnis, einer der vier Haupt-Yogas, der durch Analyse und Erkenntnis zu Gott führt. Durch Unterscheidungsvermögen (→ Viveka) wird die gesamte Erscheinungswelt als vergänglich und unwirklich erkannt und festgestellt, daß es nur *eine* unwandelbare, unvergängliche, ewige Wirklichkeit gibt: Brahman. Dieser Weg erfordert einen scharfen Verstand, sowie Bindungslosigkeit, Entsagung und Läuterung des Denkens. Im Jñāna-Yoga muß jede Nicht-Erkenntnis (→ Avidyā) überwunden werden. Die Meditation des Jñāna-Yogi richtet sich auf das eigenschaftslose Absolute (Brahman), mit dem Ātman identisch ist. Eine Einführung in den Jñāna-Yoga ist: Swami Vivekananda, *Jnana-Yoga,* 1977/83.

Jñānendriya, Skrt. → Indriya

Jñānin, Skrt.; 1. ein Anhänger des →Jñāna-Yoga, der durch Logik und Unterscheidungsvermögen (→ Viveka) Gott zu verwirklichen sucht; 2. ein Nicht-Dualist, d. h. ein Vertreter einer nichtdualistischen Religion oder Philosophie (→ Advaita); 3. ein Kenner von → Brahman.

Jñāni-Bhakta, Skrt.; eine besondere Art von Gottesverehrer: der Gottliebende, der auch die Erkenntnis der Letzten Wirklichkeit besitzt, also die rein intellektuelle Gotteserkenntnis (→ Jñāna) und die reine Liebe zu Gott (→ Bhakti), in sich vereinigt hat.

Jvāla-Mukhī, Skrt., wörtl.: »Mund des Feuers«; ein bekannter Pilgerort im Pandschab in den Vorbergen des Himālaya, wo Feuer der Erde entsteigt. Der Legende nach wurde es von → Sati, der Gefährtin Shivas, entzündet, die sich später selbst darin verbrannte. Satī (wörtl.: »treue Gattin«) gab der Witwenverbrennung in Indien ihren Namen.

Jyotis, Skrt., wörtl.: »Licht, Glanz«; das leuchtende, spirituelle Licht des höheren Bewußtseins, das die Kluft zwischen Erkenntnis und Tun überbrückt und nicht nur ein Gefühl des Glücks, sondern absolute Seligkeit (→ Ānanda) verschafft.

Jyotisha (Jyotiṣa), Skrt.; die Wissenschaft der Astronomie, einer der → Vedāngas. Der Zweck dieses Vedānga besteht darin, die günstigste Jahreszeit und den günstigsten Tag für die Opferhandlungen festzulegen. Vermutlich ist dieser Vedānga erst im 3. Jh. v. Chr. entstanden.

K

Ka, Skrt.; 1. der erste Konsonant des → Sanskrit-Alphabets; 2. das Fragewort »Wer?« Es wurde später zu einer Gottheit erhoben. Den Verfassern der → Brāhmanas ging das Verständnis für den poetischen Charakter der ved. Hymnen und das Fragen ihrer Dichter nach einem unbekannten Gott verloren, und deshalb begriffen sie das Fragewort Ka als Gott.

Kabīr, ind. Dichter und Mystiker, ca. 1440–1518, lebte in Nordindien nach dem Eindringen des Islam, als Hindus und Muslime versuchten, ihre Glaubensansichten und spirituellen Übungen einander zu nähern. Seine Adoptiveltern, arme Weber in Benares, gehörten sowohl im Hinduismus als auch im Islam einem niederen Stand an, der sie von der Bürde religiöser Tradition befreite. Das hatte großen Einfluß auf Kabirs Gedichte und Lieder (gesammelt u. d. T. *Bījak,* »Der Same«), die bis heute von Muslimen und Hindus gleichermaßen gern gesungen werden.

Kaikeyī, Gemahlin des Königs → Dasharatha und Mutter seines dritten Sohnes → Bharata. Als Dasharatha in der Schlacht verwundet wurde, pflegte sie ihn gesund und durfte dafür zwei Wünsche äußern. Sie machte später davon Gebrauch, indem sie den König veranlaßte, Prinz → Rāma in die Verbannung zu schicken, um ihrem eigenen Sohn Bharata seinen Platz zu verschaffen.

Kailāsa, auch Kailāsh oder Rajatādri, Skrt., wörtl.: »silberner Berg«; ein vom Mythos umwobener Berg im Himālaya. Das Paradies Shivas soll sich dort befinden. Er ist für die Hindus der heiligste Berg und das Ziel vieler Pilgerfahrten. Zahllose Hymnen und Legenden sind ihm gewidmet.
Auch im Buddhismus wird der Kailāsh als heiliger Berg verehrt.

Kaivalya, Skrt., wörtl.: »Ausschließlichkeit, Einzigkeit, vollkommene Erlösung«; ein Begriff, der hauptsächlich im → Rāja-Yoga gebraucht wird und den Zustand bezeichnet, den die Seele erreicht, wenn sie erkennt, daß sie vollkommen ist und von nichts abhängt, weder von den Göttern noch von den Atomen. Der Zustand wird erreicht, wenn das Bewußtsein so rein geworden ist wie der → Ātman selbst.

Kaivalya-Mukti, Skrt., wörtl.: »absolute Befreiung«; sie bringt die Loslösung von aller Materie und Befreiung von weiteren Wiedergeburten. Diese Befreiung von jeder Verkörperung ist das Ziel des → Rāja-Yoga.

Kaivalya-Pāda, Skrt.; der vierte und letzte Teil des *Yoga-Sūtra* des → Patañjali, der von der endgültigen Befreiung handelt.

Kāla, Skrt., wörtl.: »Zeit«, ein Name für → Yama, den Gott des Todes. Im → *Atharvaveda* wird die Zeit als Ursache und Beherrscher aller Dinge angesprochen: »Er ist es, der die Welten entstehen ließ und sie umspannt. Er ist der Vater aller Dinge. Es gibt keine höhere Kraft als ihn.«

Kāla-Bhairava, Skrt., wörtl. *kāla:* »Zeit« und »schwarz«, *bhairava:* »grausig, schrecklich«; → Shiva in seinem Aspekt als schreckliche, alles verschlingende Zeit. Hauptsächlich in zwei Shiva-Sekten in Kaschmir gebräuchlich. Im übrigen Indien wird der zerstörerische Aspekt Shivas meist durch die »schwarze Göttin« → Kāli vertreten, die in ganz Indien auch als »Göttliche Mutter« verehrt wird. In der *Bhagavad-Gītā* sagt auch Krishna an einer Stelle: »Ich bin Zeit, die alles verschlingt« (Kap. XI, 32.). Sarvepalli Radhakrishnan sagt in seinem Kommentar zu diesem Vers: »Kāla oder die Zeit ist der erste Beweger des Alls. Wenn man von Gott als von der Zeit denkt, ist er der unaufhörlich Schaffende und Zerstörende. Die Zeit ist ein sich endlos fortbewegender Strom.«

Kali, Skrt.;1. Personifizierung des Bösen im Kali-Yuga (→ Yuga); 2. beim Würfelspiel die Eins, die schlechteste Würfelseite, das Symbol für Pech.

Kālī, auch Kālikā, Skrt., wörtl.: »die Schwarze«; in den Veden ist dieser Name mit → Agni, dem Gott des Feuers, verbunden, der sieben zuckende Flammenzungen besaß. Von diesen war Kālī die schwarze, fürchterliche Zunge. Diese Bedeutung des Wortes ist verlorengegangen, es wurde daraus die Göttin Kālī, die grimmige Gemahlin Shivas, seine → Shakti, auch als Göttliche Mutter bezeichnet.

Kālidāsa, der bedeutendste altind. Dichter und Dramatiker. Über sein Leben im 4./5. Jh. v. Chr. ist wenig bekannt. Er soll einer der »Neun Edelsteine« am Hof des Königs → Vikramāditya gewesen und von den Gupta-Herrschern gefördert worden sein. Seine Werke waren die ersten, die aus dem Sanskrit in westl. Sprachen übersetzt wurden und die ind. Literatur in Europa bekannt machten. Zu seinen Hauptwerken gehören die beiden Kunstepen *Kumāra-Sambhava* (»Die Entstehung des Kriegsgottes Kumāra«, dt. v. O. Walter, 1913) und *Raghuvamsha* (»Der Stamm des Raghu«, dt. v. O. Walter, 1914); ein weiteres Epos, *Setubandha* (»Der Brückenbau«), wird Kālidāsa nur zugeschrieben (→ Rāmasetu). Rein lyrischen Charakter haben die Dichtungen *Meghadūta* (»Der Wolkenbote«, dt. 1847 u. ö.), eine Art poetische Geographie Indiens in 111 Strophen, und *Ritusamhāra* (»Kreis der Jahreszeiten«, dt. v. H. Kreyenborg, 1919), ebenfalls nur eine Zuschreibung. Popularität und Ruhm in der Geschichte der Weltliteratur errang Kālidāsa jedoch als Dramatiker. Sein siebenaktiges Schauspiel → *Shakuntalā* (dt. Übersetzungen seit 1791, zuletzt 1960) begeisterte schon Goethe und wurde in viele Sprachen übersetzt. Die Handlung, eine märchenhafte Liebesgeschichte, basiert auf einer Episode aus dem *Mahābhārata*. Auch die beiden anderen großen Dramen, *Mālavikāgnimitra* (»Mālavikā und Agnimitra«, dt. v. A. Weber, 1856 u. ö.) und → *Vikramorvashīya* (»Der Held Vikrama und die Nymphe Urvashi«, dt. v. L. Fritze, 1880 u. ö.), behandeln Stoffe aus den Tagen der legendären Königsdynastien mit politischen und amourösen Verwicklungen, in die die Götter eingreifen.

Kālikā, identisch mit → Kālī

Kālikā-Purāna (Kālikā-Purāṇa), Skrt.; eines der 18 Upa-Purānas. Es enthält 9000 Stanzen in 98 Kapiteln und behandelt die Anbetung der Braut → Shivas in ihren vielfältigen Formen als

Girijā, → Devī, → Kālī, → Mahāmāyā und anderen. Es gehört zur → Shakti-Auffassung des Hindu-Glaubens, die eine Anbetung der weiblichen Kräfte der Gottheiten empfiehlt.

Kali-Yuga, Skrt. → Yuga

Kalki, auch Kalkin, Skrt., wörtl.: »Weißes Pferd«, der zehnte → Avatāra, der noch kommen soll: Weißes Pferd als Symbol für die Stärke (des Pferdes) und die Kraft (der weißen Farbe, die alle Farben des Spektrums in sich vereint), die er besitzen wird. Er wird Yama, den Tod, besiegen und alle Gegensätze wie auch alle Dunkelheit überwinden. Er wird der göttliche Mensch auf Erden sein, eins mit der unendlichen Göttlichkeit.

Kalpa, Skrt.; Weltenzyklus, Weltperiode. Ein Tag und eine Nacht → Brahmās, nach den ved. Schriften eine Zeitspanne, die aus vier Weltzeitaltern (→ Yuga) besteht und insgesamt 4320000 Menschenjahre dauert.

Kalpa-Sūtra, Skrt.; Vorschriften für das ved. Zeremoniell, einer der → Vedāngas. Anweisungen für das Ritual in Form von kurzen, technischen Regeln. (Siehe dazu auch → Sūtra.)

Kalpataru, Skrt., wörtl.: »wunscherfüllender Baum«; 1. Name für Gott; 2. der himmlische Baum der Hindu-Mythologie, der alle Wünsche, die man unter ihm äußert, erfüllt.

Kalyāna-Shraddhā (Kalyāṇa-Śraddhā), Skrt.; unerschütterlicher Glaube, eine der Vier Vollkommenheiten des Herzens. Die drei anderen sind Saumyatva (Sanftheit, Güte), Tejas (feuriger Geist) und Prema-Sāmarthya (Kraft der Liebe). Alle vier sind Begriffe des von → Aurobindo entwickelten → Pūrna-Yoga.

Kāma, Skrt., Pali; Sinnesverlangen, Wünsche, geschlechtliche Lust. Im *Rigveda* wird Verlangen dargestellt als erste Regung des Absoluten, sich zu manifestieren: »Verlangen entstand in Ihm, der die Quelle des Bewußtseins ist, den die Heiligen durch ihre Ergründungen in ihren Herzen gefunden haben und der das Absolute Sein mit der Erscheinungswelt verbindet.«

Kāmadhenu, Skrt. → Surabhī

Kāma-Sūtra, Skrt., etwa: »Leitfaden der Erotik«; ein Basistext des → Shaktismus von → Vātsyāyana. Darstellungen daraus findet man als Skulpturen an und in einigen ind. Tempeln. Am bekanntesten sind die Skulpturen des Tempels von Konarak in Orissa, der im 13. Jh. von König Narahimsa dem Sonnengott → Sūrya zu Ehren erbaut wurde.
Annähernd dem Original entsprechende deutsche Übersetzungen erschienen 1897 und 1964. Die meisten im Handel befindlichen »Orientalischen Liebesschulen« mit dem Titel »Kāma-Sūtra« haben mit dem »in Keuschheit und höchster Andacht« verfaßten Werk des Vātsyāyana so gut wie nichts gemein.

Kāminikānchana (Kāminikāñcana), Skrt., wörtl.: »Frauen und Gold«; Sammelbegriff für Lust, Gier und andere menschliche Leidenschaften; von → Rāmakrishna oft benutzter Ausdruck.

Kāmya, Skrt., wörtl.: »wünschenswert, angenehm« (von → *Kāma:* »Wunsch, Begierde«). Besonders hervorgehoben wird dieser Begriff im ersten Teil der → *Katha-Upanishad* (II, 1–2): »Das Gute ist das eine, das andere das Angenehme. Diese beiden, in ihren Zielen grundverschieden, sind der Beweggrund unseres Handelns. Zum Heil gereicht es jenen, die das Gute wählen. Wer das Angenehme sucht, verfehlt das Ziel. Gutes und Angenehmes bietet sich dem Menschen. Der Weise, beide prüfend, unterscheidet, und zieht das Gute dem Angenehmen vor. Der Tor, von Fleischeslust getrieben, wählt das Angenehme.« (Dt. Übersetzung in: Deussen, Sechzig *Upanishad's des Veda,* Leipzig 1905; Prabhavananda/F. Dispeker, *Die schönsten Upanischaden,* Zürich 1951.)

Kanāda (Kaṇāda), Skrt.; ein Heiliger und der Begründer der → Vaisheshika-Philosophie. Er war im 2. Jh. v. Chr. vermutlich das Oberhaupt einer Priesterschule und gilt als Verfasser einer Urversion des *Vaisheshika-Sūtra.* Dieses erste systematische Werk der Vaisheshika-Schule enthält in seinen naturphilosoph. Kapiteln bereits eine Atomlehre. (Dt. Übersetzung v. E. Roer, 1867/68.)

Kāñchī (Kāñcī), Skrt.; eine der sieben heiligen Städte Indiens, ca. 70 km südlich von Madras gelegen (das heutige Conjeeveram oder Kanchipuram). Dort sollen einmal 108 Shiva-Tempel gestanden haben.

Kānda (Kāṇḍa), Skrt., wörtl.: »Abschnitt, Teil«; hauptsächlich gebraucht hinsichtlich der Einteilung der Veden in den → Karma-Kānda, den Werkteil, und den → Jñāna-Kānda, den Erkenntnisteil.

Kansa (Kaṃsa), Skrt.; ein Tyrannenkönig von Mathurā und Vetter von Devakī, der Mutter Krishnas. Er heiratete zwei Töchter von Jarāsandha, dem König von Magadha.

Kanva (Kaṇva), Skrt.; Name eines → Rishi, dem einige Hymnen des → *Rigveda* zugeschrieben werden. Er gilt als einer der sieben großen Rishis und hat → Shakuntalā als seine Tochter großgezogen. Es gibt noch verschiedene andere, die diesen Namen tragen.

Kanyā-Kumārī, Skrt., wörtl.: »junges Mädchen, Jungfrau«; in Südindien wird → Durgā, die Göttliche Mutter, als junges Mädchen unter diesem Namen verehrt. Der berühmte Tempel der Kanyā-Kumārī liegt an der südlichsten Spitze des indischen Subkontinents am Kap Komorin, dessen Name von Kumāri abgeleitet ist.

Kāpāla, Skrt., wörtl.: »aus Schädeln gebildet«; Anhänger Shivas, die ihn als den »Schrecklichen« verehren. Shivas → Shakti trägt als seine Gemahlin → Kāli eine Kette aus Schädeln um den Hals.

Kapila, Begründer der → Sānkhya-Philosophie; ein → Rishi, über dessen Leben nichts Näheres bekannt ist. Auch seine Werke sind verlorengegangen. Der ihm zugeschriebene, nur aus 54 Wörtern bestehende *Tattvasamāsa* (»Zusammenfassung der Wahrheit«) gibt keinen Aufschluß über die Anfänge der Sānkhya-Lehre, deren ältestes authentisches Textbuch die sogenannte *Sānkhya-Kārikā* von Īshvarakrishna ist und noch aus der Zeit vor 500 n. Chr. stammen muß.

Kārana-Purusha (Kāraṇa-Puruṣa), Skrt.; das Selbst des Menschen, ein Begriff des → Pūrna-Yoga von → Aurobindo, identisch mit → Ātman und → Jīvātman.

Kārana-Sharīra (Kāraṇa-Śarīra), Skrt., wörtl. *kārana:* »Ursache«, *sharīra:* »Leib, Hülle«; das dritte der → Sharīras, die das Selbst des Menschen überdecken, auch Ursachehülle genannt und identisch mit → Ānandamaya-Kosha, der Seligkeitshülle (→ Kosha).

Kāranopādhi (Kāraṇopādhi), Skrt.; identisch mit → Kāranā-Sharīra. Im → Rāja-Yoga werden die → Sharīras auch als → Upādhis bezeichnet.

Kārikā, Skrt.; Kommentar zu einer heiligen Schrift in Versform. Am bekanntesten ist → Gaudapādas Kārikā zur → *Māndūkya-Upanishad.*

Karma, Skrt., wörtl.: »Tat«. Karma wird verstanden als 1. eine geistige oder körperliche Handlung; 2. die Konsequenz einer geistigen oder körperlichen Handlung; 3. die Summe aller Konsequenzen des Tuns eines Individuums in diesem oder einem vorangegangenen Leben; 4. die Kette von Ursache und Wirkung in der moralischen Welt. Das Karma eines jeden entsteht aus seinen → Samskāras. Dieses Potential leitet das Verhalten und steuert die Motive gegenwärtiger wie auch zukünftiger Gedanken und Handlungen. So ist jedes Karma die Saat für ein weiteres. Die Früchte des Karma werden in Form von Freude oder Leid geerntet, je nach Art der Gedanken oder Handlungen.

Karma-Kānda (Karma-Kāṇḍa), Skrt.; der Werkteil der → Veden, der sich mit Ritualen, Opferhandlungen und Zeremonien befaßt, die später in der → Pūrva-Mimāmsā-Philosophie interpretiert worden sind.

Karmaphalatyāga, Skrt., wörtl. *karma:* »Handeln«, *phala:* »Frucht, Erfolg, Lohn«, *tyāga:* »Aufgeben, Loslassen«; der Verzicht auf alle Früchte des Handelns, den die → *Bhagavad-Gītā* fordert, die wichtigste Übung des → Karma-Yoga.

Karma-Yoga, Skrt.; einer der vier Haupt-Yogas, der Wege zur Vereinigung mit Gott. Er besteht aus selbstlosem Tun, bei dem der spirituell Strebende jede Handlung und ihre Ergebnisse Gott als Opfer darbringt.
Im 3. Kapitel der *Bhagavad-Gītā* sagt Krishna zu Arjuna: »Für den Besinnlichen gibt es den Pfad der Erkenntnis, für den Tätigen den Weg der selbstlosen Tat. Niemand wird vollkommen dadurch, daß er der Arbeit entsagt. Niemand kann dem Tun entsagen, jeden zwingen dazu unausweichlich die Gunas. Deshalb mußt du jede Tat vollziehen als eine Darbringung an Gott und frei sein von aller Bindung an die Ergebnisse. Auf diese Weise erreicht der Mensch die Letzte Wahrheit durch Arbeit, ohne sich um ihre Früchte zu sorgen. Der Nichtweise wirkt für die Früchte des Handelns. Der Weise wirkt gleichfalls, doch ohne Verlangen nach Lohn.«
Der Strebende sollte zu einer Einstellung kommen, in der er sich als Zuschauer und nicht als Handelnder betrachtet, weil er erkennt, daß er der → Ātman ist, getrennt von den → Gunas, die alle Handlungen auslösen. Eine Einführung in den Karma-Yoga findet sich in: Swami Vivekānanda, *Karma-Yoga – Bhakti-Yoga*, Freiburg i. Br. 1983.

Karmendriya, Skrt., wörtl. *karma:* »Tätigkeit«, *indriya:* »Organ«; die fünf Tätigkeitsorgane sind: 1. die Sprache; 2. die Hände; 3. die Füße; 4. das Ausscheidungsorgan; 5. das Zeugungsorgan.

Kartavyam-Karma, Skrt.; eine Handlung, die ausgeführt werden muß, weil das → Karma dazu zwingt; eine Pflicht, die nicht umgangen werden kann.

Kartritva-Abhimāna (Kartṛtva-Abhimāna), Skrt.; die falsche Vorstellung, daß das Selbst der Handelnde sei, die entsteht, wenn man das Selbst mit dem Körper identifiziert (*abhimāna:* »falsche Voraussetzung«).

Kārttikeya, Skrt.; 1. der Planet Mars; 2. Name des Kriegsgottes → Skanda.

Karunā (Karuṇā), Skrt., Pali; Erbarmen, tätiges Mitgefühl, zärtliche Zuneigung. Alle Handlungen, die helfen, das Leiden anderer zu verringern.

Kārya-Brahman, Skrt., Kārya wörtl.: »wirkend«; → Brahman als die wirkende Ursache des Universums. Brahman ist nicht nur die abstrakte, sondern durch seine → Shakti auch die wirkende Ursache des Universums. Sonst wäre keine Erscheinungswelt entstanden.

Kashāya (Kaṣāya), Skrt., wörtl.: »Leidenschaft«; der feine Einfluß, den die Befriedigung der Sinne im Bewußtsein als → Samskāra zurückläßt.

Kāshī (Kāśī), Skrt.; der alte Name für das heutige Vārānasī, das die Engländer Benares genannt haben. Ein berühmter Pilgerort am Ganges, eine der sieben heiligen Städte. In Kāshī wird außer → Annapūrnā im Annapūrnā-Tempel hauptsächlich Shiva unter dem Namen → Vishvanātha als Herr des Universums im gleichnamigen Tempel verehrt. Man nennt Benares auch die Stadt Shivas.

Kashyapa (Kaśyapa), Skrt.; ein Heiliger der Veden, dem zahlreiche Hymnen, vor allem über die Schöpfung, zugeschrieben werden.

Kathaka, Skrt.;1. eine Auslegung des → *Yajurveda,* die eine Position zwischen dem *Schwarzen* und dem *Weißen Yajurveda* einnimmt; 2. Bezeichnung für jemanden, der öffentlich aus heiligen Schriften vorliest und sie erklärt, was in Indien besonders häufig geschieht, weil viele nicht lesen können.

Katha-Upanishad (Katha), auch Kathaka, Skrt.; eine Upanischade des *Schwarzen* → *Yajurveda,* in der die Unterweisung → Nachiketas durch Yama, den Gott des Todes, beschrieben wird. (Dt. Übers. v. P. Deussen in: *Sechzig Upanishad's des Veda,* Leipzig 1905.)

Kātyāyana, bedeutender Schriftsteller des 3./2. Jh. v. Chr., der → Pāninis Grammatik vervollständigte und identisch sein soll mit → Vararuchi, dem Verfasser von *Prākrita-Prakāsha* (»Das ursprüngliche Licht«). – Der Legende nach war Kātyāyana als → Pushpadanta ein Begleiter Shivas, der dessen Gespräch mit → Pārvatī belauschte und ausplauderte, was ihm die Strafe eintrug, Mensch zu werden.

Kaupīna, auch Kaupīn, Skrt.; das Lendentuch der Sādhus und Asketen, ein Symbol für ihre Entsagung.

Kauravas, Skrt., wörtl.: »von Kuru stammend«; ein Volksstamm, der die → Pāndavas überfiel und aus ihrem Reich vertrieb. Diese kehrten später zurück und besiegten mit Hilfe von Indra, Arjuna und Balarāma die Kauravas und erlangten ihr Königreich zurück. In dieser großen Schlacht, die im → *Mahābhārata* ausführlich beschrieben wird, ist Krishna der Wagenlenker Arjunas. Unmittelbar vor der Schlacht belehrt Krishna im Angesicht der beiden Heere den zögernden Arjuna. Dieses Gespräch ist die berühmte → *Bhagavad-Gītā*.

Kaushītaki (Kauṣītaki), Skrt.; 1. ein → Shākhā des *Rigveda;* 2. Name eines → Brāmana und → Āranyaka; 3. Name einer Upanischade des *Rigveda,* die sich hauptsächlich mit der Lehre über den → Ātman befaßt. (Dt. Übers. v. P. Deussen in: *Sechzig Upanishad's des Veda,* Leipzig 1905.)

Kautsa, ein rationalistischer Philosoph, der vor → Yāska, dem Verfasser des → *Nirukta,* lebte, die Veden für bedeutungslos hielt und die → Brāhmanas als Fehlinterpretation bezeichnete. Yāska ist diesen Einwänden entgegengetreten.

Kavi, Skrt., wörtl.: »Dichter, Seher«; jemand, der aus eigener Einsicht das höhere Licht der Erkenntnis enthüllt. → Aurobindo sagt dazu: »Die Rishis des alten Indiens waren sowohl Kenner des Göttlichen als auch Kavis, dichterische Seher, die die ewigen Wahrheiten, die sie intuitiv erfaßten, in poetische Hymnen kleideten, die heute als *Rigveda* bekannt sind.«

Kedārnāth, Skrt.; ein Gipfel im Himālaya, einer der vier heiligen Plätze Indiens (die anderen drei sind → Dvārakā, → Puri und → Rāmeshvara), ein bekannter Pilgerort, der nur im Sommer erreichbar ist. In dem dortigen Tempel wird eines der zwölf großen → Lingas als Kedārnāth (ein Name für → Shiva) verehrt. Auch in → Kāshi gibt es einen Tempel, in dem Shiva als Kedārnāth verehrt wird.

Kena-Upanishad, auch *Talavakāra-Upanishad,* Skrt.; eine Upanischade des → *Sāmaveda.* Sie befaßt sich mit dem eigenschaftslosen → Brahman und seiner Unerreichbarkeit durch den Verstand, macht aber klar, daß es die Sehnsucht aller Kreaturen ist, über die Begrenzung des Verstandes hinauszugelangen und eins mit Brahman zu werden. (Dt. Übersetzung in: P. Deussen, *Sechzig Upanishad's des Veda,* Leipzig 1905; Prabhavananda/ F. Dispeker, *Die schönsten Upanischaden,* Zürich 1951.)

Keshab Chandra Sen, 1838–1884, bekannter ind. Reformator und dritter Leiter des → Brāhmo-Samāj.

Kevala Asti, Skrt., wörtl.: »Du bist allein«; Hinweis, daß man mit der Vielfalt der Erscheinungswelt als → Nāmarūpa nichts zu tun hat, sondern einzig und allein → Ātman ist.

Kevalādvaita-Vedānta, Skrt., *kevala* wörtl.: »einzig, vollständig«; der eigenschaftslose Nicht-Dualismus → Shankaras, der lehrt, daß Gott und die individuelle Seele in ihrer Transzendenz identisch sind. Alles andere ist → Māyā und somit unwirklich.

Kham Brahm, Skrt., wörtl.: »Alles ist Brahman«; ein → Advaita-Ausspruch der Veden, der besagt, daß nichts anderes existiert als → Brahman, weil alles nur Brahman ist. Jede andere Auffassung ist eine Täuschung, ist nur eine Überdeckung Brahmans mit Denkinhalten.

Kheyala, Skrt.; eine plötzliche, unerwartete psychische Regung in Form eines Wunsches oder von Wille, Aufmerksamkeit, Erinnerung oder Erkenntnis. Die Heiligen haben Kheyala auch als unergründlichen Akt Gottes interpretiert, wie z. B. seine Aufteilung in die Vielfalt der Schöpfüng. Wenn ein Erleuchteter ohne Ego fühlt, denkt und sich bewegt, dann ist das Kheyala, weil ein göttlicher, spontaner Wille sich in einem menschlichen Körper manifestiert.

Kīrtana, auch Kīrtan oder Sankīrtan, Skrt.; gemeinsames Rezitieren, Singen und Tanzen zu Ehren Gottes, das besonders im → Bhakti-Yoga eine große Rolle spielt. Es steigert die Gefühle des Bhakta und bringt ihn so voran auf dem Weg zu Gott.

Klesha (Kleśa), Skrt., wörtl.: »Plage, Befleckung, Leidenschaft«. Ein Begriff der Yoga-Philosophie des → Patañjali. In seinem *Yoga-Sūtra* werden fünf Plagen, d. h. Hindernisse auf dem Weg zum Samādhi, aufgezählt: Nicht-Wissen (→ Avidyā), Egoismus, Liebe, Haß und Lebensdurst, wobei Avidyā die Wurzel der vier übrigen ist.

Kosha (Kośa), Skrt., wörtl.: »Hülle, Überdeckung«. In der → *Taittirīya-Upanishad* werden fünf Koshas beschrieben, die den → Ātman umhüllen. Die erste, äußerste Hülle ist Annamaya-Kosha, die grobstoffliche Hülle, auch Nahrungshülle genannt. Die zweite, Prānamaya-Kosha, ist die feinstoffliche oder Vitalhülle, die Körper und Denken belebt und zusammenhält. Solange diese Vitalhülle im Organismus vorhanden ist, bleibt er am Leben. Die grobe Manifestation dieser Hülle ist der Atem. Die dritte Hülle ist Manomaya-Kosha, die Denkhülle, die alle Sinneseindrücke empfängt. Die vierte ist Vijñānamaya-Kosha, die Intelligenzhülle, mit der Fähigkeit des Unterscheidens und Wollens. Die fünfte ist Ānandamaya-Kosha, die Seligkeitshülle, weil der Mensch in ihr dem beseligenden Ātman am nächsten ist. Der Ātman bleibt immer getrennt von den Hüllen und unberührt von ihren Eigenschaften.

Krishna (Kṛṣṇa), Skrt., wörtl.: »schwarz« oder »dunkelblau«; ein Symbol für den unendlichen Raum des Universums. Der Name Krishna erscheint im → *Rigveda* ohne Beziehung zur späteren Gottheit. Die früheste Erwähnung Krishnas als Sohn der → Devakī finden wir in der → *Chāndogya-Upanishad,* wo er als Gelehrter bezeichnet wird.

Der spätere Gott Krishna ist der gefeiertste Held der ind. Mythologie und die bekannteste aller Gottheiten. Er ist die achte Inkarnation von → Vishnu. Dieser Held und → Avatāra, um den sich viele Fabeln, Legenden und Geschichten gebildet haben, lebte in einer Zeit, in der die Hindus den Nordwesten von Indien noch nicht verlassen hatten. Im → *Mahābhārata* ist er eine herausragende Gestalt, und als der »Göttliche« gibt er → Arjuna seine Unterweisungen in der → *Bhagavad-Gītā*, dem berühmtesten »Gesang« des Hinduismus. Arjuna spricht Krishna darin als höchstes, universales Bewußtsein an, als göttlich, vor den Göttern existierend, ungeboren, allgegenwärtig.

Krishna-Chaitanya → Chaitanya, 3.

Krita-Kritya (Kṛta-Kṛtya), Skrt., wörtl.: »Der vollbracht hat, was zu tun war«; jemand, der als einzigen Sinn des Lebens die Verwirklichung Gottes erkannt und dadurch Befreiung erlangt hat.

Kritātman (Kṛtātman), Skrt., wörtl. *krita:* »vollkommen«, *ātman:* »Selbst«; Bezeichnung für eine vollkommene Seele.

Krita-Yuga, Skrt. → Yuga

Kriyā, Skrt., wörtl.: »Tat, Ausführung, Mühe«; das wirksame Ausüben des → Yoga-Weges; jede Übung, die dazu angetan ist, höheres Wissen zu erwerben.

Kriyamāna-Karma, Skrt., identisch mit → Āgāmi-Karma

Kshānti (Kṣānti), Skrt., wörtl.: »Geduld«. 1. äußere Umstände und das Temperament anderer Menschen ertragen; 2. Geduld mit sich selbst; 3. Geduld durch spirituelle Erkenntnis, die zur Freiheit von Verhaftung führt.

Kshara (Kṣara), Skrt.; vergänglich, wandelbar, unbeständig; das Göttliche in seiner vergänglichen, sich ständig wandelnden Form des Universums, im Gegensatz zu Akshara, dem Unwandelbaren (→ Brahman).

Kshara-Purusha (Kṣara-Puruṣa), Skrt., wörtl. *kshara:* »das Vergängliche«, *purusha:* »Weltgeist«; das unvergängliche Bewußtsein in der vergänglichen Erscheinungswelt und ihrem Prozeß des kosmischen Werdens. Purusha ist hauptsächlich ein Begriff der → Sānkhya-Philosophie.

Kshatriya (Kṣatriya), Skrt.; die zweite Kaste (→ Varna) der Hindu-Gesellschaft, die der Krieger, Fürsten und Könige. Ihre Aufgabe war es, die Gemeinschaft zu beschützen. Sie werden symbolisiert durch → Rajas, den → Guna der Aktivität.

Kshetrajña (Kṣetrajña), Skrt., wörtl.: »Kenner des Feldes«; einer, der alles kennt, was auf dem Feld des Lebens in Körper und Denken geschieht; behandelt im 13. Gesang der → *Bhagavad-Gītā:* »Das Feld und der Kenner des Feldes«.

Kubera, auch Kuvera, Skrt.;1. Gott der Geister in der Tiefe; Gott der Schätze und Reichtümer; 2. der Hüter des Punktes Norden auf dem Kompaß.

Kuladevatā, Skrt., wörtl.: »Familiengottheit«; im Hinduismus ist es üblich, daß eine Familie Gott unter einem bestimmten Aspekt und Namen anbetet. So mag z. B. → Rāma in einer Familie als Rāmchandra, in einer anderen als Raghuvir angebetet werden, oder → Krishna wird in einer Familie als Govinda, in einer anderen als Gopāla (Krishna als Kind) angebetet usw. Damit vergleichbar ist, daß viele Familien auch einen Familien-Guru haben. Die Mitglieder lassen sich dann i. allg. von ihrem Familien-Guru in das spirituelle Leben einführen. Sie können aber auch von einem anderen Guru eine besondere Einweihung erhalten.

Kumārī, Skrt., wörtl.: »Jungfrau«; ein Name, der sowohl für → Sitā als auch für → Durgā gebraucht wird. Im Tempel Kanyā-Kumārī an der Südspitze Indiens wird die Göttliche Mutter (→ Shakti) als Jungfrau verehrt.

Kumārila Bhatta (Kumārila Bhaṭṭa), auch Kumārila Svāmin, Skrt.; ein gefeierter Lehrer der → Mimāmsā-Philosophie, der einen Kommentar zu Jaiminis → *Mīmāmsā-Sūtra* geschrieben hat.

Er war ein Gegner der Buddhisten, die er durch Argumente und Überzeugungskraft besiegt haben soll. Er wurde vor → Shankara geboren und soll sich in seiner Gegenwart verbrannt haben.

Kumbhaka, Skrt.; 1. das Anhalten des Atems zwischen Ausatmung (Rechaka) und Einatmung (Pūraka) und umgekehrt. Eine Übung, die im → Rāja-Yoga und im → Hatha-Yoga beschrieben wird; 2. Aussetzen des Atems. Dies kann durch zwei verschiedene Methoden eintreten. Einerseits kann durch die Atemübungen des → Prānāyāma künstlich eine Konzentration erreicht werden, die Kumbhaka, das Aussetzen des Atems, zur Folge hat. Andererseits hört durch spirituelle Übungen, bei denen das Denken nicht mit dem Atem beschäftigt ist, sondern durch Hingabe an das Objekt der Meditation eine hohe Konzentration erreicht, das Atmen von selber auf. Kumbhaka stellt sich dann auf natürliche Weise ein, ohne daß körperliche Schäden zu befürchten sind. Deshalb ist dieser natürliche Weg der gefahrlosere. In seinem Buch *Kundalini-Yoga* (1953) sagt → Shivānanda, Kumbhaka diene dazu, den → Prāna im Körper wieder anzureichern.

Kumbha-Melā, Skrt., wörtl. *kumbha:* »Wassergefäß (der → Sādhus, ein Symbol ihrer Entsagung)«, *melā:* »Versammlung«; ein berühmtes Treffen der Sādhus in der Nähe von Allahabad, das alle zwölf Jahre stattfindet. Ein weiteres erfolgt alle vier Jahre in Hārdvār. Andere, weniger bekannte, finden alle drei Jahre in verschiedenen heiligen Städten Indiens statt.

Kundalinī (Kuṇḍalinī), Skrt., wörtl.: »Schlange«, auch »Schlangenkraft« genannt, weil diese spirituelle Kraft schlafend aufgerollt in jedem Menschen am unteren Ende der Wirbelsäule ruht. Wird sie wachgerufen, findet sie bei ihrem Aufstieg durch die verschiedenen Zentren (→ Chakra) ihren Ausdruck in Form von spirituellen Erkenntnissen und mystischen Visionen.
Nach Auffassung des Tantra gibt es sechs Zentren feinstofflicher Energie (Chakras) im menschlichen Körper, durch die die Kundalinī aufsteigt und die als »Lotos« bezeichnet werden. Das erste Zentrum, das am unteren Ende der Wirbelsäule die Geschlechts- und Ausscheidungsorgane beherrscht, ist Mūlādhāra (»Wurzelzentrum«), vierblättrig und mit Blütenblättern von roter Farbe;

es folgt Svādishthāna (»eigener Ort«), sechsblättrig mit zinnoberroten Blütenblättern, die Eingeweide beherrschend; darauf Manipūra (»voller Strahlen«), zehnblättrig mit bläulichen Blütenblättern, dem Solarplexus entsprechend; dann Anāhata (»klangloser Klang«), zwölfblättrig mit scharlachroten Blütenblättern, in der Region des Herzens; als nächstes Vishuddha (»Reinheit«), sechzehnblättrig mit dunkelpurpurroten Blütenblättern im Bereich der Kehle; darauf Ājñā (»Befehl des Guru«), zweiblättrig und weiß, zwischen den Augenbrauen. Durch diese Zentren steigt die Kundalinī vom unteren Ende der Wirbelsäule bis über den Scheitel auf. Dort befindet sich als siebtes Chakra Sahasrāra (»Sitz Shivas«), tausendblättrig, strahlend weiß und leuchtend wie ein Blitz. Hier entwickelt die erwachte spirituelle Energie ihre volle Kraft und Herrlichkeit als Erleuchtung (→ Samādhi).
Die dt. Übersetzung eines Standardwerks über die Kundalinī und den Kundalinī-Yoga, des → *Shat-Chakra-Nirūpana,* mit Kommentaren und Erläuterungen findet sich in: A. Avalon, *Die Schlangenkraft,* Bern 1982.

Kundalinī-Shakti (Kuṇḍalinī-Śakti), Skrt., wörtl.: »Schlangenkraft«; die im Menschen am unteren Ende der Wirbelsäule ruhende kosmische Energie, die durch spirituelle Übungen geweckt und zum Aufsteigen durch die → Chakras gebracht werden kann. (Siehe dazu auch → Kundalinī, → Kundalinī-Yoga.)

Kundalinī-Yoga (Kuṇḍalinī-Yoga), auch Tantra-Yoga, Skrt.; das Ziel dieses Yoga ist, die spirituelle Kraft, die in jedem Menschen am unteren Ende der Wirbelsäule schlafend ruht (→ Kundalinī), aufzuwecken und sie durch die sechs Zentren (→ Chakras) entlang der Wirbelsäule aufsteigen zu lassen, bis diese kosmische Energie sich im siebenten Zentrum über dem Scheitel des Kopfes mit Shiva, dem Göttlichen, vereinigt. Dabei werden alle göttlichen Kräfte, die im Menschen schlummern, aktiviert und manifestieren sich als Weisheit und Seligkeit. In der Praxis geschieht dies durch Reinigungsübungen, Atemschulung, verschiedene Stellungen des → Hatha-Yoga, bestimmte → Mudrās und intensive Konzentration. (Siehe dazu auch → Chakra.) Eine Einführung in Theorie und Praxis des Kundalinī-Yoga von dem großen ind. Meister → Shivānanda ist: *Kundalinī-Yoga,* München-Planegg 1953.

Kuntī, auch Prithā genannt, Skrt., die Gemahlin → Pāndus und Mutter von → Yudishthira, Bhīma und → Arjuna, der in der *Bhagavad-Gītā* von Krishna oft Kuntīs Sohn genannt wird.

Kūrma, Skrt., wörtl.: »Schildkröte«; → Vishnu in seiner zweiten Inkarnation (→ Avatāra) als Schildkröte. Symbolisch bedeutet die Schildkröte, ein amphibisches Wesen, den vitalen, physischen Menschen mit seinen kühnsten transzendenten Wünschen nach Unendlichkeit, die beim → Umrühren des Ozeans mit Kūrmas Hilfe zutage traten.

Kūrma-Purāna (Kūrma-Purāṇa), Skrt.; dieses Purāna umfaßt 17000 Verse, in denen → Vishnu in Gestalt einer Schildkröte die vier verschiedenen Ziele (Purushārtha) des Lebens, nämlich Artha (Reichtum), Kāma (Vergnügen), Dharma (Pflicht) und Moksha (Befreiung) erklärt.

Kurukshetra (Kurukṣetra), Skrt., wörtl.: »das Feld der Kurus«; eine Ebene in der Nähe des heutigen Delhi, auf der die große Schlacht zwischen den → Kauravas – und den → Pāndavas ausgetragen wurde *(→ Mahābhārata).*

Kusha (Kuśa), Skrt.; ein Gras, das als Meditationsunterlage dient, aber auch beim Ritual der Gottesverehrung benutzt wird.

Kūtastha (Kūṭastha), Skrt., wörtl.: »unveränderlich, an der Spitze stehend«; eine Bezeichnung für das unvergängliche Selbst, das jenseits von Wechsel und Wandel steht. Es ist das in jedem Menschen vorhandene absolute Bewußtsein, getrennt von Körper und Denken, identisch mit → Ātman. Im → *Pañchadashi* wird der Begriff besonders eingehend erläutert.

L

Laghiman, Skrt., wörtl.: »Leichtheit«; eine spezielle psychische Fähigkeit (→ Siddhi). Durch Yoga-Übungen kann eine Gewichtlosigkeit eintreten, deren Folge ein Schweben des Körpers ist. Im Westen ist dieses mehrfach bezeugte Phänomen als Levitation bekannt (z. B. bei Theresa von Avila). Wenn das Bewußtsein sich vom Körperlichen immer mehr auf das Spirituelle verlagert, kann die Schwerkraft der Körpermaterie schließlich aufgehoben werden.

Lakshana (Lakṣaṇa), Skrt., wörtl.: »günstiges Zeichen, Merkmal«; 1. Merkmale der Selbstverwirklichung; 2. fünf Punkte, die in den Purānas, den Legenden über die alten Zeiten, beachtet werden sollten.

Lakshana-Vākya (Lakṣaṇa-Vākya), Skrt.; unfehlbare, letzte Erkenntnis, die sich nur auf die Wirklichkeit Gottes und die Vergänglichkeit der Welt bezieht.

Lakshmana (Lakṣmaṇa), Skrt.; Sohn des Königs → Dasharatha und seiner Gattin Sumitrā. Er war ein Halbbruder und besonderer Freund von → Rāma, begleitete ihn ins Exil und auf allen seinen Wanderungen. Rāmas Gemahlin → Sītā war er sehr ergeben.

Lakshmī (Lakṣmī), Skrt.; im *Rigveda* hat das Wort nur die Bedeutung »Glück«. Im *Atharvaveda* ist es personifiziert als weibliches Wesen, teils Glück, teils Unglück bringend. Später wird Lakshmī oder Shrī zur Göttin des Glücks, zur Gemahlin → Vishnus und zur Mutter von → Kāma. Sie soll vier Arme besitzen, aber da sie ein Symbol der Schönheit ist, wird sie gewöhnlich nur mit zwei Armen dargestellt, in einer Hand eine Lotosblüte. Ihr sind keine Tempel geweiht, doch als Göttin des Überflusses und Glücks wird sie ständig angebetet und gerät nicht in Gefahr, vernachlässigt zu werden.

Lakshya (Lakṣya), Skrt., wörtl.: 1. »bildlich ausgedrückt«, 2. »Ziel«; die Wahl des → Ishta-Deva (Erwähltes Ideal), auf dessen bildliche Form sich die Konzentration und Meditation des spirituell Strebenden richtet.

Laya, Skrt.; Auflösung, Verschmelzung, Verschwinden; das Eingehen der Einzelseele in das Absolute; Vereinigung mit Gott.

Laya-Samādhi, Skrt., von *laya:* »Das Eingehen in« bzw. die Verschmelzung mit dem höchsten Überbewußtsein, das auch → Turīya (das Vierte) genannt wird.

Laya-Yoga, Skrt.; der Weg der Vereinigung mit Gott durch intensive Anbetung und hingebende Verehrung, die zur Erwekkung der → Kundalinī führen.

Līlā, Skrt., wörtl.: »Spiel«; das göttliche Spiel in der Erscheinungswelt. Die Schöpfung wird von den → Vaishnavas als Līlā Gottes bezeichnet. Līlā ist das Relative im Gegensatz zu → Nitya, dem Absoluten.

Līlāmāyā, Skrt., das Spiel (→ Līlā) der »Täuschung« durch die Erscheinungswelt (→ Māyā); Krishna benutzt die Līlāmāyā, um alle durch seine Liebe anzuziehen und zur Befreiung zu führen.

Linga (Liṅga), auch Lingam, Skrt.; meistens eine Steinsäule in der Form eines Phallus. In diesem Symbol wird → Shiva allgemein verehrt. In den Veden ist es noch unbekannt, aber im *Mahābhārata* wird es häufig erwähnt und beschrieben als eine einfache Steinsäule oder ein aus irgendeinem Material geformter Kegel. Im Westen ist dieses Zeichen wenig verstanden und als reines Sexsymbol interpretiert worden. In den Religionen ist vieles widersprüchlich für den Verstand. Dazu gehört wohl auch, daß Shiva, ursprünglich der Gott der Zerstörung, in einem Symbol der Zeugungskraft verehrt wird.

Linga-Purāna (Liṅga-Purāna), Skrt.; dieses Purāna, das aus 11000 Stanzen besteht, soll von Brahmā selbst den Namen

»Linga« erhalten haben. Der Inhalt befaßt sich wenig mit dem Phallus-Symbol, sondern ist in seiner Interpretation ganz spirituell und mystisch. Shiva erklärt hierin als Maheshvara, »der große Gott«, die vier Ziele des Lebens: Artha (Reichtum), Kāma (Vergnügen), Dharma (Pflicht) und Moksha (Befreiung).

Linga-Sharīra, Skrt. → Sūkshma-Sharīra

Lingāyat (Liṅgāyat), auch Vīrashaiva, Skrt., Name einer südind. Sekte von Shiva-Anbetern. Da sie die Autorität der Veden nicht anerkennen, gehören sie zu den unorthodoxen Sekten. Sie verehren Shiva im Symbol des → Linga als der manifestierten Allmacht des Göttlichen. Ihre Schriften sind im *Shūnyasampādana* zusammengefaßt, dessen Philosophie von Shūnya, der Leere, handelt (leer von allen Unterscheidungen), womit das Absolute gemeint ist, und von Sampādana, der Verwirklichung oder Erlangung von Erleuchtung. Sie sind der Auffassung, daß nur Mystiker das Ziel erlangen können.

Loka, Skrt., wörtl.: »Welt«, im Zusammenhang mit der Unterteilung des Universums in verschiedene Welten gebraucht; i. allg. ist es die dreifache Unterteilung (Triloka) in Himmel, Erde und Hölle oder Unterwelt, auf die immer wieder als »die Drei Welten« Bezug genommen wird.

Lokapāla, Skrt., wörtl.: »Welthüter«. Wächter-Götter, die über die acht Hauptrichtungen des Weltkreises herrschen: → Indra über den Osten, → Agni über den Südosten, → Yama über den Süden, → Sūrya über den Südwesten, → Varuna über den Westen, → Vāyu über den Nordwesten, → Kubera über den Norden, → Soma über den Nordosten.

Lokāyata, Skrt.; die Materialisten (→ Chārvāka) der Hindu-Philosophie.

Lotos (Skrt. Padma); Pflanze aus der Familie der Seerosengewächse (lat. *Nelumbo nucifera,* auch *Nelumbium speciosum*). 1. Symbol für die verschiedenen Bewußtseinszentren (→ Chakra) im Körper. 2. Das runde Lotosblatt gilt als Sinnbild der Verhaftungslosigkeit. So, wie es im Wasser schwimmt und doch nicht vom Wasser benetzt wird, so sollte der spirituell Strebende in der Welt leben und doch nicht von ihr berührt werden, »in der Welt, aber nicht von der Welt« (Rāmakrishna). 3. In der Ikonographie symbolisiert der Lotos Schönheit und Heiligkeit. Deshalb wird oft von den »Lotosaugen« und den »Lotosfüßen« der Heiligen und Götter gesprochen. Brahmā wird oft auf einer Lotosblume sitzend dargestellt, die aus dem Nabel des Vishnu gewachsen ist, der seinerseits ebenfalls auf einem Lotos sitzt.

M

Mādhava, Skrt., wörtl.: »Frühling, der Entzückende«; 1. ein Name für → Vishnu wie auch für → Krishna. Die Verehrer Vishnus werden auch Mādhavas genannt; 2. → Madhva.

Madhu, Skrt.; in der Mythologie der → Purānas die Verkörperung des Dunkels, einer der beiden Urkräfte, die als »erstgeborene« Mächte aus dem Urchaos hervortraten; die Verkörperung der anderen Urkraft, des Lichts, war → Brahmā. Die beiden Gottheiten, die zu den wichtigsten → Devas der ved. Periode gehörten, lagen in ständigem Kampf miteinander, ohne einander zerstören zu können. In der späteren Hindu-Kosmologie wird Madhu von Vishnu in seiner Manifestation als Krishna erschlagen, und Brahmā wird zu einem Aspekt der hinduist. Trinität (→ Trimūrti).

Madhura-Bhāva, Skrt.; eine der fünf Einstellungen, die ein → Bhakta seinem Erwählten Ideal (→ Ishta-Deva) gegenüber einnehmen kann. Es ist die Einstellung einer Frau oder Geliebten ihrem Ehegatten oder Liebhaber gegenüber. (Siehe dazu auch → Bhāva.)

Madhu-Vidyā, Skrt., wörtl. *madhu:* »Honig, Soma«, *vidyā:* »Erkenntnis«; die unter Mitwirkung des Soma-Tranks (des »geheimen Honigs«) erlangte Erkenntnis vom göttlichen Spiel (→ Līlā), das von der Schöpfungskraft (→ Shakti) Brahmans erschaffen wird, bzw. die Freude am Erkennen dieses Spiels (auch der »geheime Honig«), das trotz aller Variationen Einheit, Harmonie und Gleichgewicht bewahrt, da → Brahman sein Fundament ist.

Madhva, auch Madhvāchārya, Mādhva und Ānandatīrtha genannt, 1199–1278; der Hauptvertreter der dualistischen Philosophie des → Dvaita-Vedānta, der dritten der drei Hauptschulen der Philosophie des Vedānta. Er postuliert folgende fünf große

Unterschiede: 1. zwischen Gott und Einzelseele; 2. zwischen Gott und Materie; 3. zwischen Einzelseele und Materie; 4. zwischen den einzelnen Seelen; 5. zwischen den einzelnen Teilen der Materie. Für Madhva existieren seit aller Ewigkeit drei getrennte Wesenheiten: Gott, die Seele und die Welt. Obwohl alle drei wirklich und ewig sind, sind die beiden letzteren Gott untergeordnet und abhängig von ihm. Die unabhängige Wirklichkeit (→ Brahman) ist für ihn der absolute Schöpfer des Universums, den er mit Vishnu identifiziert, welcher sich in verschiedenen Formen manifestiert und sich von Zeit zu Zeit als → Avatāra inkarniert.

Mahābhārata, Skrt., wörtl.: »Das große Epos (vom Kampf) der Nachkommen des → Bhārata«; neben dem → *Rāmāyana* das zweite monumentale Heldenepos der Hindus bzw. der ind. Literatur und zugleich das umfangreichste. Es besteht aus 106000 Versen, die in 18 Bücher *(parva)* eingeteilt sind. Als Verfasser gilt der mythische Weise → Vyāsa, doch haben zwischen dem 5. Jh. v. Chr. und dem 2. Jh. n. Chr. zweifellos eine große Zahl von Autoren und »Ordnern« (Skrt. *vyāsa*) an dem Werk gearbeitet, in das nach und nach der größte Teil des ind. Volksgutes an Göttersagen, Fabeln und märchenhaften Erzählungen Aufnahme fand.
Hauptthema ist der Kampf zwischen den beiden miteinander verwandten Bhārata-Familien, den bösen → Kauravas und den tugendhaften → Pāndavas, um das von dem blinden → Dhritarāshtra aufgeteilte Königreich. Der bedeutendste philosoph. Teil ist (im 6. Buch) die → *Bhagavad-Gītā;* sie enthält die Unterweisungen Krishnas an → Arjuna unmittelbar vor Beginn der achtzehntägigen Schlacht, deren dramatische Geschehnisse im Mittelpunkt des *Mahābhārata* stehen. Populären Erzählstoff bieten u. a. die Romanze von → Nala und Damayantī im »Waldbuch« sowie die hochpoetische Geschichte von der treuen → Sāvitrī; sie schildert, wie Liebe den Tod besiegt.
Vom *Mahābhārata* liegen seit 1824 diverse dt. Teilübersetzungen vor; bei der von Biren Roy herausgegebenen Version des Werks (Düsseldorf/Köln 1961) handelt es sich um eine stark gekürzte Zusammenfassung der wichtigsten Episoden ohne die *Bhagavad-Gītā,* die i. allg. als eigenständiges Werk betrachtet wird.

Mahābhāva, Skrt.; intensive, ekstatische Liebe zu Gott, die höchste Manifestation der Liebe, wie sie durch → Rādhā verkörpert wird.

Mahābhūta, Skrt., wörtl. *mahā:* »groß«, *bhūta:* »Element«. Die fünf Elemente Äther, Luft, Feuer, Wasser und Erde, zu denen die fünf → Tanmātras gehören.

Mahādeva. Skrt., wörtl.: »der große Gott«, eine häufig gebrauchte Bezeichnung für → Shiva.

Mahākāla, Skrt., wörtl.: »die große Zeit«. 1. ein Aspekt → Shivas als Personifizierung der auflösenden Kräfte des Kosmos; 2. eines der zwölf großen → Lingas, das sich in einem berühmten Shiva-Tempel in Ujjayinī befindet.

Mahākārana, Skrt., wörtl.: »die große Ursache«; eine Bezeichnung für die transzendente Wirklichkeit, das Absolute.

Mahāmāyā, Skrt., wörtl.: »die große Zauberin«; ein Name für → Kālī und → Durgā; auch eine Bezeichnung für die Überdekkung → Brahmans durch seine → Shakti.

Mahāpralaya, auch Jahānaka und Sanhāra genannt, Skrt., wörtl.: »große Auflösung«; die völlige Auflösung des Universums am Ende eines → Kalpa, wenn die sieben → Lokas und ihre Bewohner, Heilige, Götter und selbst Brahmā verschwinden.

Mahāpurānas (Mahāpurāṇas), Skrt., wörtl.: »die großen → Purānas«; eine Bezeichnung für das *Vishnu-Purāna* und das *Bhāgavata-Purāna,* die die beiden großen Purānas der → Vaishnavas sind.

Mahāpurusha (Mahāpuruṣa), Skrt., wörtl.: »die große Seele«; die Weltseele als höchstes Wesen, ein Name für → Vishnu. Bedeutende Heilige werden oft von ihren Verehrern mit Mahāpurusha angeredet.

Maharishi (Maharṣi), Skrt., wörtl.: »großer Seher«; die alten Seher und Heiligen, denen die Wahrheiten der Veden enthüllt wurden und von denen die Hymnen stammen. Auch die sieben großen → Rishis werden so bezeichnet. Heute ein Ehrentitel für Erleuchtete, wie z. B. → Rāmana Mahar(i)shi.

Mahāsamādhl, Skrt., wörtl.: »der große → Samādhi«; oft wird beim Tod eines Heiligen gesagt, er sei in Mahāsamādhi eingegangen.

Mahāshūnya (Mahāśūnya), Skrt., wörtl.: »die große Leere«; im → Vedānta ist Mahāshūnya die Leere der Nicht-Dualität, in der es keine Objekte gibt, die eine duale Beziehung zwischen Subjekt und Objekt, d. h. zwischen dem Seher und dem Gesehenen zulassen.

Mahātattva, auch Mahat, Skrt., wörtl.: »das große Grundprinzip«; die große kosmische Intelligenz, die mit der Schöpfung entstanden ist.

Mahātmā, Skrt., wörtl.: »große Seele«; Ehrenbezeichnung für bedeutende spirituelle Lehrer und Führer. Bekannt durch Mahātmā → Gandhi.

Mahāvākya, Skrt., wörtl.: »Großer Satz«; die bedeutenden ved. Lehrsätze, auch als → Mantra bezeichnet, in denen verkündet wird, daß → Brahman und das Selbst des Menschen identisch sind.

Mahāvidyās, Skrt.; zehn Gottheiten, die angebetet werden, weil sie zur Erkenntnis → Brahmans führen können. Es sind: Kālī, Tārā, Shodashī, Bhuvaneshvarī, Bhairavī, Chinnamastā, Dhūmāvatī, Vagalā, Mātangī und Kamalā. Sie alle sind Personifizierungen der → Shakti Brahmans, und oft wird der Weg zur Erkenntnis Brahmans und damit zur höchsten Erleuchtung für den spirituell Strebenden durch die Anbetung seiner Shakti leichter zugänglich.

Mahāvīra, auch Mahāvīr, Skrt., wörtl.: »großer Held«; 1. Name des Heiligen, der den → Jainismus als Religionsgemeinschaft gegründet hat. Er lebte im 6./5. Jh. v. Chr. und war der letzte der großen Lehrer des Jainismus, die → Tīrthankara genannt werden; 2. ein Name für → Hanumat.

Mahāvrata, Skrt., wörtl.: »Großes Gelübde«; → Yama, die erste Stufe des → Rāja-Yoga, wird in → Patañjalis *Yoga-Sūtra* (II, 31) als das für alle acht Stufen des Yoga geltende »Große Gelübde« bezeichnet, d. h., als die unerläßliche Vorbedingung für die erfolgreiche Ausübung des Yoga, von der weder Kaste, Ort, Zeit noch andere Umstände ausgenommen sind.

Mahā-Yoga, Skrt., wörtl.: »die höchste Vereinigung«; die völlig abstrakte Vereinigung jedes Individuums mit allen anderen Individuen, jedes Objektes mit allen anderen Objekten und die Vereinigung aller Individuen und Objekte mit dem universalen Einen (→ Brahman).

Maheshvara (Maheśvara), Skrt., wörtl.: »Großer → Ishvara«; ein Name → Shivas.

Maitreyī, Skrt.; eine der beiden Gattinnen des Heiligen → Yājñavalkya. Als dieser beabsichtigte, in die Waldeinsamkeit zu gehen, um ein Leben der Entsagung zu führen, wollte er seinen Besitz zwischen seinen beiden Frauen teilen. Maitreyī fragte ihn, ob sie durch diesen Besitz oder alle Reichtümer der Welt Unsterblichkeit erlangen könnte. Als ihr Gatte dies verneint, hat sie nur den einen Wunsch, von ihm über den Weg zur Unsterblichkeit belehrt zu werden. Der darauf folgende Dialog, in dem Yājñavalkya Maitreyīs Wunsch erfüllt, ist eines der Kernstücke der → *Brihadāranyaka-Upanishad*.

Mālā, Skrt., wörtl.: »Kranz, Rose«, auch Japamālā genannt. Der Gebetskranz, der für gewöhnlich beim → Japa benutzt wird. Er besteht i. allg. aus 108 Rudrāksha- oder Tulasī-Beeren.

Manana, Skrt., wörtl.: »Erwägen, Nachdenken«; das kritische Überdenken aller gehörten und gelesenen Wahrheiten, das zweite der drei Mittel zur Erlangung von Erkenntnis im → Vedānta. Das erste ist → Shravana, das Lesen, Hören und Aufnehmen spiritueller Wahrheiten. das dritte → Nididhyāsana, das Vertiefen des Gehörten und Überdachten durch Meditation.

Manas, Skrt. Die »Denkfähigkeit«, ein Teil des → Antahkarana, des »Inneren Organs«. Durch Manas empfangen wir die Eindrücke der äußeren Welt, die der → Buddhi unterbreitet werden. Es läßt uns zweifeln und Entschlüsse fassen und setzt den Willen in Handlungen um.

Mānasika-Japa, Skrt. → Japa

Mānava-Dharmashāstra, Skrt. → *Manu-Samhitā*

Mandala (Maṇḍala), Skrt., wörtl.: »Kreis, Bogen, Abschnitt«. 1. Die umfangreiche Gedichtsammlung des → *Rigveda* ist in zehn Mandalas (»Liederkreise«) eingeteilt; 2. mystische Zeichnung des → Tantra, Diagramme aus Quadraten und Kreisen, Symbole von kosmischen Kräften, die als Hilfsmittel zur Meditation benutzt werden.

Māndūkya-Upanishad (Māṇḍūkya-Upaniṣad), Skrt.; eine → Upanischade des → *Atharvaveda,* in der der Laut → OM und die vier Bewußtseinszustände (Wachen, Träumen, Tiefschlaf und → Turīya) behandelt werden. → Gaudapāda schrieb dazu im 8. Jh. seine bekannte → Kārikā. (Dt. Übersetzung in: P. Deussen, *Sechzig Upanishad's des Veda,* Leipzig 1905; Prabhavananda/F. Dispeker, *Die schönsten Upanischaden,* Zürich 1951.)

Manipūra-Chakra, Skrt. → Chakra, 3.

Manomaya-Kosha (Manomaya-Kośa), Skrt.; die dritte der fünf Hüllen, die den → Ātman umgeben, die Denkhülle. (Siehe dazu auch → Kosha.)

Manomaya-Purusha (Manomaya-Puruṣa), Skrt.; der Mensch *(purusha),* der sich mit der »Denkhülle« (→ Manomaya-Kosha) identifiziert. Er hält sich für ein geistiges Wesen und verbleibt in

Nicht-Erkenntnis, weil er glaubt, es gäbe nichts Höheres für ihn zu erreichen.

Manorājya, Skrt., wörtl.: »Phantasie«; das Herumschweifen der Gedanken, das Luftschlösserbauen: eine Gewohnheit, die den spirituellen Fortschritt behindert, weil sie von der Konzentration ablenkt.

Mantra, auch Mantram, Skrt. 1. ein Name Gottes oder eines → Avatāra, der dem → Ishta-Deva (Erwähltes Ideal) des Schülers entspricht und mit dem er von seinem Guru in das spirituelle Leben eingeweiht wurde. Dieses Mantra, das als eins mit Gott betrachtet wird, enthält den Kern der Anweisungen des Guru. Der Schüler sollte es geheim und heilig halten und über diesen Aspekt Gottes unaufhörlich meditieren. Die regelmäßige Wiederholung des Mantra (→ Japa) läutert das Denken und führt schließlich bei beständiger Übung zur Verwirklichung Gottes (siehe dazu auch → Bīja-Mantra); 2. Bezeichnung für ein → Mahāvākya; 3. Bezeichnung für einen heiligen Sanskrit-Text, auch für den Teil der → Veden, der die Hymnen über die Opferhandlungen enthält.

Mantra-Yoga, Skrt.; der Yoga-Weg, der durch die Wiederholung (→ Japa) eines → Mantra nach Vereinigung mit Gott oder → Brahman strebt. In den → Purānas heißt es, daß in unserem Zeitalter Japa ein leichter Weg zu Brahmavidyā, der Erkenntnis Brahmans, sei.

Manu, Skrt., wörtl.: »Mensch«; der Stammvater der Menschheit. In der legendären Tradition ist die Vorstellung von Manu eher ein Symbol für ein geistiges Wesen, das zwischen dem Göttlichen und dem Menschen steht und die erwachende Denkfähigkeit (*man:* »denken«) im Menschen charakterisiert.

Manu-Samhitā (Manu-Saṃhitā), auch *Mānava-Dharmashāstra* und → *-Smriti,* Skrt.; das Gesetzbuch → Manus. Es soll uralt sein und auf → Manu zurückgehen, trägt aber Kennzeichen der Arbeit mehrerer Autoren. Als Mitverfasser gilt → Vaivasvata.

Mārdava, Skrt., etwa: »Sanftmut, Freundlichkeit, Güte, gute Behandlung«; eine der Daiva-Gunas, der göttlichen Eigenschaften, die Krishna im 16. Kapitel der *Bhagavad-Gītā* (V. 1–3), aufzählt.

Mārga, Skrt., wörtl.: »Weg«; der Weg der verschiedenen Yoga-Arten, immer als spiritueller Weg zur Vereinigung mit Gott gemeint.

Marut, Skrt.; die Sturmgötter, die in den Veden einen bedeutenden Platz einnehmen und dort als Freunde und Verbündete → Indras dargestellt werden.

Mathurā, eine alte Stadt am rechten Ufer der Yamunā im heutigen Uttar-Pradesh (Nordindien). Der Geburtsort → Krishnas und eine der sieben heiligen Städte der Hindus. Im *Vishnu-Purāna* wird berichtet, daß sie zuerst Madhuvana hieß, nach dem Dämon Madhu, der dort regierte. Als Shatrughna, der Zwillingsbruder → Lakshmanas, sie eroberte, erhielt sie den Namen Muttra, später Mathurā (nicht zu verwechseln mit Madura bzw. Madurai im heutigen Tamil-Nadu in Südindien).

Matsya, Skrt., wörtl.: »Fisch«; die → Avatāra-Inkarnation von Vishnu als Fisch, am frühesten erwähnt im *Shatapatha-Brāhmana* des *Weißen* → *Yajurveda* in Verbindung mit der Hindu-Sage von der großen Flut, ähnlich der Erzählung von der Sintflut in der Bibel.

Mauna, Skrt.; 1. der Bewußtseinszustand eines → Muni; 2. Schweigen, Schweigegelübde, eine asketische Übung, um den spirituellen Fortschritt zu fördern.

Māyā, Skrt., wörtl.: »Täuschung, Illusion, Schein«. Ein universales Prinzip der → Vedānta-Philosophie, die Basis von Denken und Materie. Māyā ist die Kraft (→ Shakti) Brahmans und so ewig untrennbar mit Brahman verbunden, wie Hitze mit dem Feuer verbunden ist. Māyā und Brahman zusammen werden → Ishvara genannt, der persönliche Gott, der das Universum schafft, erhält und wieder auflöst. Als Nicht-Erkenntnis oder kosmische Illusion überdeckt Māyā Brahman. Māyā verschleiert die Sicht des Menschen, so daß er nur die Vielfalt des Universums erblickt und nicht die eine Wirklichkeit. Māyā hat zwei Aspekte: → Avidyā (Nicht-Erkenntnis) und Vidyā (Erkenntnis). Avidyā führt den Menschen von Gott fort zu größerer Weltlichkeit und Verhaftung, was zu Leidenschaften und Gier führt. Vidyā führt den Menschen zur Verwirklichung Gottes und findet Ausdruck in spirituellen Tugenden. Beide Aspekte bewegen sich in Zeit, Raum und Kausalität und sind somit relativ. Der Mensch geht über Avidyā und Vidyā hinaus, wenn er Brahman, das Absolute, verwirklicht.

Māyāvāda, Skrt.; die Lehre des → Advaita-Vedānta, daß die Welt nur → Māyā, d. h. unwirklich ist, weil sie von der Illusionskraft des Denkens geschaffen wurde. Die Anhänger dieser Lehre werden Māyāvādins genannt.

Meditation, Sammelbegriff für eine Vielzahl von religiösen Übungen, die von der Methode her oft sehr verschieden sind, alle jedoch das gleiche Ziel haben: das Bewußtsein des Übenden in einen Zustand zu versetzen, in dem es zu einer Erfahrung des »Erwachens«, der »Befreiung«, der »Erleuchtung« kommen kann. In den esoterischen, d. h. in ihren Praktiken auf die *eigene* religiöse Erfahrung des einzelnen zielenden Schulen der verschiedenen Religionen wurden unterschiedliche »Wege« der Hinführung zu dieser Erfahrung entwickelt, die jeweils den historischen und geographischen Gegebenheiten sowie den Anlagen und Persönlichkeitsmerkmalen verschiedener Individuen oder Gruppen angemessen sind. Sind die einzelnen Religionen jeweils eine Antwort auf einen bestimmten »unheilsamen« Bewußtseinszustand der Menschen in einer Kultur, den zu »heilen« ihr Ziel ist, dann sind die innerhalb der Religionen entwickelten meditativen Schulungswege die »Heilmittel«. Sie sind kein Selbstzweck, dürfen aber auch nicht als bloße Mittel zum Zweck verstanden werden; denn – wie viele religiöse Traditionen betonen – »der Weg *ist* das Ziel«. Gleichzeitig heißt es jedoch, daß es ebenso unnütz sei, an einer »Methode« festzuhalten, wenn man das Ziel erreicht hat, wie ein Boot weiter mit sich herumzuschleppen, nachdem man den Fluß überquert hat.

Gemeinsames Kennzeichen aller Meditationsformen ist, daß ihre Übung den Geist des Übenden sammelt, ihn beruhigt und klärt wie die Oberfläche eines aufgewühlten Gewässers, auf dessen Grund man nur schauen kann, wenn die Oberfläche still und das Wasser klar ist. Das wird, je nach dem Schulungsweg, durch verschiedene Meditationshilfen erreicht, z. B. durch Körper- oder Atemübungen wie im Hatha-Yoga, durch die Sammlung auf symbolische Formen (z. B. Mandala, Thanka, Yantra) oder Klänge (Mantra) wie im ind. Tantra und im tantrischen Buddhismus, auf Empfindungen wie »Liebe«, »Erbarmen« oder auf bildhafte Vorstellungen (Visualisation), auf ein Kōan im Zen oder durch das Verweilen in einem Zustand gesammelter, inhaltsloser Wachheit in der Praxis der Mahāmudrā, des Dzogchen oder des Zen (Shikantaza).
Beharrliche Übung der Meditation führt zu einem nicht-dualistischen Bewußtseinszustand, in dem die Unterscheidung von Subjekt und Objekt verschwunden, der Übende mit »Gott« oder dem »Absoluten« eins geworden ist, Konventionen wie Zeit und Raum in einer Erfahrung des »ewigen Hier und Jetzt« transzendiert sind und die Identität von Leben und Tod, Phänomenalem und Essentiellem, Samsāra und Nirvāna erfahren wird. Wird diese Erfahrung, auf einem Weg endlos sich fortsetzender geistiger Schulung, in das tägliche Leben integriert, so wird damit schließlich der Zustand erreicht, den die Religionen als Erlösung, Befreiung oder Vollkommene Erleuchtung bezeichnen.

Meru, auch Sumeru, Skrt.; der »Weltenberg«, der nach altind. kosmologischer Vorstellung im Zentrum des Universums steht und der Treffpunkt oder Wohnort der Götter ist. Die Vorstellung des Meru ist dem Hinduismus und Buddhismus gemeinsam, doch unterscheiden sich die darauf aufbauenden kosmologischen Systeme.
Nach hinduist. Vorstellung entspringt auf dem Gipfel des Meru der himmlische Ganges (→ Gangā), der sich dann in vier irdische Ströme aufteilt, die nach den vier Himmelsrichtungen herabfließen. Auf dem Gipfel liegt die viereckige goldene Stadt des → Brahmā, an seinen Ausläufern befinden sich die acht Städte der acht → Lokapālas. Auch die Himmel oder Bereiche (→ Loka) von Krishna und Vishnu liegen auf dem Berg Meru. Unter dem

Meru liegen die sieben niederen Welten, in deren niedrigster die Riesenschlange Vāsuki lebt, die den Berg Meru und die anderen Welten trägt und diese am Ende eines Weltzeitalters (→ Yuga) mit ihrem feurigen Atem vernichtet.

Mīmāmsā (Mīmāṃsā), Skrt., wörtl.: »Erörterung«; Bezeichnung für zwei Schulen der Hindu-Philosophie: die ältere ist → Pūrva-Mīmāmsā, meist nur Mīmāmsā genannt, und die spätere → Uttara-Mīmāmsā, i. allg. → Vedānta genannt.
Im Gegensatz zur Uttara-Mīmāmsā, die sich mit der Erkenntnis der Wahrheit befaßt, ist das Hauptanliegen der Pūrva-Mīmāmsā das Ritual. Das Vollziehen von Riten geht i. allg. dem Suchen nach Erkenntnis voran und ist eine Vorbereitung darauf. Das konkrete Vollziehen der Opfer hing von der richtigen Deutung der ved. Texte ab. Über die vielen Probleme der Interpretation wurde jeweils dann entschieden, wenn sie sich erhoben. Die rituellen Anweisungen sind überall in den → Brāhmanas verstreut und oft so unklar, daß sie nicht ohne weiteres zu verstehen sind. → Jaimini war es, der in seinem → *Mīmāmsā-Sūtra* den Versuch unternahm, ein System in alle diese Regeln und Vorschriften zu bringen. Deshalb gilt er als der Begründer der Pūrva-Mīmāmsā-Schule.

Mīmāmsā-Paribhāshā (Mīmāṃsā-Paribhāṣā), Skrt., wörtl.: »Eine klare Darstellung der Mīmāmsā«; ein Werk über die → Pūrva-Mīmāmsā von Krishna Yajvan. Über den Autor ist wenig bekannt. Eine gewisse Kenntnis der → Mīmāmsā ist zum Verständnis der philosoph. Literatur des Hinduismus wesentlich. Dieses Werk eignet sich besonders als Einführung, da es die kürzeste, am leichtesten faßliche Abhandlung über die wichtigsten Fragen des Rituals ist, ein Extrakt aus Jaiminis → *Mīmāmsā-Sūtra.* (Eine engl. Ubersetzung des Werkes ist: Svāmi Mādhavānanda, *Mīmāmsā Paribhāsā of Krsna Yajvan,* Belur Math 1948.)

Mīmāmsā-Sūtra (Mīmāṃsā-Sūtra), Skrt.; diesem von → Jaimini verfaßten Sūtra, der Grundlage der → Mīmāmsā-Philosophie, geht eine lange Geschichte von Interpretationen der ved. Opferriten voraus. Das Werk faßt in seinen zwölf Kapiteln alle zu Jaiminis Zeiten gebräuchlichen Deutungen der Riten zusammen. Das erste Kapitel ist von besonderem philosoph. Wert, da es die Quellen der Erkenntnis der Veden und ihre Gültigkeit behandelt. Jaimini versucht, jeden einzelnen Teil der Veden zu rechtfertigen. Sein Werk dürfte frühestens im 4. Jh. v. Chr. entstanden sein.

Mīmāmsā-Vārttika (Mīmāṃsā-Vārttika), Skrt.; eine Abhandlung von → Kumārila Bhatta über die Philosophie der → Mīmāmsā.

Mīrā Bāī, nordind. Prinzessin und mystische Dichterin, 1498? – 1546, die wegen ihrer großen Liebe zu → Krishna der Welt entsagte. Ihr literarisches Werk *(Padāvalī)* besteht aus Hunderten von Gedichten in Form von verschiedenen → Rāgas. Sie schrieb in ihrer Muttersprache Mārwārī Hindī, durchsetzt mit vielen Gujarātī- und Panjābī-Wörtern. Ihre Gedichte und Lieder erfreuen sich wegen ihrer leidenschaftlichen religiösen Hingabe und ihrer Poesie einzigartiger Beliebtheit und werden noch heute von allen Bevölkerungsschichten in Indien gesungen. Dt. Übersetzungen einzelner Gedichte sind in Anthologien ind. Lyrik enthalten.

Mitra, Skrt.; Name eines Sonnengottes. In den Veden wird Mitra mit → Varuna in Verbindung gebracht, er als Herrscher des Tages, Varuna als Herrscher der Nacht. Zusammen erhalten und beherrschen sie Himmel und Erde, beschützen die Welt, ermutigen die Frommen und bestrafen die Sünder.

Moha, Skrt., etwa: »Bindung, Verhaftung, verblendete Liebe, Täuschung«, abgeleitet vom Verb *muh:* »verwirrt werden«. Einer der Āsura-Gunas, d. h. der nicht-göttlichen oder, wie Krishna in der Bhagavad-Gītā (XVI, 10) sagt, dämonischen Eigenschaften.

Moksha (Mokṣa), Skrt.; endgültige Befreiung und Erlösung von allen weltlichen Bindungen, vom → Karma und dem Kreislauf von Geburt und Tod (→ Samsāra) durch Vereinigung mit Gott oder Erkenntnis der Letzten Wirklichkeit. Moksha ist das höchste der vier Ziele des menschlichen Lebens; die drei anderen sind → Artha (Reichtum), → Kāma (Vergnügen) und → Dharma

(Pflicht). Für den spirituell Strebenden ist die Verwirklichung von Moksha der einzige Zweck seines Daseins.

Mrityuñjaya-Siddhi (Mṛtyuñjaya-Siddhi), Skrt., von *mrityu:* »Tod«, *jaya:* »besiegen«; eine der → Siddhis, die beim Aufsteigen der → Kundalinī erlangt werden können. Wem dies gelingt, wird Mrityuñjaya genannt, »Besieger des Todes«. (Siehe dazu auch → Chakra.)

Mudrā, Skrt., wörtl.: »Siegel, Zeichen«; eine Körperhaltung oder symbolische Geste. Die Mudrās der rituellen Gottesanbetung (→ Pūjā) der Hindus haben den Zweck, äußere Handlungen mit spirituellen Vorstellungen zu verbinden. Sie sind ein Hilfsmittel zum Konzentrieren des Denkens auf Gott, vergleichbar mit dem Knien und dem Falten der Hände zum Gebet im Christentum.

Muktānanda, Svāmi, 1908–1983; in Südindien geboren, ging er den Weg des → Siddha-Yoga, hat auch im Westen gelehrt und wurde als Heiliger verehrt.
Svāmi Muktānanda ging mit 18 Jahren auf Pilgerfahrt und studierte → Vedānta und andere heilige Schriften unter verschiedenen Lehrern. 1947 begegnete er seinem Guru Svāmi Nityānanda und wurde später Leiter des Gurudev Āshram in Ganishpuri bei Bombay. Seine Lehre befaßt sich mit dem wirklichen Selbst (→ Ātman) des Menschen und dessen Identität mit dem absoluten Bewußtsein (→ Brahman). Zu seinen dt. erschienenen Werken gehört *Spiel des Bewußtseins,* Freiburg i. Br. 1975.

Mukti, Skrt. → Moksha

Mūlādhāra-Chakra, Skrt. → Chakra, 1.

Mūlaprakriti (Mūlaprakṛti), auch → Avyakta, Skrt., wörtl. *mūla:* »Ursprung, Wurzel«, *prakriti:* »Natur«; das Urelement, aus dem sich alle Formen entwickelt haben. Die ersten zarten Schwingungen universalen Lebens entstehen durch die gegenseitige Beeinflussung von → Parabrahman und Mūlaprakriti, des göttlichen, transzendenten Seins und der ersten göttlichen Formwerdung. Mūlaprakriti ist die Keimform der → Prakriti, d. h. aller Formen von den subtilsten bis zu den gröbsten.

Mūlāvidyā, Skrt., von *mūla:* »Ursprung, Wurzel«, → Avidyā: »Nicht-Erkenntnis«; die uranfängliche Nicht-Erkenntnis, die metaphysische erste Ursache der Weltschöpfung.

Mumukshutva (Mumukṣutva), Skrt., abgeleitet von *mumakshu:* »nach Befreiung strebend«; ernsthaftes und beständiges Verlangen nach Befreiung, eine der vier Vorbedingungen für den spirituell Suchenden, die → Shankara in seinem Werk *Tattva-bodha* (»Die Erkenntnis der Wahrheit«) fordert. Die anderen drei sind → Viveka (Unterscheidungsvermögen), → Vairāgya (Leidenschaftslosigkeit) und → Shatkasampatti (die »Sechs großen Errungenschaften«).

Mundaka-Upanishad (Muṇḍaka Upaniṣad), auch *Mantra-Upanishad,* Skrt.; eine Upanischade des → *Atharvaveda,* die wegen ihrer Reinheit und Klarheit der Aussage sehr geschätzt wird. Sie hat drei Teile: Der erste schildert die Vorbereitungen zur Brahman-Erkenntnis; der zweite enthält die Lehre von →Brahman; der dritte zeigt den Weg zu Brahman. (Dt. Übersetzung in: P. Deussen, *Sechzig Upanishad's des Veda,* Leipzig 1905; Prabhavananda/F. Dispeker, *Die schönsten Upanischaden,* Zürich 1951.)

Muni, Skrt.; ein Frommer, Gelehrter, Heiliger, mehr oder weniger von göttlicher Natur, der durch Askese und spirituelle Übungen einen höheren Bewußtseinszustand erlangt hat.

N

Nachiketa (Naciketa), Skrt.; die Geschichte des Knaben Nachiketa wird im *Taittirīya-Brāhmana* und in der → *Katha-Upanishad* erzählt. Ihr philosoph. bedeutender Kern ist Nachiketas Frage an den Todesgott → Yama nach dem Geheimnis der Unsterblichkeit. Um ihn zu prüfen, verweigert Yama zunächst die Antwort. Erst als er von Nachiketas Ernst und Reife überzeugt ist, belehrt er ihn über diese dem Menschen so wichtige Frage.

Nada, Skrt., wörtl.: »Laut, Ton«; Schwingungsenergie, die sich als Klang manifestiert; innerer, mystischer Ton. – *Nāda-Bindu* bezeichnet die uranfängliche Schwingung, den Urklang, aus dem sich das Universum entwickelt hat. – *Nāda-Brahman* ist eine Bezeichnung für das Klangsymbol → OM, der Klang → Brahmans. Man sagt, daß Erleuchtete auf einer sehr hohen Stufe diesen Klang zu hören vermögen.

Nādī (Nāḍī), Skrt., wörtl.: »Röhre, Gefäß, Ader«; die Nādīs sind die Energiekanäle, durch welche der lebenswichtige → Prāna zu allen Körperteilen geleitet und der ganze Körper damit versorgt wird. (Siehe dazu auch → Chakra.)

Nāga, Skrt., wörtl.: »Schlange«. 1. Eine Schlange, besonders die Kobra, als mystisches, halbgöttliches Wesen mit einem menschlichen Gesicht, dem Schwanz einer Schlange und dem gespreizten Nacken der Kobra. 2. Anhänger eines in Indien weitverbreiteten Schlangenkults. 3. Ein Volksstamm, der in der Geschichte des ind. Subkontinents einige Spuren hinterlassen hat. Es gab Berge, die seinen Namen trugen, und Nāga-Dvīpa war eine der sieben Unterteilungen des alten Landes Bhāratavarsha (Indien). Die Nāgas waren offenbar keine Hindus; sie sollen Skythen gewesen sein. Ihren Namen erhielten sie wahrscheinlich aufgrund ihrer Verehrung der Schlange; er ist u. a. im heutigen Städtenamen Nāgpur erhalten geblieben.

Nagara, Skrt., wörtl.: »Stadt«; es gibt in Indien sieben heilige Städte, in denen der Hindu ewige Seligkeit (→ Ānanda) erlangen kann. Es sind: 1. Ayodhyā; 2. → Mathurā; 3. → Gayā; 4. → Kāshī (Benares); 5. → Kānchī (Conjeeveram); 6. Avantī (Ujjayinī); 7. → Dvārakā. Sie alle sind Ziele für Pilgerfahrten.

Nagna, Skrt., wörtl.: »nackt, bloß«; eine Sekte der → Sannyāsins, deren Angehörige immer nackt gehen zum Zeichen, daß sie ihren Geschlechtstrieb überwunden haben.

Naishkarmya-Siddhi (Naiṣkarmya-Siddhi), Skrt., wörtl. *naishkarmya:* »Untätigkeit, Nicht-Tun«, *siddhi:* »Vollendung«, der Sinn ist: »Verwirklichung der eigenen Identität mit Brahman durch Nicht-Handeln«; ein Werk über den → Advaita-Vedānta von → Sureshvara, einem direkten Schüler von → Shankara. Es besteht aus vier Kapiteln, von denen das erste der Ansicht entgegentritt, daß Selbsterkenntnis durch Tätigkeiten wie Gebet und Meditation oder Tätigkeit kombiniert mit Wissen erlangt werden kann. Das 2. Kap. führt den Suchenden zu einem theoretischen Verständnis der mystischen Texte der → Upanischaden. Das 3. Kap. erklärt den großen Lehrsatz → Tat Tvam Asi (»Das bist du«). Das 4. Kap. beweist, daß diese Ausführungen mit den Lehren von → Gaudapāda und Shankara übereinstimmen. Jedes Buch umfaßt ungefähr hundert Stanzen, die jeweils durch einen Kommentar verbunden sind. (Engl. Übersetzung u. d. T. *Realization of the Absolute,* London 1959.)

Nala, 1. ein König von Nishadha. Die Geschichte von Nala und seiner Gattin, der »liebreizenden Damayanti« ist eine der bekanntesten Episoden des → *Mahābhārata:* Nala verlor beim Würfelspiel sein Königreich und all seinen Besitz einschließlich seiner Kleider. Später setzte er seine Frau gegen das Königreich und gewann alles zurück.
2. Name eines Affenhäuptlings, der die Fähigkeit besaß, Steine auf dem Wasser schwimmen zu lassen. Er diente in Rāmas Armee und baute die Steinbrücke von Indien nach Ceylon, über die Rāma mit seinen Truppen marschierte. Die Brücke wurde → Rāmasetu (*setu:* »Damm, Brücke«) oder auch Nalasetu genannt.

Namah (Namaḥ), auch Namas, Skrt., wörtl.: »Verbeugung, Verehrung«, wird in Verbindung mit einem Gebet oder einem Mantra benutzt. In einigen Kombinationen wird daraus Namo, z. B. → OM NAMO NĀRĀYANĀYA, ein huldigender Gruß an eine der Formen von Vishnu. Auch Mönche begrüßen sich untereinander mit dieser Ehrung Gottes.

Nāmajapa, Skrt.; die Wiederholung eines der Namen Gottes (→ Japa), der dann als Mantra benutzt wird.

Nāmarūpa, Skrt., wörtl.: »Name/Form«.
Eine Bezeichnung für → Māyā, die Erscheinungswelt, in der alles Namen und Form besitzt.

Nānak, 1469–1538, der Begründer des → Sikhismus, der Religion der Sikhs, die versucht, im praktischen Leben Hinduismus und Islam miteinander zu verbinden. Guru Nānak lehrt, daß man Allah *und* Brahmā gefällig sein kann, wenn man ihrer Schöpfung, den Menschen, dient. Vereinigung mit Gott kann nur durch die eigene Anstrengung erlangt werden.
Als Dichter stand Nānak unter dem Einfluß des Mystikers → Kabīr. Seine religiösen Dichtungen wurden Bestandteil des heiligen Buches der Sikhs, → *Ādi Granth.*

Nandi, Skrt.; 1. einer der großen Verehrer → Shivas, der die Gestalt eines Stiers annahm, weil der menschliche Körper nicht stark genug war, seine ekstatische Hingabe zu ertragen; 2. der Stier Shivas. Vor den Shiva-Tempeln findet man häufig ein Stierbildnis aus Stein in milchig-weißer Farbe.

Nārada, einer der sieben großen → Rishis und einer der → Prajāpatis. Ihm werden einige Hymnen des → *Rigveda* zugeschrieben. Die → Purānas berichten viele Geschichten und Legenden über ihn. Er soll der Herr der → Gandharvas, der himmlischen Musikanten, gewesen sein und die Vīnā (Laute) erfunden haben. Im *Mahābhārata* wird er mit Krishna in Verbindung gebracht. Er gilt vor allem als der große Gottliebende, der im → *Bhakti-Sūtra* berühmte Aphorismen über die Liebe zu Gott, seine Anbetung und Verehrung verfaßt hat. Ein anderes Werk von ihm über Gesetze trägt den Titel *Nāradīya-Dharma-Shāstra*. Nārada wird als Nitya-Siddha betrachtet (→ Nitya).

Naraka, Skrt., wörtl.: »Hölle«. Ort der Tortur und Folterung, wohin die Seelen der Bösen kommen. → Manu hat einundzwanzig Höllen aufgezählt, die alle einen Namen haben.

Nāralīlā, Skrt., wörtl. *nāra:* »Mensch«, *līlā:* »Spiel«; das Spiel Gottes, wie es sich im Menschen manifestiert.

Nara-Nārāyana (Nara-Nārāyaṇa), Skrt., wörtl. *nara:* »Mensch«, *nārāyana:* »Gott«; die menschliche Seele und Gott in Gemeinschaft und Verschmelzung. Diese Darstellung Gottes als Nārāyana ist ein Symbol für die höchste Wahrheit, daß das Selbst im Menschen (→ Ātman) eins ist mit → Brahman; sie bringt aber zugleich Gott in einer lebendigen, inspirierenden Weise dem Menschen nahe.

Narasimha (Narasiṃha), Skrt., wörtl. *nara:* »Mensch«, *simha:* »Löwe«, auch Nrisimha; Vishnu in seiner vierten Inkarnation als → Avatāra, ein Zwischenglied zwischen Tier und Mensch in Gestalt eines Löwenmenschen. Er symbolisiert die Wende zur Herrschaft des Bewußtseins, das dann im Menschen voll erwacht.

Nārāyana (Nārāyaṇa), Skrt., wörtl. *nāra:* »menschlich, den Menschen (den Urmenschen bzw. göttlichen Menschen) betreffend«, *ayana:* »Gang, Weg«; Nārāyana bedeutet das Göttliche, das im Menschen seinen Weg nimmt, d. h., sich in ihm manifestiert. Deshalb bezieht Nārāyana sich hauptsächlich auf Vishnu, der sich immer wieder in anderen Formen inkarniert (→ Avatāra). Es ist aber auch ganz allgemein eine Bezeichnung für Gott. Sadhus und Heilige begrüßen sich deshalb in Indien mit OM NAMO NĀRĀYANĀYA (»Ehre sei Gott im Menschen!«).

Nāsadāsīya, Skrt.; der Name dieses Liedes ist aus seinen Eingangsworten gebildet. Es ist der berühmte Schöpfungshymnus im *Rigveda* (X, 129), der in sieben Versen immer tiefer in das Geheimnis des Daseins eindringt. In Vers 4 kommt mit dem Wort *kāma* (Liebe) die tiefe Erkenntnis von der Natur der Dinge, zu der der Dichter sich durchgerungen hat, zum Ausdruck. In Vers 6 läßt er die Götter hinter sich, denn sie sind »diesseits der Schöpfung entsprungen«. Der letzte Vers antwortet auf die Frage, wie die Schöpfung entstanden sei: »Er, der die Schöpfung hat hervorgebracht, / Der auf sie schaut im höchsten Himmelslicht, / Der sie gemacht hat oder nicht gemacht, / Der weiß es! – oder weiß auch er es nicht?« (Übers. v. P. Deussen)

Nāstika, Skrt., wörtl.: »atheistisch«; Bezeichnung für die unorthodoxen philosoph. Schulen, die nicht an die Autorität der → Veden glauben. Es sind die → Chārvākas, die Schulen des → Jainismus und des Buddhismus.

Nātaka (Nāṭaka), Skrt.; Dramen mit religiösen oder mythischen Stoffen (z. B. → Kālidāsas *Shakuntalā* und *Vikramorvashīya)* und einem Gott, einem Heiligen oder einer Herrscherpersönlichkeit als Helden.

Natarāja (Naṭarāja), Skrt., wörtl.: »der König des Tanzes«; → Shiva als König der Tänzer und Herr der Weltbühne. Sein kosmischer Tanz stellt seine fünf Aktivitäten dar: Schöpfung, Erhaltung, Zerstörung, Verkörperung und Befreiung.

Navaratna, Skrt.; neun berühmte Dichter, die »Neun Edelsteine« am Hofe des Königs → Vikramāditya. Es waren: 1. Dhanvantari, die Perle; 2. Kshapanaka, der Rubin; 3. Amara-Simha, der Topas; 4. Shanku, der Diamant; 5. Vetālabhatta, der Smaragd; 6. Ghatakarpara, der Lapislazuli; 7. Kālidāsa, die Koralle; 8. Varāhamihira, der Saphir; 9. Vararuchi, nicht mit einem speziellen Edelstein identifiziert.

Navavidhān, Skrt. → Keshab Chandra Sen

Neti, Neti, Skrt., wörtl.: »Nicht dies, nicht das«; ein viel benutzter Ausspruch. Diese Worte aus der *Brihadāranyaka-Upanishad* weisen die Erscheinungen des gesamten Universums als bloße Überdeckungen → Brahmans zurück und stellen fest, daß nur Brahman existiert und nichts anderes. Der auf alle Erscheinungen angewandte Erkenntnisprozeß, daß die Letzte Wirklichkeit »nicht dies, nicht das« ist, stellt den negativen Unterscheidungsprozeß des → Advaita-Vedānta dar, der der intellektuelle Weg des → Jñāni ist.

Nididhyāsana, Skrt., wörtl.: »betrachten, bedenken«; Meditation über ein bestimmtes Thema als Krönung der Anstrengungen des Studierens und Durchdenkens. Zur Erlangung spiritueller Erkenntnis erachtet der → Vedānta drei Stufen als notwendig: → Shravana, das Lesen, Hören und Aufnehmen spiritueller Wahrheiten; → Manana, das kritische Prüfen und Durchdenken des durch Shravana Aufgenommenen; und Nididhyāsana, seine meditative Verwirklichung.

Nidrā, Skrt., wörtl.: »Schlaf«; Göttin des Schlafs. In verschiedenen Quellen heißt es, sie sei eine weibliche Form → Brahmās, oder auch, sie sei beim → Umrühren des Ozeans aufgetaucht. (Siehe dazu auch → Yoga-Nidrā.)

Nīlakantha (Nīlakaṇṭha), Skrt., wörtl. *nīla:* »blau«, *kantha:* »Kehle«; eine Bezeichnung für → Shiva. Er soll beim → Umrühren des Ozeans das Gift, das dabei emporkam, aus Mitleid mit den Menschen getrunken haben, um sie davor zu bewahren. Dadurch färbte sich seine Kehle blau.

Nimbārka, ind. Philosoph des 11./12. Jh., einer der berühmten Kommentatoren des → *Vedānta-Sūtra,* der Hauptvertreter der Philosophie des → Dvaitādvaita-Vedānta und Gründer der Rādhā-Krishna-Sekte, einer Vaishnava-Sekte (→ Vaishnavismus), deren Anhänger Nimbārkas genannt werden. Sie verehren Vishnu in seiner Manifestation als junger Krishna im Spiel mit seiner Geliebten → Rādhā. Da es das Ziel der Vaishnavas ist, dem Göttlichen ewig nahe zu sein, jedoch nicht, mit ihm eins zu werden, wird Gott in seiner manifestierten Form und seinem Spiel (→ Līlā) in der Erscheinungswelt angebetet.

Nirakāra-Brahman, Skrt.; das eigenschaftslose gestaltlose → Brahman.

Nirbīja-Samādhi, Skrt., wörtl.: »saatloser Samādhi«; ein Begriff der → Yoga-Philosophie für den höchsten, überbewußten Zustand, in dem alle Gedankenwellen zur Ruhe gekommen sind und jede Dualität ausgelöscht ist. Er wird »saatlos« genannt, weil er den Samen des zukünftigen Karma (→ Āgāmi-Karma und → Sanchita-Karma) zerstört, der eine Wiedergeburt bewirken würde. Im Unterschied dazu wird im Sabīja-Samādhi (Samādhi mit Saat) dieser Same nicht zerstört. (Siehe dazu auch → Samprajñāta-Samādhi.)

Nirdvamdva (Nirdvaṃdva), Skrt., von *nir:* »nicht-«, *dvamdva:* »Gegensatzpaar«; der Zustand, in dem das Denken keine Vorstellung mehr von Gegensatzpaaren wie etwa warm und kalt, gut und böse hat.

Nirguna-Brahman (Nirguṇa-Brahman), Skrt., wörtl.: »Brahman ohne Eigenschaften«; ein Begriff des → Vedānta, mit dem das Absolute, das Eine ohne ein Zweites, beschrieben wird, das keine Eigenschaften hat im Unterschied zu »Brahman mit Eigenschaften« (→ Saguna-Brahman).

Nirgunagunī (Nirguṇaguṇī), Skrt., von *nir:* »nicht-«, *guna:* »Eigenschaft«; ein Begriff aus den → Upanischaden, der das Göttliche in seinen zwei Aspekten beschreibt: mit und ohne Eigenschaften. Es ist eine Beschreibung des höchsten Wesens, das immanent wie auch transzendent ist und dennoch über beides hinausgeht. In der *Bhagavad-Gītā* ist Krishna ein Beispiel dafür.

Nirodha, Skrt., wörtl. : »Vernichtung, Aufhebung«. Ein Zustand intensiver Konzentration, in der der Unterschied zwischen Subjekt und Objekt aufhört (»vernichtet« wird), wodurch das Denken zur Ruhe kommt und überwunden wird.

Nirukta, Skrt., wörtl.: »Etymologie, Worterklärung«; einer der → Vedāngas. Das bedeutendste Wörterbuch der frühen Sanskrit-Literatur (5. Jh. v. Chr.) ist der Erklärung schwieriger Begriffe der → Veden gewidmet und stammt von → Yāska, einem Vorgänger von → Pānini. Es basiert auf älteren, nicht erhaltenen ved. Wortlisten (Nighantu) und besteht aus drei Teilen: 1. *Ni-*

ghantuka, eine Sammlung sinnverwandter Wörter; 2. *Naigama,* eine Sammlung von Wörtern, die speziell in den Veden vorkommen; 3. *Daivata,* Wörter, die sich auf die Gottheiten und Opferhandlungen beziehen. Es ist eine reine Liste von Wörtern und von geringem Nutzen für den Leser. Der wertvollste Teil ist Yāskas Kommentar. Er erklärt die Wörter, untersucht ihre Entstehung und zitiert als Beispiel Texte der Veden. Dieses älteste etymologische Werk zu den Veden wirft Licht auf die wissenschaftlichen und religiösen Zustände seiner Zeit, doch macht die außergewöhnliche Knappheit der Darstellung sein Verständnis schwierig.

Nirvāna (Nirvāṇa), Skrt., wörtl.: »Verlöschen«. Ein Zustand der Befreiung oder Erleuchtung, gekennzeichnet durch das Aufgehen des individuellen, vergänglichen Ich in → Brahman. Nirvāna befreit den Menschen von Leiden, Tod und Wiedergeburt und allen anderen Formen weltlicher Bindung. Es ist das höchste, transzendente Bewußtsein, das in der *Bhagavad-Gītā* Brahma-Nirvāna genannt wird, in den Upanischaden → Turīya, im Yoga → Nirbīja-Samādhi und im Vedānta → Nirvikalpa-Samādhi.

Nirvichāra-Samādhi (Nirvicāra-Samādhi), Skrt.; ein Begriff der Yoga-Philosophie des → Patañjali, der einen Zustand der Versenkung bezeichnet, in dem das Denken mit dem Objekt der Konzentration eins wird. Wahrnehmungen von Namen, Eigenschaften und Erkenntnissen beunruhigen es dann nicht mehr, da es in einem Aufleuchten intuitiv alles durchschaut.

Nirvikalpa-Samādhi, Skrt., wörtl.: »wandelloser Samādhi«; ein Begriff der → Vedānta-Philosophie für den höchsten, transzendenten Bewußtseinszustand, die Verwirklichung der vorher nur vorgestellten Denkform »Ich bin Brahman«, bei der es weder Denken noch Dualität, noch Subjekt-Objekt-Beziehung mehr gibt. Es ist der höchste Samādhi-Zustand im nicht-dualen Einswerden mit Brahman.

Nirvishaya (Nirviṣaya), Skrt., wörtl.: *nir:* »nicht-«, *vishaya:* »Objekt, Sinneswelt«; ein Zustand, in dem das Bewußtsein keine Verbindung mehr zu den Sinnesobjekten unterhält.

Nisargadatta Maharaj, 1897–1981, sein Geburtsname war Maruti Kampli. Durch sein starkes Verlangen nach spiritueller Wahrheit fand er einen Guru und erlangte durch völliges Vertrauen zu ihm und die Befolgung seiner Anweisungen Erleuchtung. In späteren Jahren lebte er in einem ärmlichen Viertel Bombays in bescheidenen Verhältnissen als Haushälter. Er hat sich nie als → Mahātmā, → Bhagavan oder → Paramahamsa bezeichnet, auch keine Schule oder Philosophie gegründet, sondern nur über das gesprochen, was er erkannt und erfahren hatte: sein eigenes, wirkliches Selbst (→ Ātman). Seine Anweisungen und Antworten auf Fragen von Besuchern und Schülern waren reiner → Advaita im Sinne von → Ramana Maharshi und sind in seinen letzten zehn Lebensjahren von Maurice Frydman zusammengetragen und ins Englische übersetzt worden. Dadurch wurde er im Westen bekannt (dt. Ausgabe u. d. T. *Ich bin,* Berlin 1980).

Nishkāma-Karma (Niṣkāma-Karma), Skrt., wörtl.: *nishkāma:* »wunschlos, uneigennützig«, *karma:* »Handeln«; Tätigkeiten, die getan werden, ohne Gegenleistungen zu erwarten; selbstloses Tun ohne Erwartung seiner Früchte.

Nishthā (Niṣṭhā), Skrt., wörtl.: »Vollendung, Gipfel«; völlige Hingabe, Versenkung in das Objekt, dem diese Hingabe gilt.

Nistraigunya (Nistraiguṇya), Skrt., wörtl. *nis:* »ohne«, *traigunya:* »die drei Grundeigenschaften«; frei von den drei Eigenschaften (→ Guna) der Natur.

Nīti-Shāstras (Nīti-Śāstras), Skrt.; Schriften der Ethik, die sich mit weisem, moralischem Verhalten befassen. Die alte, bewährte Methode Indiens, solche Verhaltensweisen zu lehren, bestand im Gebrauch von Allegorien, Märchen, Fabeln und Legenden. Diese sind meist in Prosa, während besonders beherzigenswerte Maximen in Versform eingeflochten sind.

Nitya, Skrt., wörtl.: »stetig, ewig«; die letzte Wirklichkeit, das ewige Absolute; wer mit dieser letzten Wirklichkeit eins geworden ist, wird Nitya-Mukta genannt, ein für immer Befreiter und Erlöster; wer mit Nitya eins geworden ist und trotzdem zum Wohle der Menschen wiedergeboren wird, wird Nitya-Siddha genannt, ein ewig Vollkommener. Zu ihnen zählt man → Nārada und → Shukadeva. Nitya als dem Absoluten steht → Līlā gegenüber als das Relative, die Manifestation des Absoluten als »Spiel« Gottes in der Erscheinungswelt.

Nitya-Karma, Skrt., wörtl.: »Pflicht«; religiöse Zeremonien wie Verehrung und Anbetung Gottes, die ein Haushälter täglich durchführen muß, damit frühere Sünden aufgehoben und neue weitgehend vermieden werden. Ein → Sannyāsin ist nicht an diese Pflicht gebunden.

Nitya-Vāk (Nitya-Vāc), Skrt., wörtl. *nitya:* »ewig, dauernd, stetig«, *vāk:* »Wort, Sprache«; der innere, unteilbare, dauernde Klang, das göttliche Wort des → *Rigveda.* (Siehe dazu auch → Vāk.)

Nivritti-Mārga (Nivṛtti-Mārga), Skrt., wörtl. *nivritti:* »Rückkehr«, *mārga:* »Weg«; der Weg zurück nach innen, zur spirituellen Selbstbesinnung.

Niyama, Skrt.; die zweite Stufe von → Patañjalis, auch als Rāja-Yoga bekanntem Yoga-System. Sie gehört wie → Yama, die erste Stufe, zur ethischen Vorbereitung und besteht aus äußerer und innerer Reinheit, Zufriedenheit, Strenge gegen sich selbst, Studium der heiligen Schriften und Hingabe an Gott.

Nrisimha-Tapanīya-Upanishad (Nṛsiṃha-Tapanīya-Upaniṣad), Skrt., wörtl. *simha:* »Löwe«, *tapanīya,* abgeleitet von *tapana:* »Glühen, asketisches Erleiden von Schmerzen«; eine der Vishnu-Upanischaden. Ihre sechs Bücher zerfallen in einen exoterischen und einen esoterischen Teil. Letzterer ist im letzten Buch enthalten, das auch *Nrisimha-Uttara-*(»spätere, höhere«) *Tapanīya-Upanishad* heißt. Ihre Grundanschauung ist die einer vierfachen Identität: Ātman gleich → OM gleich → Brahman gleich Nrisimha (Vishnu in seiner Inkarnation als Löwenmensch, → Narasimha), wobei Ātman als individuelles Prinzip mit Hilfe des OM-Lautes dem Brahman als dem kosmischen Prinzip gleichgesetzt wird und wiederum alle drei in Nrisimha symbolisch angeschaut werden. Dieses sechste, esoterische Buch war den wenigen vorbehalten, die für seinen tiefen Gehalt empfänglich waren. (Dt. Übersetzung in: P. Deussen, *Sechzig Upanishad's des Veda,* Leipzig 1905.)

Nyāya, auch Tarkavidyā (Wissenschaft des Debattierens) oder Vādavidyā (Wissenschaft der Diskussion), Skrt., wörtl.: »richtig« bzw. »Logik«; eines der sechs Philosophiesysteme des Hinduismus (→ Darshana), als dessen Begründer → Gotama gilt, der zwischen dem 6. und 3. Jh. v. Chr. gelebt haben soll. Nyāya ist die Wissenschaft des logischen Beweises und bietet eine fundierte Methode der philosoph. Untersuchung von Objekten und dem Subjekt der menschlichen Erkenntnis. Seine Anhänger, die Niyāyikas, bezeichnen Nyāya als Mittel zur wahren Erkenntnis der Seele und des Zieles der Menschen, wie es den Gesetzen der Natur entspricht. Nyāya bedeutet »einer Sache auf den Grund gehen« durch analytische und logische Erforschung. → Vātsyāyana, der klassische Kommentator des → *Nyāya-Sūtra,* bezeichnet diese Methode als »eine kritische Prüfung von Objekten der Erkenntnis durch logischen Beweis«.

Nyāya-Sūtra, Skrt.; das Hauptwerk → Gotamas, des Begründers der → Nyāya-Philosophie. Man schätzt, daß es im 3./4. Jh. v. Chr. entstanden ist. Vor Gotamas Zeit existierten die Grundsätze des Nyāya in einer undifferenzierten Form philosoph. Gedanken. Dieses in fünf Bücher mit je zwei Abteilungen unterteilte Sūtra ist das erste Textbuch des Nyāya. Es versucht, die Ergebnisse des logischen Denkens der Brahmanen (→ Brāhmana) mit ihren religiösen und philosoph. Dogmen in Einklang zu bringen. – Im 3. Jh. verfaßte → Vātsyāyana den bis heute verbindlichen Kommentar *(Nyāya-Bhāshya)* zu dem Werk.

O

Ojas, Skrt., wörtl.: »Kraft, Lebenskraft«; die höchste Form der Energie im menschlichen Körper. Durch unentwegtes Üben von Enthaltsamkeit und Läuterung werden andere Energieformen wie Sexualität usw. in Ojas umgewandelt und im Gehirn gespeichert. Sie können sich als spirituelle wie auch als intellektuelle Kräfte auswirken. – *Ojas-Shakti* bezeichnet die Auswirkung der gesammelten Ojas-Kraft, im weltlichen Leben (z. B. von Politikern, Wirtschaftsführern und Feldherren), im geistigen Bereich bei Schöpfern philosoph. Systeme und im Spirituellen auf der höchsten Stufe in Erleuchteten, bei denen die Ojas-Kräfte wieder im absoluten Bewußtsein aufgehen.

OM, auch AUM oder Pranava, Skrt.; das umfassendste und erhabenste Symbol der hinduist. spirituellen Erkenntnis, das auch im Buddhismus (vor allem im → Vajrayāna) als mantrische Silbe eine Rolle spielt. OM ist sowohl ein Symbol der Form als auch des Klanges. Diese Silbe ist kein magisches Wort und wird auch nicht als Wort betrachtet, sondern ist eine Manifestation der spirituellen Kraft, ein Symbol, das im ganzen Osten verbreitet ist und die Gegenwart des Absoluten in der → Māyā bezeichnet. Die Welt des Körperlichen, des Geistigen und des Unbewußten werden in dem Buchstaben OM durch drei Kurven dargestellt und das höchste Bewußtsein durch den Punkt außerhalb und darüber, der die drei anderen erleuchtet und enthüllt. Die Form des OM ist eine konkrete Manifestation der geschauten Wahrheit. Kein Konzept oder Objekt dieses Universums ist unabhängig. Alle sind Umwandlungen des einen Bewußtseins, nehmen in unterschiedlichen Graden an seinem Wesen teil und sind auf diese Weise miteinander verbunden.

OM NAMO NĀRĀYANĀYA, Skrt., wörtl.: »OM! Ehre sei Gott im Menschen!«; eine traditionelle Grußform unter → Sādhus und Heiligen; auch ein vielbenutztes Mantra. (Siehe dazu auch → Nārāyana.)

OM TAT SAT, Skrt., wörtl.: »OM! Das ist Sein«; *Das* ist → Brahman, *Sein* ist das absolute Sein, ebenfalls Brahman, aber manifestiert als Erscheinungswelt; der Sinn ist, daß das, was wir als Erscheinungswelt wahrnehmen, in Wirklichkeit Brahman ist. Diese heilige Formel ist vielen Büchern vorangestellt. Die → *Bhagavad-Gītā* beschließt jedes Kapitel mit ihr.

P

Padārtha, Skrt. → Vaisheshika

Padma → Lotos

Padma-Purāna (Padma-Purāṇa), Skrt.; eines der *Vishnu-Purānas* (→ Purāna), im Stil bezeichnend für die → Vaishnavas, ganz besonders der letzte Teil, in dem Shiva seiner Gemahlin Pārvatī das Wesen und die Eigenschaften Vishnus beschreibt und beide ihn am Ende gemeinsam verehren. Man schätzt, daß es frühestens im 12. Jh. entstanden ist.

Padmāsana, Skrt.; der Lotossitz, eine Körperhaltung des → Hatha-Yoga, die besonders für die Meditation geeignet ist.

Pañchadashi (Pañcadaśi), Skrt., wörtl.: »Die fünfzehn«; eine berühmte Abhandlung über die Metaphysik des → Advaita-Vedānta von Svāmi → Vidyāranya, einem Anhänger von → Shankara. Seine Lehre ist ganz in Shankaras Sinne. Das Werk ist in 15 Kapitel unterteilt, je fünf haben ein besonderes Thema.

Pañchāgnividyā (Pañcāgnividyā), Skrt., wörtl. *pañcha:* »fünf«, *agni:* »Feuer«, *vidyā:* »Wissen, Lehre«, d. h. die »Fünffeuerlehre«. Sie schildert, wie das Unsterbliche des Menschen nach seinem Tod und der Verbrennung der Leiche »in lichtfarbener Gestalt« (*Brihadāranyaka-Upanishad* VI., 2, 14) als Glaube zum Himmel aufsteigt und von den Göttern fünfmal hintereinander in den Opferfeuern des Himmels, der Luft, der Erde, des Mannes und der Frau geopfert wird, wodurch es der Reihe nach aus Glaube zu Soma, aus Soma zu Regen, aus Regen zur Nahrung, aus der Nahrung zum Sperma, aus dem Sperma zum Embryo wird und so zu einem abermaligen Dasein auf der Erde führt. Diese altved. Eschatologie ist der Anfang der Seelenwanderungslehre, die sich in der Lehre von den zwei Wegen (→ Devayāna und Dakshināyana oder Pitriyāna) fortsetzt.

Pañcharātra (Pañcarātra), Skrt., wörtl.: »fünftägig«; 1. fünftägiges → Soma-Opfer, bei dem der Soma-Saft fünf Tage lang immer wieder frisch ausgepreßt wird; 2. Name der heiligen Schriften verschiedener Vishnu-Sekten.

Pañchatantra (Pañcatantra), Skrt., wörtl. *pañcha:* »fünf«, *tantra:* »Lehrbuch«; eine berühmte umfangreiche Sammlung von moralisierenden Erzählungen und Fabeln in fünf Büchern aus dem 5. Jh. zur Unterweisung junger Prinzen in politischer Klugheit und gutem Benehmen.

Pañchatapas (Pañcatapas), Skrt.; eine außergewöhnliche Form der Askese, bei der man von Sonnenaufgang bis Sonnenuntergang in glühender Sonne inmitten von vier Feuern sitzt, nur mit → Japa und Meditation beschäftigt.

Pāndavas (Pāṇḍavas), Skrt.; die Nachkommen von König → Pāndu. Die fünf Pāndava-Prinzen führten den großen Krieg gegen die → Kauravas, der im → *Mahābhārata* ausführlich beschrieben wird. Yudhishthira, Bhīma und Arjuna waren Söhne der Kuntī, Nakula und Sahadeva Söhne der Mādrī, der Schwester des Königs von Madras.

Pandit (Paṇḍita), Skrt., wörtl.: »Gelehrter«; ein Gelehrter oder Wissenschaftler, der die heiligen Schriften intellektuell als Wissenschaft studiert und auslegt, an der Verwirklichung ihrer Wahrheiten aber selten interessiert ist. Den → Rishis wurden die Wahrheiten offenbart, die Pandits haben sie ausgedeutet und verbreitet. Im Hinduismus haben die haarspalterischen Argumentationen der Pandits seltsame Blüten getrieben.

Pāndu (Pāṇḍu), Skrt., wörtl.: »der Bleiche«; der Bruder von → Dhritarāshtra. Pāndu war König von Hastināpura, dem Reich, um das der große Krieg des → *Mahābhārata* entbrannte, und der Vater der fünf → Pāndavas, deren Schicksal das Epos ausführlich schildert.

Pānini (Pāṇini), Skrt.; der berühmteste Sanskrit-Grammatiker des Hinduismus. Er lebte nach Buddha, wahrscheinlich im 4. Jh.

v. Chr. Sein Hauptwerk ist das *Pāninīya,* auch *Ashtādhyāyī* genannt, weil es aus acht *(ashta)* Kapiteln besteht. Von diesem Standardwerk der Sanskrit-Grammatik, dessen Regeln unbestritten gelten, wird behauptet, es sei durch göttliche Inspiration entstanden. Pānini wird deshalb zu den → Rishis gezählt. Er war aber nicht der erste Grammatiker, denn er bezieht sich auf die Werke seiner Vorgänger. Das *Pāninīya* ist in Form von Sūtras verfaßt, die ausgesprochen kompliziert sind und ein besonderes Studium erfordern, um ihre Bedeutung zu erfassen.

Pāpa-Purusha (Pāpa-Puruṣa), Skrt., wörtl. *pāpa:* »Sünder, Übel, Leid«, *purusha:* »Mensch«; die personifizierte Schlechtigkeit in menschlicher Form. Alle mit Pāpa zusammengesetzten Begriffe haben mit Sünde, Übel, Schlechtigkeit, Verkehrtheit oder Unglück zu tun. Ausnahme: Pāpa-Rahita, wörtl.: »getrennt von Sünde«, bedeutet schuldlos, harmlos.

Para-Bhakti, Skrt., von *para,* wörtl.: »höchst«; im Sinne gleichbedeutend mit Mahābhāva und Prema-Bhakti. Wenn → Bhakti, die Liebe zu Gott, intensiver wird, nennt man den Zustand → Bhāva. Der höchste Zustand wird als Para-Bhakti bezeichnet. In diesem Zustand vergißt der Anbetende völlig die Welt um sich herum und sogar seinen eigenen Körper, der dem Menschen sonst so wichtig ist. Der Durchschnittsmensch erreicht diesen Zustand nicht, er gelangt höchstens bis zu Bhāva.

Parabrahman, Skrt., wörtl.: »das höchste → Brahman«; ein Ausdruck, der im Grunde irrational ist, da Brahman absolutes Sein, absolutes Bewußtsein und absolute Seligkeit ist und keine Steigerung mehr kennt.

Paramahamsa (Paramahaṃsa), Skrt., wörtl.: »der höchste Schwan«; 1. eine Bezeichnung für den höchsten Stand des → Sannyāsin. Auch ein Ehrentitel, den ein Guru einem geeigneten Schüler geben kann, wie im Falle → Yogānandas, dem sein Lehrer → Yukteshvar diesen Titel gab. Pandits (Schriftgelehrte) und Verehrer haben auch → Rāmakrishna so genannt; 2. eine Bezeichnung für einen Mönch, der zu einer besonderen Schule der Anhänger von → Shankara gehört.

Paramānanda, Skrt., wörtl.: »höchste Seligkeit«; die Vorstellung des Göttlichen als Zustand äußerster, unaussprechlicher Seligkeit.

Paramapāda, Skrt.; die letzte Stufe, der höchste Zustand, die endgültige Seligkeit des absoluten Bewußtseins.

Parama-Rishi (Parama-Ṛṣi), Skrt.; Bezeichnung für die sieben ganz großen → Rishis der ved. Zeit.

Paramārtha, Skrt., wörtl.: »höchste Wirklichkeit, höchste Wahrheit«. Das Ziel des spirituell Strebenden, durch dessen Erreichen er Befreiung (→ Moksha) erlangt.

Paramātman, Skrt., wörtl.: »der höchste → Ātman«; das Überselbst, oft auch mit »Weltseele« übersetzt. Als absolutes Bewußtsein identisch mit → Brahman.

Para-Māyā, auch Daivi-Māyā, Skrt.; es gibt zwei Arten von → Māyā: Para-Māyā oder göttliche Māyā, in der die Erscheinungswelt als eine Manifestation → Brahmans betrachtet wird, und die Māyā der egomäßigen Körperidentifizierung, in der nur die Welt der Sinne wirklich ist.

Parameshvara (Parameśvara), Skrt., wörtl. *parama:* »alles übersteigend, transzendent«, *īshvara:* »der Herr, Gott«; der höchste, sich jeder Beschreibung entziehende Herr allen Seins, der durch die spirituelle Kontrolle über seine eigene in der Natur manifestierte Kraft die Weltzyklen und die natürliche Entwicklung der Geschöpfe in diesen Zyklen entfaltet. Er ist der Ursprung, er ist Vater und Mutter zugleich, er ist der Urgrund des Selbst und des Kosmos.
→ Shiva, → Vishnu und → Indra werden oft als Parameshvara bezeichnet. In der weiblichen Form Parameshvari sind es Namen für Durgā und → Sītā.

Parāprakriti (Parāprakṛti), Skrt., wörtl. *para:* »jenseits«, *prakriti:* »Natur«; die höhere, göttliche Natur, die Göttliche Mutter (→ Shakti), die das Universum schafft.

Parāpratyaksha (Parāpratyakṣa), Skrt., wörtl. *para:* »jenseits«, *pratyaksha:* »Wahrnehmung«; die jenseitige Sicht, das übersinnliche, transzendente Wahrnehmungsvermögen, das sich als Ergebnis des → Samādhi einstellt. (Siehe → Pratyaksha.)

Para-Purusha, Skrt. → Purushottama

Parārdha, Skrt., wörtl. *para:* »jenseits«, *ardha:* »Hälfte«; die spirituelle Hälfte des Weges nach dem Tod, gleichbedeutend mit dem → Devayāna, dem »Weg der Götter«. Nach Auffassung der Veden gibt es nach dem Tod zwei Möglichkeiten für die Seele des Menschen: den Weg (Devayāna), der zur Befreiung von der Wiedergeburt führt, und → Pitriyāna oder Dakshinayāna, den Weg, der nach einem Zwischenaufenthalt im Chandraloka (»Mondreich«) wieder zur Erde führt.

Para-Shakti (Para-Śakti), Skrt.; der höchste Aspekt der Göttlichen Mutter (→ Shakti), die hinter der ganzen Schöpfung steht.

Parāshara (Parāśara), Skrt.; nach → Manu, → Yajñavalkya und → Nārada der vierte berühmte Gesetzgeber, dessen Schriften oft in Gesetzbüchern (→ Dharma-Shāstra) zitiert werden. Es läßt sich nicht genau feststellen, wann er gelebt hat. Er soll ein Schüler von → Kapila gewesen sein und wird als Rishi betrachtet, dem einige Hymnen des *Rigveda* zugeschrieben werden.

Parashu-Rāma (Paraśu-Rāma), Skrt., wörtl.: »Rāma mit der Axt«; der erste → Rāma und der sechste → Avatāra Vishnus. Er manifestierte sich, um die Tyrannei der → Kshatriyas, der Kriegerkaste, zu brechen. Seine Geschichte wird im *Mahābhārata* und in den Purānas erzählt. Er taucht aber auch im *Rāmāyana* auf, hauptsächlich als Gegner von Rāmachandra (d. i. Rāma).

Parātpara, Skrt.; die transzendente, unendliche und universale Persönlichkeit, die zugleich persönlich und unpersönlich ist, endlich und unendlich, begrenzt und unbegrenzbar, Eines und Viele. Die Gegensätze in der Beschreibung des Parātpara weisen darauf hin, daß dieser Begriff in Wirklichkeit die Möglichkeit der Beschreibung übersteigt, da er transzendent ist.

Parāvairāgya, Skrt., wörtl.: »äußerste Gleichgültigkeit, Leidenschaftslosigkeit«; die völlige Bindungslosigkeit eines befreiten Menschen, der allem entsagt hat und keine Ego-Regungen mehr kennt. (Siehe dazu auch → Vairāgya.)

Parāvāk (Parāvāc), Skrt., wörtl. *para:* »jenseits«, *vāk:* »Sprache«; 1. die unmanifestierten Schwingungen, die der kosmischen Ideenbildung vorangehen; 2. der achte der »unhörbaren Töne«, der → Nāda.

Para-Vidyā, auch Brahma-Vidyā, Skrt.; die direkte, absolute Erkenntnis → Brahmans auf der Ebene der Transzendenz, im Unterschied zu → Apara-Vidyā, indirekter Erkenntnis aus der Diesseitigkeit heraus.

Paribhū, Skrt., wörtl.: »umspannend, lenkend«; der Herr, der alle Aktivitäten des Universums durchdringt, ein Begriff der → Upanischaden.

Pārijāta, Skrt.; der mythische Korallenbaum, der beim → Umrühren des Ozeans zum Vorschein kam. Er ist das Entzücken der himmlischen Nymphen, und der Duft seiner Blüten erfüllt die Welt.

Parikara, Skrt., wörtl.: »Schar«, die Schar der Gottliebenden, die am göttlichen Spiel (→ Līlā) teilnehmen und je nach ihrem Wesen und dem Grad ihrer Aufnahmefähigkeit die göttliche Freude und Seligkeit dieser Līlās genießen, wobei es keine Rolle spielt, welchem Bekenntnis sie angehören.

Parināmavāda (Pariṇāmavāda), Skrt., wörtl.: »Entwicklungslehre«. Die Entwicklungslehre bildet einen wesentlichen Teil des → Sānkhya. Nach der Theorie dieser Lehre ist die Wirkung schon latent in der Ursache vorhanden und braucht nur noch einen auslösenden Faktor, um sie in Erscheinung treten zu lassen. Ursache und Wirkung sind der unentwickelte und entwickelte Zustand derselben Substanz. Alle Erzeugung und Entstehung ist Ent-Wicklung *(udbhāva),* alle Zerstörung ist (Wieder-)Ein-Wicklung (Anudbhāva) oder Verschwinden in der Ursache; es handelt sich hier also um eine Theorie der Evolution und Involution.

Parishad (Pariṣad), Skrt.,etwa: »Disputationsversammlung, Konzil«; eine Schule oder Gemeinschaft von Brahmanen, die über die Veden beraten. Die Abhandlungen, die sie dann verfassen, werden Pārshada genannt.

Parishishta (Pariśiṣṭa), Skrt., wörtl.: »Nachtrag, Anhang«; eine Gruppe von Werken, die noch zur ved. Periode gehören, aber den Ausklang und den Übergang zu den → Sūtras bilden. Der Indologe Max Müller schreibt über sie: »Die Parishishtas geben Aufschluß über theologische und zeremonielle Probleme und leiten zu den Sūtras über, behandeln aber alles allgemein und oberflächlich, als wären die Zeiten vorbei, in denen die Studenten zehn oder zwanzig Jahre ihres Lebens damit verbrachten, in die Geheimnisse der Brāhmana-Literatur einzudringen und ihren Inhalt zu meistern.«

Pārvatī, Skrt., wörtl.: »dem Gebirge zugehörend«; ein Name für die Gemahlin Shivas, die Göttliche Mutter (→ Shakti).

Pāsha (Pāśa), Skrt., wörtl.: »Schlinge, Fessel«; die dreifachen Fesseln der Nicht-Erkenntnis, die uns an den Körper, das Denken und das Leben binden.

Pashyanti (Paśyantī), Skrt., von *pashya:* »das Sehen«; Klang, der sich in Richtung des Sichtbaren entwickelt; der dritte, fortgeschrittene Zustand der → Nāda-Meditation, in dem der Meditierende das ganze Universum als mit Klang erfüllt wahrnimmt, manchmal angedeutet durch den Satz: »Brahman ist Klang.« Mitunter auch in Verbindung mit -Vāk (Sprache), dann bedeutet Pashyanti-Vāk »das sehende Wort«, die zweite Ebene des Sprechens oder der Rede, in der die Wahrheitsschau enthalten ist.

Pātāla, Skrt., von *pāta:* »gesunken«, *tala:* »Grund, Boden«; ein Name für das in jedem Menschen vorhandene Unterbewußte, von wo alle Arten von irrationalen, erkenntnislosen Instinkten, Eindrücken und Erinnerungen kommen, die auf unser Denken und Handeln Einfluß haben, ohne daß wir ihren Ursprung feststellen können. Viele absurde Träume kommen aus diesem Unterbewußten.

Patañjali, ca. 2. Jh. v. Chr.; Begründer der Philosophie jenes Yoga, der auf dem → Sānkhya basiert. Dieser Yoga ist eines der sechs → Darshanas. Patañjali definiert ihn als eine methodische Anstrengung zur Erlangung von Vollkommenheit durch die Beherrschung der verschiedenen Elemente der menschlichen Natur, der physischen wie der psychischen. Der physische Körper, der aktive Wille und das wahrnehmende Denken müssen unter Kontrolle gebracht werden. Patañjali besteht auf bestimmten Übungen, deren Sinn es ist, den Körper von seiner Rastlosigkeit und Unreinheit zu befreien. Wenn diese Übungen die Vitalität stärken sowie die Jugend und das Leben des Menschen verlängern, so geschieht dies im Interesse der Verwirklichung von spiritueller Freiheit. Die weiteren Übungen werden angewandt, um das Denken zu läutern und zu beruhigen. Patañjali liegt nichts an metaphysischer Theorie, sondern es geht ihm darum, den praktischen Weg zur Erlösung und Befreiung durch disziplinierte Aktivität zu zeigen. Zu diesem Zweck hat er das → *Yoga-Sūtra* verfaßt (dt.: *Die Wurzeln des Yoga,* Bern 1976).

Pāvamāna, Skrt.; freies Fließen des klaren → Soma-Tranks, ein Symbol für das ununterbrochene Fließen des geläuterten, spirituellen Unterstroms im Bewußtsein, das für den Strebenden eine große Hilfe ist. Sie erleichtert es ihm immer wieder, sich auf das Ziel seines Bemühens zu richten.

Pingala, bedeutende Autorität auf dem Gebiet der Silbenmeßlehre der Veden. Man nimmt an, daß seine Werke im 3. Jh. v. Chr. entstanden sind. Der Silbenmeßlehre (Prosodie) wird im Sanskrit besondere Bedeutung zugemessen, da man glaubt, daß ein → Mantra nur dann seine volle Wirkung entfalten kann, wenn seine Silben in der richtigen Länge und Betonung gesprochen werden. Deshalb kann ein Mantra nicht einfach aus einem Buch gewählt werden, sondern wird dem Schüler vom Guru bei der Initiation (Einweihung) persönlich vorgesprochen.

Pingalā (Piṅgalā), Skrt.; einer der wichtigsten Kanäle, die den → Prāna zu allen Körperteilen leiten (siehe auch → Nādi). Die Pingalā nimmt den Prāna durch das rechte Nasenloch auf. Dieser Energiekanal ist voller Glut und Antrieb wie die Sonne und entspricht dem Sympathikus des sympathischen Nervensystems. Das Gegenstück zur Pingalā ist → Idā.

Pishāchas (Piśāca), Skrt.; Dämon des Irrlichts, Unholde, böse Geister, in den Veden niedriger als die → Rākshasas eingestuft. Es sind die gemeinsten und bösartigsten aller Wesen. Über ihren Ursprung gehen die Meinungen auseinander.

Pitri (Pitṛ), Skrt., wörtl.: »Vater«, Plural: »Ahnen«; Vorväter, Manen. Dieses Wort bezieht sich auf drei verschiedene Klassen von Wesen: 1. die verstorbenen Ahnen, denen zu bestimmten Zeiten Nahrung und Wasser dargebracht werden; 2. die zehn → Prajāpatis, die mystischen Vorfahren der menschlichen Rasse; 3. die ersten Söhne der Götter.

Pitriyāna (Pitṛyāna), Skrt., wörtl.: »Weg der Väter«; der niedrigere, südliche Weg (→ Dakshinayāna), den die abgeschiedenen Seelen beschreiten, um im Chandraloka (»Mondreich«) den Lohn für ihre guten Taten zu ernten. Danach müssen sie wieder auf die Erde zurückkehren, um ihre unerfüllten Wünsche zu befriedigen. Der höhere Weg ist der → Devayāna (»Weg der Götter«), der Weg der Weisheit und spirituellen Erkenntnis. Wem es gelingt, dieses Reich des Lichtes zu erreichen, erlangt Befreiung vom Kreislauf der Wiedergeburten.
Pitriyāna und Devayāna nennt P. Deussen die »Zweiweglehre« eine Weiterentwicklung der altved. Eschatologie der »Fünffeuer lehre« (→ Pañchāgnividyā). Die in dieser enthaltenen ersten Ansätze zur Wiedergeburtslehre verfestigen sich in der »Zweiweglehre«.

Prabhākara, Begründer einer der ersten bedeutenden Schulen, die auf der → Pūrva-Mīmāmsā-Philosophie beruhen. Er lebte Anfang des 8. Jh. und befaßte sich hauptsächlich mit der Erörterung richtiger Erkenntnis.

Pradhāna, Skrt., wörtl.: »unentfaltete Natur«, das eine Grundprinzip der → Sānkhya-Philosophie, in der Bedeutung gleich mit → Prakriti, der Urmaterie, im Gegensatz zum anderen Grundprinzip (→ Purusha), dem Urgeist.

Pradyumna, ein Sohn → Krishnas und seiner Gemahlin Rukmini, der in Gegenwart seines Vaters bei einem Aufruhr von Betrunkenen getötet wurde. Es existieren viele Legenden über ihn, unter anderem soll er eine Wiedergeburt von Kāma, dem Liebesgott, gewesen sein.

Prahlāda, Skrt., wörtl.: »Erquickung, Freude«, ein großer Vishnu-Verehrer, dessen Leben in den Purānas beschrieben wird. Er war der Sohn des → Daitya-Königs Hiranyakashipu.

Prajāpati, Skrt., wörtl.: »Herr der Geschöpfe«; in den Veden werden → Indra, → Savitri, → Hiranyagarbha und andere Gottheiten so benannt; → Manu nennt Brahmā als Schöpfer und Stütze des Universums Prajāpati. – Gewöhnlich werden zehn → Rishis, die als geistgeborene Söhne Brahmās gelten, die zehn Prajāpatis genannt, und zwar: Marīchi, Atri, Angiras, Pulastya-Pulaha, Kratu, Vasishtha, Prachetas oder Daksha, Bhrigu und Nārada. Nach anderen Quellen gab es nur sieben Prajāpatis, die identisch sind mit den sieben großen Rishis. Im → *Mahābhārata* gibt es 21.

Prajñā, Skrt., wörtl.: »Bewußtsein« oder »Weisheit«. Bewußtsein als Wesen des → Ātman. Nach P. Deussen »das objektlose Subjekt des Bewußtseins, die keine Objekte außer sich habende (daher unbewußte) höchste Seele, welche im Tiefschlaf die individuelle Seele umschlingt. Daher → Prājña, die Seele im Tiefschlaf.«

Prājña, Skrt.; der Bewußtseinszustand des Tiefschlafs, in dem es kein Denken gibt und daher der → Jīva vorübergehend, aber unbewußt, eins wird mit Brahman. Der → Vedānta unterscheidet vier Bewußtseinszustände: → Vaishvānara, den Wachzustand, → Taijasa, den Traumzustand, Prājña und → Turīya, »das Vierte«. Die → *Māndūkya-Upanishad* befaßt sich ausführlich mit ihnen. Die vier Bewußtseinszustände (Avasthā) werden auch → Jāgrat (Wachen), → Svapna (Traum), → Sushupti (Tiefschlaf) und Turīya genannt.

Prajñānam Brahma, Skrt., wörtl.: »Bewußtsein ist Brahman«; eines der → Mahāvākyas, der großen Lehrsätze, das in der *Aitareya-Upanishad* des *Rigveda* zu finden ist. Am Ende dieser Upanischade heißt es: »Alles, was lebt, was da geht und fliegt und was bewegungslos ist, alles dies ist vom Bewußtsein gelenkt, im Bewußtsein gegründet; vom Bewußtsein gelenkt ist die Welt, das Bewußtsein ist ihr Grund, *das Bewußtsein ist Brahman.*«

Prajñātman, Skrt., identisch mit → Ātman

Prakāsha (Prakāśa), Skrt., wörtl.: »Licht, Klarheit«; klarer, strahlender Glanz, Erleuchtung.

Prākrita (Prākṛta), Skrt., wörtl.: »volkstümlich«, Provinzdialekte des → Sanskrit, die zwischen den heutigen Sprachen Indiens und dem Sanskrit stehen.

Prakriti (Prakṛti), Skrt., wörtl.: »Natur, Materie«; die Urmaterie, aus der das Universum besteht. Ihre Struktur wird von den drei → Gunas (Tamas, Rajas und Sattva) bestimmt. Nach der → Sānkhya-Philosophie, in der sie auch → Pradhāna genannt wird, besitzt sie Wirklichkeit und schafft durch ihre Nähe zum → Purusha die Welt des Denkens und der Erscheinungen. Für den → Advaita-Vedānta hat die Materie keine endgültige Wirklichkeit, da nur im Wach- und Traumzustand eine materielle Welt erfahren wird, nicht aber im Tiefschlaf und im → Turīya. Für den Advaita-Vedānta ist jedoch nur wirklich, was in allen vier Bewußtseinszuständen Wirklichkeit hat.

Pralaya, Skrt., wörtl.: »Auflösung«. Am Ende eines → Kalpa (Weltenzyklus) löst sich die manifestierte Welt auf, d. h., sie geht in einen anderen Zustand über, und zwar vom manifestierten in den unmanifestierten, potentiellen, aus dem sich dann wieder eine neue Welt manifestiert. Der Hinduismus kennt keine einmalige Schöpfung, wie sie das Alte Testament schildert, sondern einen sich zyklisch wiederholenden Wechsel von Manifestation und Nicht-Manifestation, die die Möglichkeit erneuter Manifestation in sich trägt.

Pramāna (Pramāṇa), Skrt., wörtl.: »Beweis«; Mittel zur Erlangung richtiger Erkenntnis wie → Pratyaksha (Sinneswahrnehmung), mündliches Zeugnis, logischer Schluß, Zeugnis der Veden etc.

Prāna (Prāṇa), Skrt., wörtl.: »Atem, Lebensodem«; die kosmische Energie, die den Körper durchdringt und erhält und sich in den Geschöpfen am deutlichsten als Atem manifestiert. → Patañjali befaßt sich auf der vierten Stufe (→ Prānāyāma) seines Yoga mit Prāna, und auch im → Hatha-Yoga spielt er eine entscheidende Rolle. Der → *Atharvaveda* personifiziert ihn und widmet ihm eine eigene Hymne.

Pranām (Praṇāma), Skrt., wörtl.: »Verneigung«; ehrfürchtige Begrüßung sowohl Gottes als auch Heiliger und geachteter Menschen, indem man die Handflächen zusammenlegt oder erst die Füße des anderen und danach die eigene Stirn berührt, oder sich vor ihm niederwirft.

Prānamaya-Kosha (Prāṇamaya-Kośa), Skrt.; die zweite der fünf Koshas (Hüllen), die feinstoffliche oder Vitalhülle, die Körper und Denken belebt und zusammenhält. Solange sie im Organismus vorhanden ist, bleibt er am Leben. Ihre grobe Manifestation ist der Atem.

Pranava (Praṇava), Skrt.; eine Bezeichnung für die mystische heilige Silbe → OM. Wird der Klang beim Aussprechen lang ausgedehnt, nennt man dies Dīrgha-Pranava.

Prāna-Vidyā (Prāna-Vidyā), Skrt.; die Erkenntnis der Lebensenergie (→ Prāna). Sie führt dazu, daß das Einzelleben sich in das universale Leben einfügt, daß der Wille des Menschen aufgeht im Willen Gottes, in der schöpferischen Energie → Īshvaras, und dadurch zu einem dynamischen Kanal für das universale Leben wird.

Prānāyāma (Prāṇāyāma), Skrt., wörtl.: »Beherrschung des → Prāna«; die vierte Stufe des → Rāja-Yoga. Sie besteht in Atemübungen, die mit einem Mantra verbunden werden können. Der Atem wird in die Phasen des Pūraka (Einatmen), Rechaka (Ausatmen) und → Kumbhaka (Anhalten des Atems) unterteilt. Eine Einführung in die Praxis des Prānāyāma ist: B. K. S. Iyengar, *Licht auf Prānāyāma,* Bern 1984.

Prāpti-Prāpya, Skrt.; jemand, der alles erreicht hat, was zu erreichen war, eine Bezeichnung für eine freie Seele (→ Jīvanmukta).

Prārabdha-Karma, Skrt., wörtl. *pra:* »vorher«, *ārabdha:* »angefangen, begonnen«, → Karma: »Tat«; Folgen von Taten, die in früheren Geburten begangen wurden und sich im gegenwärtigen Leben auswirken. Sie sind reif, geerntet zu werden, deshalb ist das Geschehen nicht aufzuhalten, so wie man einen Pfeil, der die Sehne verlassen hat, nicht zurückrufen kann. Außer dem Prārabdha-Karma gibt es noch das → Āgāmi-Karma und das → Sanchita-Karma.

Prasāda, auch Prasād, Skrt.; 1. die Gnade oder Gunst Gottes, sein Wohlwollen; 2. Klarheit, Reinheit, Gemütsruhe; 3. Opferspeisen, die der Gottheit dargebracht wurden und an die Gläubigen verteilt werden oder auch von Heiligen gekostete Nahrung. Solches Prasāda soll spirituelle Kräfte enthalten.

Prashna (Praśna), Skrt., wörtl.: »Frage«; eine Vedānta-Upanishad des → *Atharvaveda.* Sie behandelt sechs Fragen, die an den Heiligen Pippalāda gerichtet sind. (Dt. Übersetzung in: P. Deussen, *Sechzig Upanishad's des Veda,* Leipzig 1905; Prabhavananda/F. Dispeker, *Die schönsten Upanischaden,* Zürich 1951.)

Prashnottara (Praśnottara), Skrt., wörtl.: »Frage und Antwort«; ein Dialog zwischen Meister und Schüler, bei dem spirituelle Fragen beantwortet werden.

Prasthānatraya, Skrt., wörtl. *prasthāna:* »System«, *traya:* »Dreiheit«; eine zusammenfassende Bezeichnung für die drei fundamentalen Werke des → Vedānta: die Upanischaden, die *Bhagavad-Gītā* und die → Brahma-Sūtras.

Prātibhātika (Prātibhāṭika), Skrt.; eine scheinbare Wirklichkeit, die durch → Viveka (Unterscheidung) als unwirklich erkannt werden kann.

Pratibimba-Vāda, Skrt., wörtl. *pratibimba:* »Spiegelbild«, *vāda:* »These«, die Ansicht, daß der → Jiva eine Reflexion Brahmans im Bereich der Nicht-Erkenntnis ist.

Pratiloma, Skrt., wörtl.: »verkehrt, widernatürlich«; dieser Ausdruck bezieht sich auf das Ego, dessen besondere Eigenschaft es ist, sich durch Nicht-Erkenntnis von der kosmischen Einheit abzutrennen und sich dadurch ihrer natürlichen Ordnung zu widersetzen.

Pratipaksha-Bhavana (Pratipakśa-Bhavana), Skrt., wörtl. *pratipaksha:* »Feind, Gegner«, *bhavana:* »Werden, Entstehen«; eine Übung des → Rāja-Yoga, um bei der Konzentration nicht durch niedere Gedanken gestört zu werden. Schon bei ihrem Entstehen werden starke, spirituelle Gedanken dagegengesetzt – ein Mittel, das sich auch im täglichen Leben des Rāja-Yogi bewährt, um seinen Gleichmut zu bewahren.

Pratishthā (Pratiṣṭhā), auch Ādhāra, Skrt., wörtl.: »Fundament, Grundlage«; in bezug auf die grobe Materie: die Erde; in bezug auf den Menschen: seine drei Grundprinzipien Körper, Geist und Leben, die zusammen der Seele als Fahrzeug dienen.

Pratyabhijñā, Skrt., wörtl.: »Wiedererkennen«; 1. die Erkenntnis all dessen, was für → Moksha (Befreiung) notwendig ist; die Erkenntnis der Identität von Erscheinungswelt, Seele und Gott; 2. ein anderer Name für den → Shaivismus in Kashmir, der stärker als in Südindien zum → Advaita-Vedānta neigt. Shiva ist darin die einzige Wirklichkeit, das unendliche, reine Selbst, die Basis des Universums, das durch die Kraft seiner → Shakti in Erscheinung tritt und die Ursache aller scheinbaren Unterschiede ist. (Siehe dazu auch → Trika.)

Pratyāhāra, Skrt.; die fünfte Stufe des → Rāja-Yoga, das Abziehen der Sinne von den Sinnesobjekten, damit das Denken nicht mehr abgelenkt wird, sondern sich ungestört auf das Objekt der Meditation richten kann; eine unerläßliche Vorbedingung der Konzentration (→ Dhāranā), der nächsten Stufe des Rāja-Yoga.

Pratyaksha (Pratyakṣa), Skrt.; direkte Wahrnehmung durch die Sinne, für die Chārvākās (Materialisten) das einzige Mittel richtiger Erkenntnis (→ Pramāna), während sich die anderen philosoph. Schulen nicht nur auf die Wahrnehmung der Sinne verlassen, sondern weitere Erkenntnismittel verlangen.

Pravritti (Pravṛtti), Skrt., wörtl.: »Ursprung, Entstehen«; Evolution, das Entfalten oder Manifestieren dessen, was vorher latent war. Das Gegenteil von → Pralaya.

Prayopaveshana. (Prayopaveśana), Skrt.; eine Askese, bei der man lange vor einem Götterbild liegt und um die Erfüllung eines Wunsches bittet, ohne zu trinken oder Nahrung zu sich zu nehmen.

Prema-Bhakti, auch Prema, Skrt.; die höchste Gottesliebe, in der der Gottesverehrer nach Gott verlangt wie ein Ertrinkender nach Luft. Dem Sinn nach dasselbe wie Mahābhāva und → Para-Bhakti. Die Seligkeit, die aus dieser Liebe entsteht, wird Premānanda genannt.

Prema-Sāmarthya, Skrt.; die Kraft der Liebe, die alles vermag. Eine der Vier Vollkommenheiten des Herzens (→ Kalyāna-Shraddhā).

Prithā → Kuntī

Prithivī (Pṛthivī), Skrt., die Erde. In den Veden wird sie als Mutter aller Wesen personifiziert und zusammen mit dem Himmel angerufen.

Prītijushā, Skrt. → Ūshā

Pūjā, Skrt.; Verehrung, Zeremonie, Gottesdienst. Ritueller Gottesdienst mit Gangeswasser, Blumen, einer Glocke (Ghantā), Räucherstäbchen und Mantras, bei dem durch symbolische Gesten (→ Mudrās) ein mystischer Kreis um den Anbetenden gezogen wird, der ihn von der vergänglichen Sinnenwelt abtrennt und ihm hilft, Verbindung mit Gott aufzunehmen. Der Ausübende wird Pūjari oder Pūjaka genannt.

Punarājāti, auch Punarāvritti, Punarutpatti, Punarjanman und Punarjīvātu, Skrt.; Wiedergeburt. Ind. Religion und Philosophie lehren, daß die Vollkommenheit des Menschen nicht in einem Leben erreicht wird, sondern die Krönung einer langen Reihe von Erfahrungen während vieler aufeinanderfolgender Leben ist. Darauf beruht der allgemeine ind. Glaube an → Karma und Wiedergeburt. Über die ersten Anfänge der Wiedergeburtslehre → Pañchāgnividyā und → Pitriyāna.

Pūraka, Skrt. → Prānāyāma

Purāna (Purāṇa), Skrt., »Alte Erzählwerke«. Im Gegensatz zu den älteren → Itihāsas, die die legendären Taten menschlicher Helden beschreiben, behandeln die 18 Purānas und die ihnen untergeordneten 18 Upa-Purānas (Neben-Purānas) Legenden über die Götter. Sie sind von Gottesliebe (→ Bhakti) erfüllt und deshalb die Hauptschriften der Anhänger Vishnus, Shivas und Brahmās, weshalb man sie auch in Vaishnava-, Shaiva- und Brāhmana-Purānas einteilt. Die Religion der Veden hüllte ihre tiefe Spiritualität in eine Natursymbolik, die vom einfachen Volk nur schwer zu durchschauen war, das deshalb seine Anbetung nur auf die äußere Natur richtete. In den Purānas mit ihrer Trinität der drei großen Götter Brahmā (durch den alles entsteht), Vishnu (durch den alles erhalten wird) und Shiva (durch den alles zerstört wird, auch alles Schlechte und alle Nicht-Erkenntnis) war der Symbolcharakter dieser drei großen Göttergestalten leichter zu verstehen und erfüllte dadurch das innere religiöse Bedürfnis des Volkes. Deshalb sind die mythologischen Purānas die eigentliche Schatzkammer der Hindu-Religion und noch heute von lebendigem Wert für den Glauben der Hindus. (Dt. Übersetzungen liegen nur in kurzen Auszügen vor.)

Purashcharana (Puraścaraṇa), Skrt., wörtl.: »Vorbereitung«; die Vorbereitung auf die Meditation durch das Wiederholen eines → Mantra, verbunden mit Opfergaben und anderen in den Veden vorgeschriebenen Riten. Bei einer bestimmten Form von Purashcharana steigt die Zahl der wiederholten Mantras über einen bestimmten Zeitraum täglich an und nimmt dann wieder ab. Der Übende kann z. B. bei Neumond mit 1000 Wiederholungen anfangen, kommt bei Vollmond auf 15000 und reduziert sie bis zum nächsten Neumond wieder auf 1000. Diese Übung soll besondere Selbstbeherrschung, Läuterung der Gedanken und Konzentrationskraft bewirken.

Puri, 1. bekannter Pilgerort am Golf von Bengalen, einer der vier besonders heiligen Plätze Indiens, wo der berühmte → Jagannātha-Tempel steht. Die anderen drei sind → Dvārakā, → Kedārnāth und → Rāmeshvara. In Puri befindet sich ein Kloster der → Shankara-Tradition; 2. Beiname der Mönche eines der zehn Mönchsorden der Shankara-Tradition. Dieser Beiname wird an den jeweiligen persönlichen Mönchsnamen angehängt. Weitere bekannte Beinamen dieser Art sind Giri und Ānanda; 3. langjähriger Aufenthaltsort des großen Heiligen → Chaitanya.

Pūrnādvaita-Vedānta (Pūrṇādvaita-Vedānta), auch Pūrnādvaitavāda, Skrt.; eine moderne philosoph. Richtung, die hauptsächlich von Shrī → Aurobindo vertreten wird. Sie macht den Versuch, alle traditionellen Interpretationen des → Vedānta zusammenzufassen.

Pūrnakāma (Pūrṇakāma), Skrt., wörtl. *pūrna:* »erfüllt, vollkommen, vollendet«, *kāma:* »Wunsch, Begierde«; ein Mensch, dessen Wünsche erfüllt sind. Wer keine Wünsche mehr hat, schafft kein neues Karma mehr. Wenn sein Karma ausgelaufen ist, wird er nicht mehr wiedergeboren, weil er vollkommen geworden ist.

Pūrna-Yoga (Pūrṇa-Yoga), Skrt.; die volle Vereinigung mit dem Göttlichen. Shrī → Aurobindo, der dieses Yoga-System entwickelt hat, nennt es integral, weil es nicht nur den Aufstieg des menschlichen Geistes zum Göttlichen, sondern auch das

Herabbringen des Göttlichen in die Materie und das alltägliche Leben anstrebt.

Purūravas, eine mythologische Persönlichkeit, von der, dem → *Bhāgavata-Purāna* nach, zu Beginn des Tretā-Yuga (→ Yuga) der dreifache Veda (Rig-, Sāma- und Yajur-Veda) kam.

Purusha (Puruṣa), Skrt., wörtl.: »Mensch«, der ursprüngliche, ewige Mensch, das höchste Wesen; eine der beiden Wirklichkeiten der → Sānkhya-Philosophie, in der Purusha das Selbst, das Absolute und reines Bewußtsein bezeichnet. Er ist der »Zuschauer«, der den Wandlungen in der → Prakriti zuschaut, obgleich das Universum nur entsteht durch die Verbindung von Purusha mit Prakriti. Im → Vedānta ist Purusha identisch mit Ātman und somit auch mit Brahman.

Purushārtha (Puruṣārtha), Skrt., wörtl.: »Ziel *(artha)* des Menschen *(purusha)*«; die vier verschiedenen Ziele, auf die das menschliche Leben gerichtet sein kann: Artha (Reichtum), Kāma (Wünsche), Dharma (Rechtschaffenheit, Pflicht) und Moksha (Befreiung).

Purusha-Sūkta (Puruṣa-Sūkta), Skrt., wörtl.: »das Purusha-Lied«; eine der jüngsten Hymnen des *Rigveda* (X, 90), da nur sie allein die vier Kasten (→ Varna) erwähnt. Sie bildet, nach P. Deussen, den Abschluß der Philosophie des *Rigveda*.

Purusha-Yajña (Puruṣa-Yajña), Skrt., wörtl. »*purusha:* »Mensch«, *yaiña:* »Opfer«; das große Opfer des Menschen, bei dem er seine Seele dem Göttlichen darbringt.

Purushottama (Puruṣottama), auch Para-Purusha oder Uttama-Brahman, Skrt., wörtl.: »höchster Geist, höchste Seele«; eine Bezeichnung für das höchste Selbst. Selbst und Natur, alles Sein und Werden, alles Tun und Schweigen in diesem Universum sind die Selbstwahrnehmung des Purushottama und seine Manifestation als Energie. Er ist größer als das Unwandelbare (Akshara) und das Wandelbare (Kshara) und schließt dennoch diese Gegensätze ein.

Pūrva, Skrt., wörtl.: »früher als, beginnend mit«; in der Sanskrit-Literatur begegnet man immer wieder den beiden Ausdrükken *pūrva* und *uttara* (»später als, folgend auf, besser, höher«). Zunächst betreffen sie i. allg. die zeitliche Abfolge. Inhaltlich aber haben sie eine tiefere Bedeutung. Pūrva-Texte beziehen sich fast immer auf die Vorbereitung zur Erlangung höherer Erkenntnis. Fast alle Religionen haben die Notwendigkeit einer solchen Vorbereitung erkannt. Meist besteht sie aus ritueller Anbetung, aber auch logisches Denken kann eine Vorbereitung sein, da es der Klarheit der Erkenntnis dient. Wird es allerdings zum Selbstzweck, behindert es die Höherentwicklung des Menschen, der die späteren (Uttara-)Texte gewidmet sind.

Pūrva-Mīmāmsā (Pūrva-Mīmāṃsā), Skrt., wörtl. *pūrva:* »früher«, *mīmāmsā:* »Erörterung«; eines der sechs → Darshanas, das sich mit dem Ritual befaßt. Sie geht der → Uttara-Mīmāmsā voraus, und zwar nicht nur zeitlich, sondern vor allem auch in dem Sinne, daß das Ritual durch seine Läuterungswirkung eine Vorbereitung zum Streben nach Erkenntnis (dem Inhalt der Uttara-Mīmāmsā) ist (siehe dazu auch → Mīmāmsā). Als Begründer der Pūrva-Mīmāmsā gilt der Weise → Jaimini.

Pūshan (Pūṣan), Skrt., von *push:* »nähren, erhalten, fördern, offenbaren«; eine Gottheit, die häufig in den Veden erwähnt wird und der viele Hymnen gewidmet sind.

Pushkara (Puṣkara), Skrt., wörtl.: »blauer Lotos«; Beiname von → Krishna und → Shiva.

Pūtanā, eine Dämonin, die Tochter von → Bali. Sie versuchte, das Kind → Krishna aufzusaugen, um es zu töten, wurde aber selbst von ihm aufgesaugt und umgebracht. – Auch in dieser mythologischen Legende steckt, wie in so vielen anderen, eine tiefe Symbolik. Pūtanā, das dämonische Ego, das im Grunde von guter Herkunft ist (Tochter des tugendhaften Königs Bali), will das Göttliche, das ihm so klein erscheint (symbolisiert durch das Kind Krishna), aufsaugen, vernichten. Aber das Umgekehrte geschieht: Das Göttliche ist stärker, es saugt das Ego auf und vernichtet es.

R

Rādhā, auch Rādhikā; die Gespielin → Krishnas, die bekannteste der → Gopis von Vrindāvan. Das Motiv des zarten Liebesspiels (Rasalīlā) zwischen Rādhā und Krishna durchdringt den Hinduismus in allen Schattierungen von der physischen Ebene bis zur Transzendenz des Göttlichen; es ist das ewige Spiel zwischen der individuellen Seele und Gott, wie man es in der Mystik fast aller Religionen findet. Im Hinduismus ist das Spiel zwischen Rādhā und Krishna ein Zentralthema der Vaishnavas, deren Weg der Liebe (→ Bhakti-Yoga) die Gefühle der weltlichen Liebe und Hingabe (deren Symbol Rādhā ist) zur Liebe und Hingabe an Gott in der Gestalt Krishnas erhebt. Zu welchen spirituellen Höhen das führen kann, beweist das Leben → Chaitanyas, des großen bengal. Heiligen des 16. Jh., der von seinen Anhängern noch heute als eine Inkarnation Krishnas verehrt wird.

Radhākānta, Skrt., wörtl.: »Rādhās Geliebter«; ein Name für → Krishna. Es gibt in Indien viele Rādhākānta-Tempel. Dort stehen immer Bildnisse oder Figuren von → Rādhā und Krishna.

Rādhā-Krishna-Sekte → Nimbārka

Raādhikā → Rādhā

Rāga, Skrt., wörtl.: »Leidenschaft, Grundmelodie«; Tonarten der indischen Musik, die bestimmte Stimmungen ausdrücken und an genaue Tageszeiten gebunden sind.

Rāga-Bhakti, Skrt. →Bhakti

Rājarishi (Rājarṣi), Skrt., wörtl.: »königlicher Weiser«; ein Heiliger der Kriegerkaste, ein → Kshatriya, der durch sein heiliges Leben auf Erden zu einem → Rishi wurde und als Halbgott in den Himmel → Indras kam. Es hat mehrere solcher Rājarishis gegeben, der berühmteste von ihnen ist → Janaka.

Rajas, Skrt.; der mittlere der drei → Gunas, der sich in der → Prakriti als Aktivität, Streben, Gier, Ruhelosigkeit und Wagemut zeigt; es ist die Kraft, die Trägheit (→ Tamas) überwinden kann. Wenn Rajas im Tun und Denken eines Menschen vorherrscht, bezeichnet man diesen als Rajasika, d. h. von Rajas durchdrungen.

Rajatādri → Kailāsa

Rāja-Yoga, Skrt., wörtl.: »der königliche Yoga«; einer der vier wichtigsten Yoga-Wege zur Vereinigung mit Gott nach einem System, das → Patañjali in seinem → *Yoga-Sūtra* aufgezeichnet hat. Der Begriff »Rāja-Yoga« wurde allerdings erst lange nach Patañjali geprägt. Der Rāja-Yoga besteht aus folgenden acht Stufen: 1. → Yama; 2. → Niyama. Diese beiden umfassen ethische und moralische Übungen als Vorbedingungen. 3. → Āsana, Körperhaltung. Dabei geht es darum, den Körper in eine Position zu bringen, in der er die Konzentration nicht stört. 4. → Prāṇāyāma, Atemübungen, da der Atem einen großen Einfluß auf das Denken und die Gemütsverfassung ausübt. Aus der dritten und vierten Stufe ist der → Hatha-Yoga hervorgegangen. 5. → Pratyāhāra, das Abziehen der Sinne von den Sinnesobjekten, damit das Denken nicht mehr abgelenkt wird. 6. → Dhāranā, Konzentration; die Fähigkeit, das Denken bei einem Objekt verweilen zu lassen, ohne daß es abschweift und der Kontrolle entgleitet. 7. → Dhyāna, → Meditation. Auf dieser Stufe sollte das Denken nicht mehr seine eigenen Vorstellungen auf das Objekt der Meditation projizieren, sondern mit ihm verschmelzen. 8. → Samādhi, der überbewußte Zustand, in dem die Dualität und die Erscheinungswelt nicht mehr existieren.
Einführungen in den Rāja-Yoga sind: Rammurti S. Mishra, *Vollendung durch Yoga,* Bern 1985; Vivekananda, *Rāja Yoga,* Freiburg i. Br. 1983.

Rākshasa (Rākṣasa), weibl. Rākshasī, Skrt.; mehr oder weniger böse Geister. Es werden drei Arten unterschieden: 1. harmlose Wesen wie die → Yakshas; 2. Titanen oder Feinde der Götter; 3. Dämonen und Teufel, die auf Friedhöfen hausen und Menschen belästigen.

Rāma, auch Rāmachandra, Skrt.; ein → Avatāra, der am Ende des Tretā-Yuga (→ Yuga) als siebente Inkarnation Vishnus erschien. Seine Bedeutung als Avatāra wird darin gesehen, daß er → Sattva im Menschen entwickelte. Rāma und seine Gemahlin → Sītā werden von den Hindus als Ideal des Mannes und der Frau verehrt. Rāmas inneren, spirituellen Werdegang schildert → Vālmīki im → *Yoga-Vasishtha.* Vor allem aber ist Rāma der Held des monumentalen Versepos → *Rāmāyana,* das in seiner Grundform ebenfalls dem legendären Heiligen Vālmīki zugeschrieben wird.

Rāmakrishna, 1836–1886, ein Heiliger Bengalens, der heute von vielen Hindus als → Avatāra (göttliche Inkarnation) verehrt wird. So wie die Hindus in Jesus den Avatāra der Liebe zu allen Menschen sehen, so sehen sie in Shrī Rāmakrishna den Avatāra, der aus eigener Erfahrung bezeugte, daß alle Religionen den Menschen zur Gottverwirklichung führen können. Seine bedeutendsten Schüler waren Svāmi → Vivekānanda und Svāmi → Brahmānanda.

Shrī Rāmakrishna wurde als Gadādhar Chattopādhyāya in Kamarpukur, einem Dorf in Westbengalen, geboren. Da seine Eltern arm waren, erhielt er nur eine geringe Schulbildung. 1856 wurde er Priester im Kālī-Tempel von → Dakshineshvara. Zwölf Jahre lang unterzog er sich unter der Leitung verschiedener Gurus spirituellen Übungen der verschiedensten Religionssysteme und -richtungen, auch des Christentums und des Islam. Auf jedem dieser Wege erlangte er Erleuchtung und erklärte deshalb aus eigener Erfahrung, daß die Anhänger aller Religionen die Letzte Wirklichkeit erfahren können, wenn ihre Hingabe an Gott intensiv genug ist. In einer Vision erkannte er Christus als eine göttliche Inkarnation. Durch die Kraft seiner spirituellen Verwirklichung und mit Hilfe seiner zahlreichen Mönchs- und Haushälterschüler bewirkte er eine Wiederbelebung und Erneuerung des Hinduismus, der durch das materielle Fortschrittsdenken und den christl. Einfluß der engl. Kolonialregierung an Einfluß verloren hatte. 1886 weihte er einige seiner Schüler zu Mönchen und legte damit den Grundstein für den später von → Vivekānanda gegründeten → Rāmakrishna-Orden.

Shrī Rāmakrishnas Biographie und die Aufzeichnung seiner

wichtigsten Lehren finden sich in: Rāmakrishna, *Das Vermächtnis*, Bern 1981.

Rāmakrishna-Orden, ein Mönchsorden der → Shankara-Tradition, zu dem Shrī → Rāmakrishna kurz vor seinem Tod (1886) den Grundstein legte, als er einige seiner Hauptschüler ins Mönchsleben einweihte. Die eigentliche Gründung des Ordens fand in der Nacht zum 25. Dezember 1887 statt, als mehrere Schüler Rāmakrishnas sich zum Mönchsleben entschlossen und unter der Leitung von Svāmi → Vivekānanda, dessen Persönlichkeit ihn besonders dazu befähigte, ein Kloster gründeten. Daß es die Weihnachtsnacht der Christen war, stellten die jungen Mönche erst später fest und sahen darin eine Bestätigung ihrer engen Beziehung zum Christentum, die auf Rāmakrishnas spirituellen Erlebnissen basiert. Der Hauptsitz des Ordens ist der Belur Math am Ganges bei Kalkutta. Außerdem gibt es in Indien ca. 200 weitere Klöster des Ordens.

Rāmalīlā, auch Rāmlīlā, Skrt., wörtl.: »das Spiel *(līlā)* von Rāma«; ein großes Hindu-Fest, das jährlich in Nordindien gefeiert wird zu Ehren → Rāmas, dessen Leben im Verlauf des Festes durch Aufführungen dargestellt wird.

Ramana Mahar(i)shi, 1879-1950; einer der größten ind. Heiligen der Neuzeit. Im Alter von 17 Jahren kam Shri Ramana Maharshi ohne Anleitung eines Guru zu einer tiefen Erfahrung seines wahren Selbst (→ Ātman) und lebte seitdem in ständigem Gewahrsein seiner Identität mit dem Absoluten (→ Brahman). Nach Jahren schweigender Zurückgezogenheit am heiligen Berg Arunāchala in Südindien begann er schließlich wieder zu sprechen und die Fragen zum spirituellen Weg, die Suchende aus aller Welt ihm stellten, zu beantworten. Er folgte dabei keinem besonderen traditionellen Lehrsystem, sondern sprach unmittelbar aus der eigenen Erfahrung der Nicht-Zweiheit (→ Advaita). Ramana Maharshi schrieb kaum etwas; seine »Lehre« kommt zum Ausdruck in den von anderen aufgezeichneten Gesprächen mit Ratsuchenden und in kurzen Unterweisungen für seine Anhänger sowie einigen religiösen Liedern. Seine Methode der Unterweisung bestand darin, den Fragenden immer wieder ohne

Umschweife auf sein wahres Selbst zu verweisen und ihm als Weg zu dessen Verwirklichung die unermüdliche Selbsterforschung mit der Frage »Wer bin ich?« zu empfehlen:
»Frage: ›Svāmi, wer bin ich? Wie kann ich das Heil erreichen?‹
R. M.: ›Durch unaufhörliche Selbsterforschung »Wer bin ich?« wirst du dich erkennen und dadurch Heil erlangen.‹
Fr. :›Wer bin ich?‹
R. M.: ›Das wirkliche Ich oder das Selbst ist nicht der Körper. Noch sind es die fünf Sinne der Sinneswahrnehmungen oder die Organe des Handelns. Weder ist es Prāna oder das Bewußtsein, auch nicht der tiefe Schlafzustand, in dem dies alles nicht mehr erkannt wird.‹
Fr. :›Wenn ich nichts von alledem bin, was bin ich also?‹
R. M.: ›Nachdem dies alles ausgeschaltet ist und du sagen kannst »Dies bin ich nicht!« ist das einzige, was zurückbleibt, das wahre Ich, und das ist Bewußtsein.‹
Fr.: ›Was ist die Natur dieses Bewußtseins?‹
R. M.: ›Es ist → Sat-Chit-Ānanda, in dem nicht mehr die leiseste Spur des Ich-Gedankens vorhanden ist. Es wird Mouna, die Stille, genannt oder Ātman, das Selbst. Es ist das einzige, was wirklich existiert. Wenn die Dreiheit von Welt, Ich und Gott als voneinander abgetrennte Ganzheiten angesehen wird, so sind das illusorische Vorstellungen.‹« (Zit. n. A. Osborne, *Ramana Maharshi und der Weg der Selbsterkenntnis,* München-Planegg 1959.)
Die Aufzeichnungen von Ramana Maharshis Gesprächen sind inzwischen bei nach Selbst-Verwirklichung Strebenden auf der ganzen Welt bekannt und wegen ihrer großen inspirativen Kraft jenseits aller Verschiedenheit der Religionen hochgeachtet (siehe: Ramana Maharshi, *Sei, was du bist,* Bern 1990).

Rāmānanda, ein großer Heiliger des 13. Jh. Er war der erste, der die → Bhakti-Bewegung in Nordindien zum Leben erweckte, als Reaktion auf die politische Eroberung Indiens durch die Muslime.

Rāmānuja, ca. 1055–1137, gefeierter Philosoph und → Vaishnava-Heiliger Südindiens, der Begründer der Philosophie des → Vishishtādvaita-Vedānta (eigenschaftsbehafteter Nicht-Dualismus), dessen höchstes Lebensideal die Liebe zu Gott (→ Bhakti) war sowie die Erkenntnis, daß alle Wesen und auch alle unbelebten Dinge »Formen Gottes« sind.

Ramasetu, Skrt., wörtl.: »Rāmas Brücke«; eine Brücke aus Korallen, die der Legende nach von dem Affenhäuptling → Nala für → Rāma gebaut wurde, um vom ind. Subkontinent nach Ceylon zu gelangen und → Rāvana zu besiegen. Dies wird in dem Kunstepos *Setubandha* (»Der Brückenbau«) geschildert, dessen Verfasser angeblich → Kālidāsa und der König Pravarasena I. gewesen sein sollen. – Heute heißen die Felsen, in der Meerenge zwischen Indien und Ceylon (Sri Lanka) »Adamsbrücke«.

Rāmatāpanīya-Upanishad, Skrt.; eine → Upanischade des → *Atharvaveda,* in der → Rāma als höchster Gott verehrt wird und der Heilige → Yājñavalkya seinen Ruhm verkündet.

Rāmāyana (Rāmāyana), Skrt., wörtl.: »Der Lebenslauf des Rāma«; das älteste Epos der Sanskrit-Literatur, dem legendären Heiligen → Vālmīki zugeschrieben. Die ältere, reinere Form stammt aus Nordindien (4. Jh. v. Chr.) und erfuhr in den folgenden Jahrhunderten in Bengalen wesentliche Veränderungen. Das Werk umfaßt, in sieben Abschnitte (Kānda) eingeteilt, 24000 Doppelverse und schildert das Leben → Rāmas und → Sitās, ihre Entführung durch → Rāvana, den Krieg mit den Dämonen, die Rückkehr nach Ayodhyā, schließlich ihren Tod und Aufstieg in den Himmel. Die abenteuerlichen Begebenheiten, die das *Rāmāyana* breit und dramatisch beschreibt, sowie die große Zahl hervorragender Charaktere, die darin auftreten, haben das Werk zu dem – neben dem *Mahābhārata* – wichtigsten Stoffreservoir für alle Gattungen der ind. Literatur gemacht. (Dt. Teilübersetzungen seit 1841 von A. Holtzmann, J. Menrad, M. Winternitz u. a., neuerdings von C. Schmölders, Düsseldorf/Köln 1983.)

Rāmeshvara (Rāmeśvara), auch Rāmeshvaram, Skrt.; berühmter Shiva-Tempel und Pilgerort an der Südspitze Indiens. Hier soll → Rāma das große → Linga mit dem Namen Rāmeshvara errichtet haben.

Rām-Nam, Skrt., wörtl.: »Huldigung an Rāma«; ein Gottesdienst mit alten Hindu-Gesängen, die die Gegenwart von Rādma, → Sītā und → Hanumat heraufbeschwören sollen. Er findet am → Ekādashī-Tag statt.

Rāmprasād, auch Rāmaprasād, 1723–1803, einer der bedeutendsten bengal. Heiligen und Dichter des 18. Jh., ein Verehrer der Göttlichen Mutter → Kālī, dessen Lieder bis auf den heutigen Tag in ganz Bengalen gesungen werden und eine Quelle der Inspiration für den spirituell Strebenden sind.

Rasa, Skrt., wörtl.: »Genuß, Leidenschaft«; der Genuß übersinnlicher Freude in einem Zustand ekstatischer Vereinigung mit dem Göttlichen. Er kann nicht mit der Freude an Sinnesobjekten verglichen werden und entzieht sich jeder Beschreibung durch den Verstand.

Rasalīlā, Skrt. → Rādhā

Rathayātrā, Skrt., wörtl. *ratha:* »Wagen«, *yātrā:* »Prozession«; ein Wagenfest im Monat Āshad (Mitte Juni/Juli), bei dem das Bildnis einer Gottheit auf einem Wagen durch den Ort gezogen wird, wobei alle versuchen, die Zugseile des Wagens zu ergreifen, um mitzuziehen. Das bekannteste Wagenfest findet am → Jagannātha-Tempel in → Puri statt.

Rāvana (Rāvaṇa), Skrt.; der Dämonenkönig von → Lankā, von wo er seinen Halbbruder → Kubera vertrieben hatte, und der Anführer der → Rākshasas, der jede beliebige Form annehmen konnte. Er war, nach der Darstellung im *Rāmāyana,* durch und durch schlecht, eine Verkörperung des Bösen.

Rechaka, Skrt. → Prānāyāma

Riddhi (Ṛddhi), Skrt., wörtl.: »Wohlstand, Reichtum (auch an Kraft)«. Name der Gattin → Kuberas, der Gottheit des Reichtums. Aber auch → Pārvatī, die Gemahlin Shivas, wird so genannt.

Rigveda (Ṛgveda), Skrt., wörtl.: »Das in Versen *(rig)* niedergelegte Wissen *(veda)*«; die älteste und umfangreichste der vier ved. Textsammlungen (→ Veden), zugleich das älteste Zeugnis der ind. Literatur. Das zwischen dem 12. und 8. Jh. v. Chr. entstandene und in zehn »Liederkreise« (Mandala) gegliederte Werk umfaßt 1028 Hymnen mit 10580 Versen. Die meisten Mandalas sind mit dem Namen eines bestimmten → Rishi verbunden, der auch als Verfasser gilt, z. B. → Bharadvāja, → Vāmadeva, → Vasishtha, → Vishvāmitra. Der *Rigveda* enthält vor allem jene Hymnen, die der Hotar (der »Rufer«), einer der vier Hauptpriester bei der Opferhandlung, rezitierte, um die Götter zum Genuß des Opfers einzuladen. (Dt. Übersetzungen seit 1875 von K. F. Geldner, A. Hillebrandt u. a.)

Rishi (Ṛṣi), Skrt.; allg. Bezeichnung für Seher, Heilige und inspirierte Dichter, besonders aber für die Seher, denen die Hymnen der → Veden offenbart wurden und die als die sieben großen Rishis bekannt sind.

Rita (Ṛta), Skrt., wörtl.: »Wahrheit, göttliche Ordnung«; die lebendige Wahrheit, die unmittelbar dem Göttlichen entströmt und aus ihm heraus wirkt.

Rudra, Skrt., wörtl.: »der Heulende, Schreckliche«; in den Veden hat Rudra viele Eigenschaften und Namen. Er ist der heulende, schreckliche Gott, der Gott der Stürme. Manchmal wird er mit dem Gott des Feuers identifiziert. Später wird er identisch mit → Shiva in seinem zerstörerischen Aspekt.

S

Sabīja-Samādhi, Skrt. → Nirbīja-Samādhi, → Samprajñāta-Samādhi

Sadguru, Skrt.; der vollkommene → Guru, der selbst Erleuchtung erlangt hat und eins geworden ist mit dem göttlichen Bewußtsein. Er kann den Weg weisen, der zur Verwirklichung der Wahrheit führt, und kennt alle Hindernisse, die sich auf diesem Weg einstellen; gehen muß der Schüler diesen Weg jedoch selbst.

Sādhakakoti, Skrt.; eine Bezeichnung für Menschen, die zu spirituell Suchenden geworden sind und sich auf dem Weg zur Wahrheit befinden. Wahrheit bedeutet hier, daß man nicht Körper und Denken ist, sondern absolutes, unsterbliches Bewußtsein.

Sādhana, Skrt.; abgeleitet von *sādh:* »zum Ziel gelangen«, soviel wie »Mittel zur Vollendung«. Übungen, die zur Beherrschung eines der Yoga-Wege führen. Dazu gehören → Japa, Meditation und Verehrung des → Ishta-Deva (Erwähltes Ideal). Wer Sādhana übt, wird Sādhaka genannt.

Sādhu, Skrt., abgeleitet von *sadh:* »zum Ziel führen«; ein Heiliger, oft ein Mönch, der Gott verwirklichen will und der der Welt entsagt hat.

Sadmaya-Kosha (Sadmaya-Kośa), Skrt.; die »Hülle« *(kosha)* des Seins *(sat),* die → Ātman umschließt. Sie ist ein Hilfsmittel der menschlichen Vorstellung, die Ātman nur in dieser Seinshülle begreifen kann. Ohne sie ist Ātman eins mit Brahman, was der → Vedānta immer wieder betont.

Saguna-Brahman (Saguṇa-Brahman), Skrt., wörtl.: »Brahman mit Eigenschaften«; die heiligen Schriften unterscheiden zwei

Aspekte → Brahmans: den höheren des eigenschaftslosen Brahman (→ Nirguna-Brahman) und den niederen attributhaften, in welchem Brahman zum Zweck der Verehrung Eigenschaften (→ Upadhi) beigefügt werden. In der *Rāmatāpanīya-Upanishad* heißt es dazu: »Brahman ist reines Bewußtsein, ohne Teile, ohne Form. Um dem Gottsuchenden bei seinem Bemühen um Hingabe zu helfen, sind ihm Symbole und Eigenschaften beigefügt worden.« Brahman mit Eigenschaften (→ Guna) wird zu → Īshvara, dem Persönlichen Gott, der angebetet und verehrt werden kann.

Sahaja, Skrt., wörtl.: »natürlich«; Wahrheit ist nach Auffassung der Weisen das Natürliche, Ursprüngliche, dagegen Nicht-Erkenntnis das durch Denken Konstruierte. Sahaja-Avasthā ist der »natürliche Zustand (→ Avasthā)«, der Bewußtseinszustand, zu dem alle → Sādhanas hinführen sollen, d. h. unser wirkliches Selbst im Zustand des → Samādhi. → Ramana Mahar(i)shi nannte seinen Samādhi Sahaja-Samādhi.

Sahasranāma, Skrt., wörtl.: »tausend Namen«; es gibt sie von vielen Gottheiten, insbesondere von Vishnu, Shiva und → Shakti. Viele Bhaktas (Gottliebende) wiederholen täglich die tausend Namen ihres → Ishta-Deva als Akt der liebenden Hingabe, um die Gottheit zu erfreuen und der Vereinigung mit ihr näherzukommen.

Sahasrāra-Chakra, Skrt. → Chakra, 7.

Sai Baba von Shirdi, gest. 1918; einer der größten ind. Heiligen der Neuzeit, der in Indien sehr populär ist und als → Avatāra verehrt wird, im Westen jedoch relativ unbekannt ist. Zu seinen Verehrern gehörten und gehören Hindus ebenso wie Muslime; Sai Baba selbst stand jenseits jeder Religion. Er lebte und handelte aus unmittelbarer Erfahrung der Letzten Wirklichkeit. Sein Lebensstil hatte viel von dem eines heiligen Narren, weshalb er orthodoxen Gläubigen immer unheimlich war. Er machte Gebrauch von → Siddhis, wie z. B. der gleichzeitigen körperlichen Manifestation an verschiedenen Orten, und wirkte zahlreiche Wunder. Er schrieb und las keine Bücher, weshalb manche ihn für einen Analphabeten hielten, demonstrierte jedoch, wenn es ihm nötig erschien, profunde Kenntnisse des Sanskrit und Wissen um den Gehalt der heiligen Schriften. Sein Leben und Wirken beschreibt Arthur Osborne in *The Incredible Sai Baba,* Neuausg. London 1972.

Sākhya-Bhāva, Skrt. → Bhāva

Sākshin (Sākṣin), Skrt., wörtl.: »der Zuschauer«; die → Vedānta-Lehre spricht vom Sākshin-Chaitanya (→ Chaitanya), dem unbeteiligten Zuschauer-Bewußtsein. Je mehr ein Mensch sich, meist durch spirituelle Übung (→ Sādhana), von der Identifikation mit seinem Körper, seinen Gedanken und Gefühlen löst, desto klarer verwirklicht er das grundlegende Zuschauer-Bewußtsein (oft auch »Zeugen«-Bewußtsein genannt), das alles, was dem Individuum widerfährt (Freude ebenso wie Leid, Glück ebenso wie Trauer) zwar wahrnimmt, es jedoch als Spiel der → Māyā durchschaut und davon nicht berührt oder gar verblendet wird. Das Zuschauer-Bewußtsein bleibt von diesen Vorgängen ebenso unbefleckt wie die weiße Leinwand durch den Film, der auf sie projiziert wird.

Samādhāna, Skrt. → Shatkasampatti

Samādhi, Skrt., wörtl.: »Fixieren, Festmachen«. Ein Bewußtseinszustand, der über Wachen, Träumen und Tiefschlaf hinausgeht und in dem das Denken aufhört. Es ist ein völliges Aufgehen in dem Objekt, über das meditiert wurde. Handelt es sich dabei um Gott oder das Absolute, erfolgt die Vereinigung mit ihm. Es gibt verschiedene Samādhi-Stufen. Die höchste ist → Nirvikalpa-Samādhi.

Samarpana (Samarpaṇa), Skrt., wörtl.: »Darbietung«; sich Gott darbieten, sich seinem Willen unterwerfen, nichts Eigenes mehr wollen. Dadurch kann die → Kundalinī geweckt und zum Aufsteigen gebracht werden.

Samatva, Skrt., wörtl.: »Gleichmut«; Gelassenheit, gleichmäßiges Verhalten unter allen Gegebenheiten, eine wichtige Tugend des Yoga, die erreicht wird durch die Überwindung der Gegensätze von Zu- und Abneigung allen Objekten gegenüber.

Sāmaveda, Skrt., der Veda (→ Veden) der Lieder, mit denen der Udgātri (Sänger), einer der vier Hauptpriester bei der Opferhandlung, die Bereitung und Darbringung des → Soma-Opfers begleitet. Das Werk besteht aus 1549 Versen, von denen nur 78 sich nicht auf den → *Rigveda* zurückführen lassen. (Dt. Übersetzung von Th. Benfey, Leipzig 1848.)

Samhitā (Saṁhitā), Skrt., wörtl.: »Sammlung«; Bezeichnung für die in den verschiedenen ved. Schriften gesammelten und geordneten Lieder und Opfersprüche.

Samprajñāta-Samādhi (Saṃprajñāta-Samādhi), Skrt., von *samprajñāta:* »bewußt«; die Yoga-Philosophie des → Patañjali unterscheidet zwei → Samādhi-Stufen: den Samprajñāta-Samādhi und den Asamprajñāta-Samādhi. Sie entsprechen in etwa dem → Savikalpa- und → Nirvikalpa-Samādhi der → Vedānta-Philosophie. Im Samprajñāta-Samādhi existieren noch Denkvorgänge sowie → Kleshas, wodurch dieser Samādhi noch keimhaft (Sabīja-Samādhi) ist; d. h., die abgesunkenen und verborgenen Wünsche (→ Vāsanās) existieren noch im Keim und können wieder auftauchen im Gegensatz zum Asamprajñāta (»überbewußten«) höchsten Samādhi, der keimlos (→Nirbīja-Samādhi) ist, da alle Kleshas überwunden, alle Vāsanās ausgelöscht und alle Bindungen des → Karma aufgelöst sind.

Samsāra (Saṃsāra), Skrt., wörtl.: »Wanderung«. Der Kreislauf von Geburt, Tod und Wiedergeburt, dem jeder Mensch unterworfen ist, solange er in Nicht-Erkenntnis lebt und seine Identität mit → Brahman nicht erkannt hat.

Samskāra (Saṃskāra), Skrt., wörtl.: »Eindruck, Nachwirkung«. Eindrücke, Neigungen und Möglichkeiten im Bewußtsein, die durch Handlungen und Gedanken, auch in früheren Geburten, entstanden sind. Die Gesamtsumme der Samskāras bildet den Charakter des Menschen.

Samsvedaja, Skrt. → Chatur-Yoni

Samudra, Skrt., wörtl.: »Ozean«, unendliche, ewige Existenz; Fluten des höheren Bewußtseins, die aus der Unsterblichkeit dem sterblichen Menschen zuströmen.

Samyama (Saṃyama), Skrt., wörtl.: »Zügelung, Selbstbeherrschung«; ein Begriff der Yoga-Philosophie des → Patañjali, mit dem die drei letzten Stufen des → Rāja-Yoga (Dhārana, Dhyana und Samādhi) zusammengefaßt werden.

Sanātana-Dharma, Skrt., von *sanātana:* »unvergänglich, ewig«; die ewige Ordnung, Religion oder Wahrheit des Hinduismus. Die Hindus bezeichnen ihre Religion mit diesem Namen, weil sie auf keinen Religionsgründer zurückgeht; vielmehr wurde die Wahrheit den → Rishis offenbart. Auf diesen Offenbarungen beruhen alle heiligen Schriften (→ Shruti).

Sanchita-Karma (Saṃcita-Karma), Skrt.; die angesammelten → Samskāras, die ein Mensch in vergangenen Leben geschaffen hat und die darauf warten, sich in einem zukünftigen Leben auszuwirken.

Sandhyā (Saṃdhyā), Skrt., wörtl.: »Dämmerung, Zwielicht«; 1. Morgen- und Abendandacht, die von jedem einer Kaste angehörenden Hindu gehalten werden sollte und gewöhnlich mit einer Meditation verbunden wird; 2. Anfang eines Weltzeitalters (→ Yuga).

Sangha (Saṃgha), Skrt., wörtl.: »Menge, Schar«. Eine Gruppe von Suchenden, die sich um einen Meister (→ Guru) schart, um mit seiner Hilfe zu spiritueller Erkenntnis und Verwirklichung der Höchsten Wahrheit zu gelangen.

Sanhāra, Skrt. →Mahāpralaya

Sānīpya, Skrt., wörtl.: »Nähe«; das Bestreben des Gottliebenden, seinem → Ishta-Deva nahe zu sein; eine Stufe auf dem Weg des → Bhakti-Yoga.

Sankalpa (Saṃkalpa), Skrt., wörtl.: »Absicht, Wille«; beherrschte, selbstgewollte Gedankenbewegungen im Gegensatz zu Vikalpa (wörtl.: »Zweifel, falsche Vorstellung«), die als Gegenbewegungen aus dem Unterbewußtsein aufgrund der → Samskāras, der verborgenen Neigungen früherer Erfahrungen, auftauchen. Beide bilden die normale Aktivität des Denkens. Der Yogi versucht, die Vikalpas unter Kontrolle zu bringen, damit er sein Denken völlig beherrschen kann. Er gelangt dann in den Zustand des reinen Sankalpa, unbelästigt von Vikalpas. Dies ist ein Zeichen beständiger Weisheit und Willensfreiheit. Erreicht der Yogi → Samādhi, dann läßt er auch Sankalpa hinter sich.

Sānkhya (Sāṃkhya), Skrt.; eines der sechs orthodoxen Philosophiesysteme (→ Darshana) des Hinduismus, das von → Kapila begründet wurde. Es lehrt, daß durch die Vereinigung von → Prakriti (Natur) mit → Purusha (Bewußtsein) das Universum entsteht. Nach seiner Auffassung gibt es so viele Seelen und Bewußtseinseinheiten (Purushas), wie es lebende Wesen gibt. Über seine Entwicklungslehre → Parināmavāda.

Sankīrtan, Skrt. → Kīrtana

Sannyāsa (Saṃnyāsa), Skrt., wörtl.: »Entsagung«; 1. die vierte und letzte Lebensstufe (→ Āshrama), die höchste Stufe, auf der der Hindu alle irdischen Dinge fahren läßt und alle selbstsüchtigen Interessen aufgibt. Sein ganzes Streben ist auf → Moksha (Befreiung) und Einswerden mit Gott gerichtet. Jeder, der aus spiritueller Erkenntnis der Welt entsagt, um Gott zu verwirklichen, wird zum → Sannyāsin. Wenn er zur freien Seele geworden ist, durchschaut er das trügerische Spiel materieller Freuden und wandert ungebunden als lebendiger Zeuge der Wirklichkeit Gottes umher, durch seine Erkenntnis anderen zu spiritueller Erkenntnis verhelfend. 2. die Einweihungszeremonie, bei der der Novize sein Mönchsgelübde ablegt und zum Sannyāsin wird.

Sannyāsa-Upanishad (Saṃnyāsa-Upaniṣad), Skrt., eine Upanischade des → *Atharvaveda,* eine von sieben Upanischaden, die sich alle mit → Sannyāsa befassen und die P. Deussen deshalb unter dem Begriff »Sannyāsa-Upanishads« zusammenfaßt. Sie ist eine sehr alte Upanischade, die in fünf Kapiteln schildert, wie der Haushälter (→ Grihastha) zum Waldeinsiedler (→ Vānaprastha) wird und schließlich als Sannyāsin der Welt ganz entsagt.

Sannyāsin (Saṃnyāsin), auch Sannyāsi, von → Sannyāsa; ein Mensch, der der Welt entsagt hat und in völliger Besitzlosigkeit lebt, nur auf die Verwirklichung der Befreiung (→ Moksha) ausgerichtet. Die Besitzlosigkeit des Sannyāsin schließt nicht nur die totale materielle Armut ein, sondern auch das, was in der christlichen Mystik die »Armut im Geiste« genannt wird, d. h. die Freiheit von dualistischen Vorstellungen wie Gut und Böse, von Ab- und Zuneigung, Angst und Gier usw.

Sanskrit (Saṃskṛta), Skrt., wörtl.: »vollkommen, vollendet und endgültig gemacht«. Die Sprache der vom Nordwesten nach Indien eingedrungenen Völkerstämme wurde im Laufe von Jahrhunderten verfeinert und vervollkommnet, um den mystischen Wahrheiten der Transzendenz, die den → Rishis in ihrer Meditation offenbart wurden, Ausdruck verleihen zu können. Im Sanskrit ist eine überaus differenzierte Terminologie entstanden, die Stadien der Meditation, nicht-alltägliche Bewußtseinszustände und geistig-seelische Prozesse erfaßt. Für die meisten dieser Termini gibt es in den europ. Sprachen keine Äquivalente. Sanskrit ist heute eine »tote« Sprache wie Latein, aber immer noch die heilige Sprache der Hindus, da alle religiösen Schriften, von den Veden und Upanischaden bis zur *Bhagavad-Gītā* in Sanskrit verfaßt wurden.

Santosha (Saṃtoṣa), Skrt., wörtl.: »Zufriedenheit, Genügsamkeit«; eine der fünf geforderten Tugenden der zweiten Stufe (Niyama) des → Rāja-Yoga, die im *Yoga-Sūtra* des → Patañjali (II, 32) aufgezählt werden. Die anderen vier sind Shaucha (Läuterung), → Tapas (Askese), Svādhyāya (Studium der heiligen Schriften) und → Īshvara-Pranidhāna (Hingabe an Gott).

Sarasvatī, Skrt.; 1. ein heute legendärer, teils unterirdischer Fluß, der bei Prayāga mit dem Ganges und der Yamunā zusammenfließt. Er war den Indern schon in alten ved. Zeiten, als sie den Ganges noch nicht erreicht hatten, heilig und wurde von ihnen als Göttin, die später zur Gemahlin Brahmās wurde, verehrt; 2. die Göttin des »Redeflusses«, der Beredsamkeit, Gelehrsamkeit und Intuition, des göttlichen Wortes. Ihr wird die Entstehung des Sanskrit und seiner Schrift (Devanāgāri) zugeschrieben. Auch ist sie die Schutzherrin der Künste, insbesondere der Musik.

Sarvabhūta, Skrt., wörtl.: »alle Wesen«; alles Dasein, die gesamte Erscheinungswelt, eine andere Bezeichnung für → Prakriti.

Sarvam Khalvidam Brahma, Skrt., wörtl.: »Wahrlich, all dies ist Brahman!«, ein Ausspruch der Heiligen nach Erlangung der Erleuchtung.

Sarva-Upanishat-Sāra, auch *Sarva-Upanishad* oder *Sarva-Sāra,* Skrt.; eine Upanischade des → *Atharvaveda,* in der 23 Hauptbegriffe der → Vedānta-Philosophie aufgezählt und erklärt werden. (Dt. Übersetzung in: P. Deussen, *Sechzig Upanishad's des Veda,* Leipzig 1905.)

Sat, Skrt.; absolutes, ewiges, unwandelbares Sein, ebenso wie → Chit und → Ānanda identisch mit → Brahman.

Satata-Yukta, Skrt., wörtl. *satata:* »immerfort«, *yukta:* »verbunden«; im Bewußtsein stets mit dem Göttlichen verbunden sein.

Satchidānanda (Saccidānanda), Skrt., wörtl.: »Sein-Bewußtsein-Seligkeit«, zusammengesetzt aus → Sat, → Chit und → Ānanda. Da → Brahman, das Absolute, mit Worten nicht beschrieben werden kann, ist dies eine begriffliche Annäherung, die benutzt wird, um die Intuition des nach Befreiung (→ Moksha) Strebenden anzuregen.

Satī, Skrt., wörtl.: »treue Gattin«; ein Name für die Gemahlin → Shivas. Dem *Vishnu-Purāna* nach gab sie wegen eines Streits zwischen ihrem Gatten und ihrem Vater → Daksha ihren Körper auf und wurde als Umā, die Tochter Himavats, des Beherrschers des Himālaya, wiedergeboren. Im *Kāshi-Kānda,* einem Teil des

Skanda-Purāna, heißt es, sie habe sich auf einem Scheiterhaufen verbrannt. Deshalb wurden die Witwen, die sich früher nach dem Tod ihres Gatten freiwillig verbrannten, Satī genannt.

Satsanga (Satsaṃga), auch Satsang, Skrt., wörtl. *sat:* »gut, echt«, *sanga:* »Umgang«; der Umgang, das Zusammensein mit Heiligen oder aufrichtigen Gottsuchenden.

Sattva, Skrt.; der edelste der drei → Gunas, der Ausgeglichenheit, Rechtschaffenheit, Friedfertigkeit und Gelassenheit bezeichnet.

Satya, Skrt., wörtl.: »wahr, echt, wirklich, treu«; Wahrheit, Aufrichtigkeit, eine der fünf Tugenden der ersten Stufe (Yama) des → Rāja-Yoga, die im *Yoga-Sūtra* des → Patañjali (II, 30 u. 31) gefordert werden und das für alle Stufen geltende »Große Gelübde« (→ Mahāvrata) bilden. Die übrigen vier sind: Ahimsā (Nicht-Verletzen anderer), Asteya (Nicht-Stehlen), Brahmacharya (Enthaltsamkeit) und Aparigraha (Besitzlosigkeit).

Satyāgraha, Skrt., wörtl.: »Festhalten *(graha)* an der Wahrheit *(satya)*«; Mahātmā → Gandhi hat dieses Wort durch seine gleichnamige Bewegung weltweit bekannt gemacht, als er gewaltlosen Ungehorsam gegen Unrecht einsetzte.

Satyakāma, Skrt., wörtl. *satya:* »Wahrheit«, *kāma:* »Wunsch, Verlangen«; 1. das Verlangen nach Wahrheit; 2, Satyakāma Jabālā, ein → Veda-Lehrer, der außerordentlich wahrheitsliebend war. Die → *Chāndogya-Upanishad* berichtet ausführlich über seine Herkunft und seinen spirituellen Werdegang. Die → *Brihadāranyaka-Upanishad* erwähnt mehrfach seine Aussagen als Lehrer.

Satyaloka, Skrt.; die Welt *(loka)* der höchsten Wahrheit *(satya),* des höchsten Seins, das Ziel des spirituellen Strebens, das durch Läuterung und Meditation erlangt werden kann. Dort herrschen Harmonie, Frieden und Seligkeit, da der am Ziel Angelangte sich eins weiß mit dem Absoluten.

Saumyatva, Skrt.; Sanftheit, Güte. Eine der Vier Vollkommenheiten des Herzens (→ Kalyāna-Shraddhā).

Savichāra-Samādhi (Savicāra-Samādhi), Skrt.; ein Begriff der Yoga-Philosophie des → Patañjali. Er bezeichnet einen Zustand, in dem das Denken sich mit dem Objekt der Meditation identifiziert, aber noch vermischt ist mit der Wahrnehmung von Name, Eigenschaft und Erkenntnis. (Siehe dazu auch → Nirvichāra-Samādhi.)

Savikalpa-Samādhi, Skrt.; ein Bewußtseinszustand, in dem man Gott oder → Brahman erkennt, aber in der Subjekt-Objekt-Beziehung zu ihm verbleibt. Im Gegensatz zum → Nirvikalpa-Samādhi bleibt noch eine Spur von Dualität, die ein Aufgehen in Gott verhindert. Savikalpa-Samādhi läßt sich mit der Visio Dei der christl. Mystiker vergleichen.

Savitri (Savitṛ), Skrt., wörtl.: »Erzeuger«; 1. in den Veden ein Name für den Sonnengott → Sūrya. Viele Hymnen sind an ihn gerichtet; 2. einer der → Ādityas.

Sāvitrī, Skrt.; 1. der heilige Vers des → *Rigveda* III, 62, 10, der allgemein als → Gāyatrī bekannt ist; 2. die Gemahlin von → Brahmā, die als Personifizierung des Verses betrachtet wird; 3. die Tochter des Königs Ashvapati und Geliebte von Satyavān. Sie wollte ihn heiraten, obwohl ein → Rishi sie gewarnt hatte, daß er nur noch ein Jahr leben würde. Sie folgte ihm an dem fatalen Tag, und als er sterbend niedersank, sah sie die Gestalt → Yamas, des Todesgottes, der ihren Gatten holen wollte. Als er Satyavān davontrug, folgte sie ihm. Ihre Hingabe gefiel Yama. Deshalb wollte er ihr drei Wünsche erfüllen, nur nicht, daß ihr Gatte am Leben bliebe. Sāvitrī schlug alle Wünsche aus und folgte ihm weiter, so daß Yama schließlich ihrem Gatten das Leben zurückgeben mußte.

Sāyana (Sāyaṇa), auch Sāyanāchārya, ein berühmter Kommentator der Veden aus dem 14. Jh., der ältere Bruder des südind. Gelehrten → Vidyāranya.

Sāyujya-Mukti, Skrt., wörtl. *sāyujya:* »Vereinigung mit Gott«, *mukti:* »Befreiung«: ein Begriff des → Bhakti-Yoga: Befreiung durch höchste Liebe zu Gott, die Vereinigung mit ihm bringt.

Schöpfungshymnus des Rigveda → Nāsadāsīya

Shabda (Śabda), Skrt., wörtl.: »Klang«; jeder Klang hat im Sanskrit zwei Aspekte, den gröberen des hörbaren Klanges und das feinere Klangelement, eine Klangschwingung transzendenter Natur. Dieser innere Sinn des Klanges ist der eigentliche Shabda, der auch Sphota genannt wird und sich mit erleuchtender Kraft (Shakti) aus dem Unbewegten, Ewigen erhebt. Wenn sein Gefährt, das gesprochene Wort (Dhvani), in innerlich und äußerlich vollkommener Weise erklingt, versetzt es die innere Kraft in Schwingung, die dann in der Lage ist, Einsicht bis hin zur Erleuchtung zu vermitteln. (Siehe dazu auch → Mantra.)

Shabda-Brahman (Śabda-Brahman), Skrt.; die Welt des Klanges (→ Shabda) wird im Sanskrit als eine Manifestation Brahmans beschrieben. In der frühen ved. Sprache ist Brahman das Wort für Mantra oder Gebetskraft. In den späteren Schriften der Upanischaden ist Brahman die letzte Transzendenz, während mit Shabda-Brahman der »geschriebene Veda« bezeichnet wird, d. h. die Worte des ewigen, unvergänglichen → Veda als Manifestation Brahmans.

Shaiva, Skrt. → Shaivismus

Shaiva-Siddhānta (Śaiva-Siddhānta), Skrt., wörtl.: »das höchste Ziel der Shaivas«; Bezeichnung für den südind. → Shaivismus, der dem → Vishishtādvaita-Vedānta (eigenschaftsbehafteter Nicht-Dualismus) des → Rāmānuja insofern ähnelt, als er weder die absolute Identität noch die absolute Verschiedenheit von Gott, Seele und Welt postuliert. Der höchste Gott ist → Shiva mit seiner Gemahlin Ambā (dem weiblichen Aspekt, der → Shakti).

Shaivismus, auch Shivaismus; eine der drei großen Richtungen der Gottesverehrung im modernen Hinduismus. Die beiden anderen sind → Vaishnavismus und → Shaktismus. Die Shaivas sehen in Shiva das höchste Wesen und geben sich nur seiner Anbetung und Verehrung hin. Für sie ist er der Schöpfer, Erhalter und Zerstörer des Weltalls. Der südind. Shaivismus wird → Shaiva-Siddhānta genannt, der Shaivismus in Kashmir → Pratyabhijñā.

Shakhā (Śākhā), Skrt., wörtl.: »Zweig«, Zweig des Veda, Veda-Schule. Die → Veden wurden zunächst mündlich von Generation zu Generation übermittelt, und dabei entstanden die verschiedenen Veda-Schulen, wodurch jeder der vier Veden in verschiedenen Formen (Shākhās) nebeneinander existierte. Jede Shākhā hatte vor allem ihr eigenes → Brāhmana, das einerseits aus Anleitung *(vidhi)* und Erklärung *(atharvāda),* den beiden *rituellen* Textbüchern bestand, andererseits aus dem Vedānta (Veda-Ende, Schlußbetrachtung), d. h. der Upanishad, dem *dogmatischen* Textbuch. Die → Upanischaden waren urspr. nichts anderes als die dogmatischen Textbücher der einzelnen Veda-Schulen.

Shākta, Skrt. → Shaktismus

Shakti (Śakti), Skrt., wörtl: »Kraft, Macht, Energie«; die Gemahlin → Shivas, die als »Göttliche Mutter« in ganz Indien unter immer neuen Namen (z. B. Ambā, Durgā, Kālī) verehrt wird. Sie ist die Personifizierung der Ur-Energie, der Kraft → Brahmans, der dynamische Aspekt Gottes, durch den er schafft, erhält und auflöst. Die Hindus glauben, daß die Gnade der Shakti notwendig ist, damit man den transzendenten Aspekt Gottes erfassen kann.

Shakti-Sānchāra (Śakti-Sāṃcāra), Skrt., wörtl.: »Kräfte in Bewegung setzen«; Erweckung der spirituellen Kräfte durch Übertragung der Fähigkeiten des Gurus auf den Schüler.

Shaktismus (Śaktismus), auch Tantrismus genannt; eine der drei großen Richtungen der Gottesverehrung im modernen Hinduismus. Die beiden anderen sind → Vaishnavismus und → Shaivismus. Die Shāktas beten → Shakti an und verehren sie als die Kraft, die alles Leben ermöglicht und das Universum erhält. Es ist dies die grundlegende Schöpferkraft, deren ursprünglichster Ausdruck die die Grundpolarität männlich/weiblich vereinende und neues Leben hervorbringende sexuelle Kraft ist. Deshalb ist die Symbolik des Shaktismus sexueller Natur (→ Yonī, → Linga), und die Gottheiten des Shaktismus werden oft in sexueller Vereinigung dargestellt. Als Weg zur Erfahrung der Letzten Wirklichkeit dienen den Shāktas sexuelle Praktiken, wie sie z. B. im → *Kāma-Sūtra* dargestellt sind, in Verbindung mit Übungen des → Kundalinī-Yoga. In manchen Formen des Shaktismus sind die sexuellen Ausdrucksformen nur noch Symbole innerer meditativer Prozesse; die Vereinigung wird hier auf geistiger, nicht mehr auf körperlicher Ebene vollzogen (siehe dazu auch → Tantra). Eine Einführung in die geistigen Grundlagen des Shaktismus ist: Ajit Mookerjee/Madhu Khanna, *Die Welt des Tantra in Bild und Deutung*, Bern 1978.

Shakuntalā (Śakuntalā), Skrt., eine → Apsarā (himmlische Nymphe), die Mutter des Königs → Bharata. Die Geschichte ihrer Liebe zu König Dushyanta ist der Inhalt des berühmten Dramas *Shakuntalā* von → Kālidāsa. Der Stoff ist dem *Mahābhārata* und dem *Padma-Purāna* entnommen. (Dt. Übersetzungen des Schauspiels seit 1791, zuletzt von H. Losch, Stuttgart 1960.)

Shama (Śama), Skrt.; Beherrschung des Denkens, die ungeteilte Konzentration auf ein Objekt, über das meditiert werden soll. In → Shankaras → *Tattvabodha* eine der Sechs Errungenschaften (→ Shatkasampatti).

Shāmbhava (Śāṃbhava), Skrt., abgeleitet von Shambu (»der Segensreiche«), einem Beinamen → Shivas; die Philosophie, die dem → Tantra zugrunde liegt. Sie ist der Auffassung, daß Shiva unpersönlich und inaktiv ist und alles durch seine → Shakti bewirkt.

Shāndilya-Vidya (Śāṇḍilya-Vidya), Skrt.; eine umfassende Weisheit, die nach dem Heiligen Shāndilya benannt ist. Sie umfaßt die Seele in ihrer Beziehung sowohl zur materiellen Welt als auch zu den spirituellen Quellen, aus denen Licht und Erkenntnis kommen.

Shankara (Śaṃkara), auch Shankarāchārya, 788–820, einer der größten Heiligen und Philosophen Indiens; sein Name bedeutet »heilbringend« und ist auch ein Beiname Shivas als Oberhaupt der → Rudras.
Shankara war der Hauptvertreter des → Advaita-Vedānta und der Erneuerer des Hinduismus, nachdem dieser zeitweise vom Buddhismus verdrängt worden war. Trotz seines kurzen Lebens hat der vielseitig gebildete Schüler von → Gaudapādas Schüler Govindapāda zahlreiche Schriften verfaßt. Die wichtigsten sind: → *Ātmabodha,* → *Tattvabodha,* → *Upadesha-Sahasri,* → *Viveka-Chūdāmani* sowie der große Kommentar zum Vedānta-Sūtra, *Shārīraka-Bhāshya* (»Erörterung der Weltseele«, dt. von P. Deussen, 1887 in *Die Sūtras des Vedānta).* Ferner verfaßte er Kommentare zur → *Bhagavad-Gītā,* zu zehn Upanischaden und Hymnen zum Lob verschiedener Gottheiten.

Shānta (Śānta), Skrt., wörtl.: »innerer Frieden«; der erste der fünf → Bhāvas des Gottliebenden (Bhakta), eine friedliche, heitere Stimmung, in der er sich Gott nahe fühlt, ohne eine bestimmte Beziehung zu ihm aufgebaut zu haben.

Shāntanu (Śāntanu), Skrt., ein König der Lunar-Rasse, der Vater von → Bhīshma und Großvater von → Dhritarāshtra und → Pāndu.

Shānti (Śānti), Skrt., wörtl.: »Friede«; der innere Friede, den man durch die spirituelle Erkenntnis erlangt, daß man nicht der sterbliche Körper ist, sondern unvergängliches Bewußtsein.

Sharīra (Śarīra), Skrt., wörtl.: »Leib, Hülle«. Vergängliche Form; drei Hüllen umgeben den → Ātman: a) Sthūla-Sharīra, der grobstoffliche Leib, identisch mit → Annamaya-Kosha; b) Sūkshma-Sharīra, auch Linga-Sharīra genannt, der feinstoffliche Leib, der aus → Prānamaya-Kosha, → Manomaya-Kosha und Vijñānamaya-Kosha gebildet wird; c) → Kārana-Sharīra, die Ursachehülle, identisch mit → Ānandamaya-Kosha.

Shāstra (Śāstra), Skrt., wörtl.: »Belehrung, Lehrbuch«. Die → Veden und alle anderen heiligen Schriften, die mit ihnen übereinstimmen, die Gesetzbücher und andere gelehrte Schriften wie Kommentare usw.

Shatapatha-Brāhmana (Śatapatha-Brāhmaṇa), Skrt. ; das → Brāhmana des *Weißen* → *Yajurveda.* Es wird dem Rishi → Yājñavalkya zugeschrieben und ist das vollständigste, systematischste und bedeutendste aller Brāhmanas. Sein → Āranyaka ist die → *Brihadāranyaka-Upanishad.*

Shatkasampatti (Ṣatkasaṃpatti), Skrt., wörtl. *shatka:* »aus sechs bestehend«, *sampatti:* »Zuteilwerden, Gelingen, Erreichen«; in → Shankaras Werk *Tattvabodha* die »Sechs großen Errungenschaften«, eine der vier Vorbedingungen, die ein Schüler des → Vedānta erfüllen muß. Die drei anderen sind → Mumukshutva (rechtes Verlangen), → Viveka (Unterscheidungsvermögen) und → Vairāgya (Leidenschaftslosigkeit).
Die Sechs großen Errungenschaften sind: 1. → Shama, innere Beherrschung, vor allem des Denkens; 2. Dama, Beherrschung der Sinnesorgane; 3. → Uparama, Erfüllung der eigenen Pflichten (Dharma); 4. Titikshā, das geduldige Ertragen aller Gegensatzpaare; 5. → Shraddhā, Glaube an die heiligen Schriften und Vertrauen in den → Guru; 6. Samādhāna, die Fähigkeit zur Sammlung und zur Kontemplation an einem einsamen Ort über die Texte des Vedānta und die Worte des Guru sowie die Unterweisung geeigneter Schüler.

Shaucha (Śauca), Skrt., wörtl.: »Läuterung, Reinheit«; eine der fünf geforderten Tugenden der zweiten Stufe (Niyama) des → Rāja-Yoga, die im → *Yoga-Sūtra* des → Patañjali (II, 32) aufgezählt werden. Die anderen vier sind → Santosha (Genügsamkeit), → Tapas (Askese), → Svādhyāya (Studium der heiligen Schriften) und → Īshvara-Pranidhāna (Hingabe an Gott).

Shesha-Nāga (Śeṣa-Nāga), Skrt.; der König der → Nāgas (Schlangen) und der unteren Region, die → Pātāla genannt wird.

Shikshā (Śikṣā), Skrt.; einer der → Vedāngas, die Wissenschaft, die sich mit der richtigen Aussprache und Betonung (Phonetik) beim Rezitieren der → Veden befaßt. Es gibt zahlreiche

Abhandlungen zu diesem Thema. Welche Bedeutung ihm im Hinduismus zukommt, wird unter → Shabda näher erläutert.

Shishya, Skrt., identisch mit → Chela

Shiva (Śiva), Skrt., wörtl.: »der Gütige, der Freundliche«; die dritte Gottheit in der Hindu-Trinität (→ Trimūrti) Brahmā, Vishnu und Shiva, in der er der Gott der Auflösung und Zerstörung ist; als Zerstörer der → Avidyā (Nicht-Erkenntnis) ist er eine segensvolle Gottheit. Sein Symbol ist der → Linga; er wird oft in Vereinigung mit seiner Gemahlin → Shakti dargestellt, deren Symbol → Yoni ist.
Der Name Shiva kommt in den Veden nicht vor. Dort ist Rudra der Name für diese Gottheit, und daraus hat sich Shiva mit seinen Manifestationen, den → Rudras, entwickelt. Im *Rigveda* wird das Wort Rudra für → Agni gebraucht, seine Söhne sind die → Maruts. Im *Rāmāyana* ist Shiva ein großer Gott, aber mehr im Sinne eines persönlichen Gottes und nicht als höchste Göttlichkeit. Im *Mahābhārata* ist manchmal Vishnu größer, dann wieder ist Shiva der Herr und Schöpfer von Brahmā und Vishnu und wird von allen Göttern verehrt. Später wurde Shiva zu Mahādeva, dem großen Gott, dem Zerstörer der Nicht-Erkenntnis, dem Herrn der Yogis.
Wird er als »Erwähltes Ideal« (→ Ishta-Deva) angebetet, dann ist er die ganze Gottheit, die Höchste Wirklichkeit. In Beziehung zu seinen dynamischen Kräften, die als Shakti, Pārvatī, → Kālī oder Durgā bekannt sind, ist Shiva das transzendente Absolute. Jede dieser weiblichen Gottheiten wird auch als »Gemahlin« von Shiva bezeichnet, da er oft in sexueller Vereinigung (→ Shaktismus) mit diesen Verkörperungen seiner »weiblichen« Kräfte visualisiert wird. Er hat viele andere Namen wie Shambu, Shankara, Īshāna, Vishvanātha, Kedārnāth und → Natarāja, der in der Kunst als Shiva-Natarāja, der tanzende Shiva, dargestellt wird, der Herr des Universums. Er reitet auf → Nandi, dem Stier des → Dharma, und wird als Guru aller Gurus angebetet, als Zerstörer aller Weltlichkeit, der Weisheit gewährt und die Verkörperung von Entsagung und Mitleid ist.

Shivaismus → Shaivismus

Shiva-Linga Skrt. → Linga

Shivānanda, ind. Heiliger, 1887–1963, entstammte einer südind. Familie von Weisen, Asketen und Gelehrten und war seit 1912 als Arzt tätig. 1923 gab er diesen Beruf und allen Besitz auf, zog als Bettler durch Indien, ließ sich von Weisen unterrichten und suchte die großen Pilgerorte auf, bevor er in Hrishīkesh zum Mönch geweiht wurde. 1936 gründete er hier The Divine Life Society (»Gemeinschaft des Göttlichen Lebens«), 1948 die Yoga-Vedānta Forest Academy. Die wichtigsten Anliegen der Gesellschaft und der Akademie sind: Verbreitung von Unterweisungen (Publikationen) über Erziehung, Philosophie und geistige Erkenntnis ohne Berücksichtigung der Kaste oder des Glaubens. Alle Religionen sollen gleichgeachtet und allen Suchenden durch Kost, Medizin und Erkenntnis geholfen werden. Unter dieser Devise stand auch das World Parliament of Religion, das Shivānanda 1953 ins Leben rief. Von seinen zahlreichen Schriften erschienen auf Deutsch u. a.: *Kundalini-Yoga,* München 1953; *Konzentration und Meditation,* München 1959; *Hatha-Yoga,* Gelnhausen 1964; *Erfolg in Leben und Selbstverwirklichung,* Weilheim 1965.

Shivarātri (Śivarātri.), Skrt., wörtl.: »Shivas Nacht«; eine spirituelle Nachtwache zu Ehren → Shivas, die im Frühling stattfindet und mit Fasten, Gebet und Meditation verbunden ist.

Shiva-Samhitā (Śiva-Saṃhitā), Skrt.; ein klassisches Werk über den → Hatha-Yoga, in dem die strengen Vorschriften beschrieben werden, die der Schüler dieses Yogas befolgen muß, und Anleitungen gegeben werden, wie er dies bewerkstelligen kann.

SHIVO'HAM (Śivo'Ham), Skrt.; ein bekanntes → Mantra: »Ich bin Shiva.«

Shloka (Śloka), Skrt., wörtl.: »Ruf, Schall, Strophe«; das wichtigste Versmaß der → Veden und anderer Sanskrit-Klassiker (z. B. *Mahābhārata, Rāmāyana*). Es wurde wahrscheinlich von → Vālmīki eingeführt und ergibt eine Strophenform aus zwei Verszeilen zu je zwei Gliedern *(pāda)* zu je acht Silben.

Shraddha (Śraddhā), Skrt., wörtl.: »Glaube, Vertrauen«. Der Glaube an das, was die heiligen Schriften lehren, das Vertrauen, daß sie die Wahrheit verkünden; eine der »sechs großen Errungenschaften« (→ Shatkasampatti) aus Shankaras → *Tattvabodha.*

Shrāddha (Śrāddha), Skrt., wörtl.: »Totenmahl«; eine religiöse Zeremonie, bei der den verstorbenen Angehörigen Speise und Trank dargebracht werden. Im *Mahābhārata,* in dem → Manu, der Stammvater der Menschheit, als ein Bruder Yamas, des Todesgottes, in Erscheinung tritt, werden beide als Shrāddha-Deva bezeichnet.

Shravana (Śravaṇa), Skrt., wörtl.: »Hören, Lernen«; die erste der drei Stufen, die der → Vedānta für notwendig hält zur Erlangung spiritueller Erkenntnis. Shravana besteht darin, von der Höchsten Wahrheit zu hören, über sie zu lesen und sie aus den heiligen Schriften zu lernen. Die weiteren Stufen sind → Manana und → Nididhyāsana.

Shrī (Śrī), Skrt., wörtl.: »Pracht, Schönheit, Glück; Wohlstand, Reichtum; Majestät; Ehrwürdiger, Erhabener«; 1. in der letzten wörtl. Bedeutung ein ehrender Beiname vor Götter- und Menschennamen; 2. ein anderer Name für → Lakshmī, die Göttin des Glücks und der Schönheit.

Shrīharsha, → Harsha, 2.

Shrīmat (Śrīmat), Skrt., wörtl.: »schön, angesehen, glückbringend«; ein Wort, das Heiligkeit, Glück und Erkenntnis andeutet und anderen Namen vorangesetzt wird, z. B. in *Shrīmat → Bhāgavata (-Purāna).*

Shrī-Yantra, Skrt., wört!.: »Yantra des Erhabenen«; das wichtigste → Yantra des hinduist. → Tantra. Es besteht im wesentlichen aus neun einander überlagernden Dreiecken, die um einen Punkt (→ Bindu) konzentriert sind. Die fünf mit der Spitze nach unten gerichteten Dreiecke stellen → Shakti dar, die vier nach oben gerichteten Dreiecke → Shiva.

Der Prozeß der aus dem Bindu ausfließenden Schöpfung, der vom Shrī-Yantra dargestellt wird, wie er sich über mehrere Stufen bis zur Schaffung der irdischen Welt fortsetzt, wird vom Meditierenden in seiner vom Shrī-Yantra geleiteten Meditation von der materiellen Ebene ausgehend in umgekehrter Richtung zurückverfolgt bis der Meditierende im Bindu seinen gestaltlosen Ursprung, das »ganz aus Seligkeit Bestehende« *(sarva-ānanda-maya)* erfährt und mit diesem eins wird.

Shruti (Śruti), Skrt., wörtl.: »hören«; alle heiligen Schriften des Hinduismus werden in Shruti und → Smriti unterteilt. Zur Shruti werden alle Schriften gerechnet, die auf göttlicher Offenbarung beruhen und deshalb unbedingte Autorität besitzen. Es sind die → Veden, deren ewiger, heiliger Klang von den → Rishis »gehört« wurde. Allerdings zählen von den ved. Texten nur die → Samhitās, → Brāhmanas, → Upanischaden und ein Teil der Sūtras zur Shruti.

Shuddhadvaita-Vedānta, Skrt. → Vallabha

Shūdra, Skrt. → Varna

Shukadeva (Śukadeva), auch Shuka, Skrt.; ein großer Heiliger, der Sohn → Vyāsas, des Erzählers des → *Bhāgavata-Purāna.* Er gilt als das Ideal des → Sannyāsin und wird zu den Nitya-Siddhas (→ Nitya) gezählt.

Shushna (Śuṣṇa), Skrt.; Falschheit, Unaufrichtigkeit; Leid erzeugende Kräfte, die aus unreinen Gedanken und Ego-Regungen entstehen und Erkenntnis verhindern.

Shvetaketu (Śvetaketu), Skrt.;1. ein Heiliger aus dem → *Mahābhārata;* 2. ein Heiliger, über dessen Belehrung durch seinen Vater → Uddālaka Āruni in der *Chāndogya-Upanishad* berichtet wird. Die Unterweisungen über das Selbst und Brahman enden alle mit dem Ausspruch: »Das bist du« – Tat Tvam Asi).

Shvetāshvatara (Śvetāśvatara), Skrt.; eine Upanischade des *Schwarzen* → *Yajurveda.* Sie ist jünger als die → *Katha-Upani-*

shad und so bedeutend, daß alle Abhandlungen des → Vedānta daraus zitieren. Ihre Lehren reichen vom Theismus bis zum → Advaita-Vedānta. → Shankara hat einen Kommentar dazu geschrieben.

Shyāmā (Śyāmā), Skrt., wörtl.: »die Schwarze«; ein Name für → Kālī, die Göttliche Mutter und Gemahlin → Shivas.

Siddha, Skrt., wörtl.: »vollkommen, vollendet«; ein Vollkommener, der das höchste Ziel des spirituellen Strebens, die Befreiung (→ Moksha), erreicht hat, ein erleuchteter Heiliger. In den → Purānas ist ein Siddha ein halb göttliches Wesen von großer Reinheit und Kraft.

Siddhi, Skrt., etwa: »vollkommene Fähigkeit«. Psychische, sogenannte übernatürliche Fähigkeit(en), die sich als Nebenprodukt spiritueller Entwicklung von selbst einstellen (können), wenn Kräfte entwickelt werden, die den Zugang zu kosmischen Bereichen öffnen. Durch bestimmte tantrische und Yoga-Übungen können Siddhis gezielt erworben werden. Zu diesen okkulten Kräften gehören Gedankenlesen, Hellsehen, Materialisierungen, Levitation, Unsichtbarmachung und das Eintreten in andere Körper. → Patañjali erwähnt sie in seinem Yoga-Sūtra. Alle großen Meister warnen davor, Siddhis um ihrer selbst willen anzustreben, da diese Kräfte, auch wenn sie »übernatürlich« erscheinen, doch gänzlich dem Bereich des Phänomenalen angehören, da sie nichts zur Verwirklichung der absoluten Wahrheit beitragen und das Haften an solchen Fähigkeiten ein ernstes Hindernis auf dem Weg der spirituellen Entwicklung darstellt.

Sieben heilige Städte → Nagara

Sikhismus, eine von Guru → Nānak (1469–1538) gegründete Religion, durch die er versucht, eine Synthese der religiösen Lehren der Hindus und der eingedrungenen Muslime zu schaffen. Der Sikh legt keinen Wert auf bloßes Ritual und behauptet, daß es feige Flucht sei, der Welt zu entsagen. Er betont statt dessen, daß sowohl Allah als auch Brahmā Hingabe an Gott und liebevoller Dienst am Mitmenschen gefällt. Kastenunterschiede kennt er nicht. Er glaubt an Evolution, das → Karma-Gesetz und die Wiedergeburtslehre. Befreiung oder Vereinigung mit Gott ist nach seiner Auffassung nur durch eigene Anstrengung möglich. Der Gruß der Sikhs lautet: *Sat Siri Akal* (»Gott ist wahr; die Wahrheit ist ewig«). Ihr heiliges Buch ist das → *Ādi Granth*.

Singh, wörtl.: »der Löwe«, von Skrt. Simha; Guru Govind Singh, 1666–1708, der Begründer einer Sikh-Bruderschaft (→ Sikhismus), die gegen die Mogul-Eindringlinge kämpfte. Nach seiner Aufnahme in die Religionsgemeinschaft erhält jeder Sikh als zweiten Namen »Singh«.

Sītā, Skrt., wörtl.: »Ackerfurche«. In den Veden ist Sītā die Furche, die personifizierte Landwirtschaft, und wird als Gottheit verehrt, die über Landwirtschaft und Früchte herrscht. Im *Rāmāyana* ist sie die Tochter des Königs → Janaka und die Gemahlin → Rāmas. Ihr Vater Janaka erklärte den Namen Sītā wie folgt: »Als ich mein Feld pflügte, sprang hinter dem Pflug ein Mädchen auf. Sie kam aus der Erde und wuchs als meine Tochter auf.«

Sivananda → Shivānanda

Skanda, Skrt.; der Gott der Krieger, der dem Erkenntnislosen Kampf bringt und dem spirituell Strebenden Kraft für seine Entwicklung. Ein anderer Name für Skanda ist → Kārttikeya.

Smriti (Smṛti), Skrt., wörtl.: »Erinnerung, Tradition«. Der Hinduismus unterteilt seine heiligen Schriften in → Shruti (offenbart) und Smriti. Zu letzteren zählen alle auf Tradition beruhenden Schriften. Sie gelten aber nur als verbindlich, wenn anzunehmen ist, daß sie auf eine Shruti zurückgehen. Hauptsächlich gehören zur Smriti die → Vedāngas, die Shrauta- und Grihya-Sūtras, die → *Manu-Samhitā*, das → *Mahābhārata*, das → *Rāmāyana*, die → Purānas und die → Nīti-Shāstras.

Smriti-Shuddhi (Smṛti-Śuddhi), Skrt., wörtl. *smriti:* »Erinnerung«, *shuddhi:* »Läuterung, Klarheit«; Reinheit der Erinnerung, die eine sofortige Gewahrwerdung der Dinge bringt, die man sucht oder über die man meditiert.

Snānayātrā, Skrt.; Badefest im Monat Jyaishtha (→ Bengali-Kalender), bei dem das Bildnis der Gottheit gebadet wird (→ Jagannātha).

SO'HAM, Skrt., wörtl.: »Ich bin Er«; eine der heiligen Formeln (→ Mantra) des nicht-dualistischen → Vedānta, die die Identität des → Ātman mit → Brahman zum Ausdruck bringt.

Soma, Skrt.; der berauschende Saft einer Kletterpflanze, der den Göttern dargebracht wird und den die Brahmanenpriester trinken. Im → *Rigveda* spielt der Soma-Trank eine bedeutende Rolle.

Sphota, Skrt. → Shabda

Srishti (Sṛṣṭi), Skrt., wörtl.: »Schöpfung, Entstehung«; Projektion oder langsame Entfaltung von etwas, was in einer Ursache verborgen lag. Das Wort wird hauptsächlich benutzt für die Entwicklung des Universums aus seinem Keimzustand.

Sthita-Prajñā, Skrt., wörtl.: »von fester Erkenntnis«; eine Bezeichnung für den, der in spiritueller Erkenntnis fest gegründet ist. Er wird von den Gegensatzpaaren der Dualität wie Freude und Leid, Gewinn und Verlust, Glück und Unglück, Sieg und Niederlage nicht mehr berührt.

Sthūla-Sharīra (Sthūla-Śarīra), Skrt., wörtl. *sthūla:* »grob«, *sharīra:* »Leib, Hülle«; die äußere, grobstoffliche Hülle, die → Ātman, das Selbst, umgibt, also der Körper. Diese Hülle ist identisch mit → Annamaya-Kosha. (Siehe dazu auch → Kosha, → Sharīra.)

Sūkshma-Sharīra (Sūkṣma-Śarīra), auch Linga-Sharīra, Skrt., wörtl. *sūkshma:* »fein.«, *sharīra:* »Leib, Hülle«; im → Vedānta die zweite, feinstoffliche Hülle, die → Ātman umgibt. Sie besteht aus Denken, Wollen und Empfinden und entspricht der Zusammenfassung von → Prānamaya-Kosha, → Manomaya-Kosha und Vijñānamaya-Kosha. (Siehe dazu auch → Kosha, → Sharīra.)

Sumeru, Skrt. identisch mit → Meru

Surabhī, auch Kāmadhenu, Skrt.; die »Kuh des Überflusses«, die beim → Umrühren des Ozeans zum Vorschein kam und alle Wünsche erfüllt. Sie wird verehrt als Quelle von Milch und Quark und soll dem Heiligen → Vasishtha gehört haben.

Sureshvara (Sureśvara), auch Sureshvarāchārya, ein Heiliger, der ein direkter Schüler von → Shankara war. Seine tiefgründigen Untersuchungen über den → Advaita-Vedānta hat er in seinem Werk → *Naishkarmya-Siddhi* festgehalten. Weitere Advaita-Vedānta-Werke von ihm sind *Mānasollāsa* und *Vārttika,* in dem seine Kommentare zu verschiedenen Klassikern bzw. Upanischaden zusammengefaßt sind.

Sūrya, auch Savitri, Skrt.; die Sonne, der Sonnengott. Sūrya gehört zu den Hauptgottheiten der Veden und wird als die große Quelle von Licht und Wärme verehrt.

Sūryadvāra, Skrt., wörtl': »Tor (dvāra) zur Sonne *(sūrya)*«; die Sonne ist hier das Symbol für spirituelle Erleuchtung als Tor zur höchsten Verwirklichung.

Sushumnā (Suṣumnā), Skrt.; der wichtigste der Energiekanäle (→ Nādī), der sich in der Wirbelsäule von ihrem unteren Ende bis zum Gehirn erstreckt. Wird die → Kundalinī geweckt, so steigt sie in der Sushumnā auf, die die ausgleichende Mitte zwischen → Idā und → Pingalā darstellt. (Siehe → Chakra.)

Sushupti (Suṣupti), Skrt.; der Tiefschlaf, in dem weder Denken noch Ego existieren und in dem wir uns weder unseres Körpers noch des Universums bewußt sind. Sushupti ist keine Bewußtlosigkeit, sondern nur das Aussetzen des Denkens. Sie ist eine der vier → Avasthās und wird im Vedānta auch → Prājña genannt.

Sūtra, Skrt., wörtl.: »Leitfaden«. Die Sūtras kürzen den Inhalt der → Brāhmanas, auf denen sie beruhen, ab und fassen ihn zum praktischen Gebrauch in kurzen, lapidaren Sätzen zusammen, die ohne Kommentar meist unverständlich bleiben.

Sūtrātman, Skrt., wörtl.: »Faden-Selbst«; eine Bezeichnung für die kosmische Seele, die wie ein Faden alle Wesen und das Universum zusammenhält. In der Bedeutung gleich mit → Hiranyagarbha.

Svabhāva, Skrt., wörtl.: »Selbstnatur«. Die eigene innere Natur, der eigene Charakter, der Drang jeder Individualität, sich selbst zum Ausdruck zu bringen.

Svadharma, Skrt., wörtl. *sva:* »eigen«, *dharma:* »Gesetz«; das eigene innere Gesetz, das Denken und Handeln bestimmt und in Harmonie mit dem göttlichen Willen sein muß.

Svādhishthāna-Chakra, Skrt. → Chakra, 2.

Svādhyāya, Skrt.; »eigenes Studium«, insbesondere der → Veden, aber auch anderer heiliger Texte. Damit sie sich besser einprägen, sollen sie mit leiser Stimme wiederholt werden, eine erprobte Technik des Auswendiglernens. Die Veden sind, wie die meisten heiligen Schriften, anfangs lange Zeit mündlich vom Lehrer an den Schüler weitergegeben worden, der sie deshalb auswendig lernen mußte.
Svādhyāya ist eine der fünf geforderten Tugenden der zweiten Stufe (→ Niyama) des → Rāja-Yoga, die im *Yoga-Sūtra* des → Patañjali (II, 32) aufgezählt werden. Die anderen vier sind: → Santosha (Genügsamkeit), → Shaucha (Läuterung), → Tapas (Askese) und → Īshvara-Pranidhāna (Hingabe an Gott).

Svāhā, Skrt.; ein ritueller Ausruf, der nach jeder Darbringung einer Opfergabe erfolgt. Er bedeutet: »So sei es!« oder »Möge Gutes daraus entstehen!«

Svāmi, auch Svāmin, Skrt., wörtl.: »Herr«, engl. und neuind. Schreibweise: Swami; 1. Anrede, die i. allg. Mönchsnamen vorangestellt wird; 2. Ehrentitel hinter dem Namen eines spirituellen Lehrers oder eines als heilig verehrten Mannes.

Svapna, Skrt.; der Traumzustand während des Schlafs. In ihm agiert das Denken unabhängig vom Körper und der Außenwelt.

Er wird im Wachbewußtsein für unwirklich und für eine Täuschung gehalten. Svapna ist eine der vier → Avasthās. Im → Vedānta wird er → Taijasa genannt.

Svar, Skrt.; eine → Vyāhriti, das dritte Wort der → Gāyatrī. Aus diesem Wort, das → Prajāpati bei der Schöpfung sprach, entstand der Himmel.

Svarloka, Skrt.; der Himmel *(svar)* → Indras und die Welt *(loka)* des Lichts, der reinen Gedanken und Gefühle. Name für den reinen Bewußtseinszustand, der für den Menschen der wahre Himmel ist.

Svarūpa-Jñāna, Skrt., wörtl. *svarūpa:* »Wesen, Beschaffenheit«, *jñāna:* »Erkenntnis«; dieser Ausdruck bezieht sich auf den → Ātman, der seinem Wesen nach Jñānaist, d. h., sich seiner Identität mit → Brahman bewußt ist. Jñāna ist hier gleich Bewußtsein, denn Erkenntnis ist ohne Bewußtsein nicht möglich.

Svastika, Skrt., abgeleitet von *svasti:* »Glück, Heil«. Glückbringende Kreuzfigur, ein mystisches Religionszeichen, das als Hakenkreuz überall auf Tempeln und Kunstobjekten zu finden ist.

Svayam-Bhagavan, Skrt., wörtl. *svayam:* »aus sich selbst seiend«, *bhagavan:* »Gott«; der höchste → Ātman, wahrgenommen als Herr des Universums, ausgestattet mit unendlicher Macht, grenzenlosem Erbarmen, unbegrenzter Erkenntnis, bedingungsloser Liebe und unbeschreibbarer Schönheit.

Svayambhū, Skrt., wörtl.: »aus sich selbst existierend«; alle Dinge der Erscheinungswelt existieren aus sich selbst durch die Kraft der Idee, die in ihnen verborgen liegt.

Svayamprakāsha, Skrt., wörtl.: »selbstleuchtend«; das höchste Sein, das selbstleuchtend ist, als absolutes Bewußtsein seiner selbst gewahr, dies ist unmittelbare, höchste Erkenntnis.

Svedaja, Skrt., wörtl.: »schweißgeboren«; im Hinduismus die erste der vier Entstehungsarten des Lebens, die Insekten. Die anderen drei sind keimgeboren (die Pflanzen), eigeboren (Vögel, Fische und Amphibien) und schoßgeboren (Säugetiere und Menschen).

Swami → Svāmi

Syādvāda, Skrt., wörtl. *syat:* »es kann sein«, *vāda:* »Lehre«; ein vom → Jainismus entwickelter Begriff: die Theorie von den vielseitigen Betrachtungsmöglichkeiten der Wirklichkeit. Jedes Urteil ist subjektiv und Bedingungen und Begrenzungen unterworfen, und verschiedene Feststellungen über dieselbe Wirklichkeit können richtig sein, jede aus ihrer eigenen Perspektive betrachtet.

T

Tadātmya, Skrt., wörtl.: »Wesenseinheit«; die Wesenseinheit des Selbst mit → Brahman; die spirituelle Erkenntnis, nicht Körper und Denken zu sein, die vergehen, sondern ewiger, unsterblicher → Ātman (Selbst), der identisch ist mit → Tat (»Das«), d. h. Brahman.

Tagore, Devendranāth (Bengāli: Thākur), 1817–1905; der Vater des großen Dichters Rabīndranāth Tagore war, nach Rāja Rammohan Roy, dem Begründer des → Brāhmo-Samāj, der Organisator dieser sozialen und religiösen Reformbewegung. Sein durchdringender Intellekt, sein spirituelles Niveau und seine aristokratische Erscheinung machten ihn zum Leitbild der gebildeten Bengalen. Sie redeten ihn respektvoll mit »Mahar(i)shi« (großer Seher) an. Er war ein Sanskrit-Gelehrter und entnahm seine Inspiration ausschließlich den → Upanischaden. Daneben war er ein unerbittlicher Gegner der Bildnisanbetung und kämpfte gegen das Eindringen christlicher Ideen in den Brāhmo-Samāj.

Tagore, Rabīndranāth (Bengāli: Thākur), 1861–1941, der bedeutendste ind. Dichter der Neuzeit; Sohn von Devendranāth Tagore, dem langjährigen Leiter des → Brāhmo-Samāj. Verfaßte in der Sprache seiner Heimat Bengalen und auf Englisch Romane, Dramen, politische und philosoph.-pädagogische Schriften, vor allem aber Gedichte (mehr als 40 Sammlungen). Zu seinen lyrisch-mystischen Hauptwerken gehört *Gītāñjali* (dt. *Liedopfer,* 1914 u. 1958) mit Zwiegesprächen zwischen der menschlichen Seele und Gott (Vishnu). Sein Roman *Gorā* (dt. 1924) ist eine Art → *Mahābhārata* des modernen Indien. 1911 gründete Tagore eine Schule für Philosophie und Kunst, die er Shāntiniketan (»Wohnstatt des Friedens«) nannte; sie ist seit 1951 staatliche Universität. 1913 erhielt Tagore den Nobelpreis für Literatur.

Taijasa, Skrt., wörtl.: »lichtvoll«; im → Vedānta der Traumzustand, eine der vier → Avasthās, identisch mit → Svapna. Die drei anderen Bewußtseinszustände werden im Vedānta → Prājña (Tiefschlaf), → Vaishvānara (Wachzustand) und → Turīya (»das Vierte«) genannt. Die *Māndūkya-Upanishad* befaßt sich ausführlich mit ihnen.

Tailadhāra, Skrt., wörtl.: »Ölstrom«; fließendes Öl, das sich lautlos und ohne Unterbrechung ergießt. Es wird oft als Symbol benutzt für das ölgleich fließende Unterbewußtsein, das die Verbindung zu Gott nie abreißen läßt ein für den Sādhaka (→ Sādhana) erstrebenswerter und sehr hilfreicher Zustand.

Taittirīya-Upanishad (Taittirīya Upaniṣad), Skrt.; ein Werk des *Schwarzen* → *Yajurveda*. Es ist in drei → Vallī unterteilt: 1. die Shikshā-Vallī befaßt sich mit Anweisungen an den Schüler hinsichtlich der richtigenAussprache und Betonung der Segenswünsche und Gebete; 2. die Ānanda-Vallī handelt vom → Ātman und seiner Unfaßbarkeit für den Verstand sowie von → Brahman, das als → Satchidānanda beschrieben wird. Sie führt aus, wie die Erkenntnis der Identität von Ātman und Brahman zur Seligkeit (→ Ānanda) führt; 3. die Bhrigu-Vallī enthält die Belehrung → Bhrigus durch seinen Vater Varuna über die Wege, die zur Erkenntnis Brahmans führen.

Tala, Skrt.; ein Zustand der Dunkelheit, Selbstverhüllung und Selbstverzerrung. Die sieben Talas sind die unteren Ebenen der → Lokas, es sind die sieben unwürdigen Zustände, manchmal auch Hölle genannt.

Tamas, Skrt., wörtl.: »Finsternis, Verblendung, Unwissenheit«; einer der drei → Gunas, die die Struktur der → Prakriti bilden. Es sind die inaktiven Kräfte in der Natur, die sich als Nicht-Erkenntnis, Trägheit, Unfähigkeit, Unklarheit und Dunkelheit manifestieren. Tamas bildet die unterste Schicht der drei Gunas.

Tanmātra, Skrt., wörtl.: »Urstoff«; die Grundprinzipien oder feinen Elemente, aus denen sich die groben Elemente (→ Mahābhūtas) ableiten.

Tantra, Skrt., wörtl.: »Gewebe, Zusammenhang, Kontinuum«. Das Tantra gehört nach dem Veda, den Upanischaden, den Purānas und der *Bhagavad-Gītā* zu den Grundlagen des → Sanātana-Dharma, der »Ewigen Religion« des Hinduismus. Sein zentrales Thema ist die göttliche Energie und Schöpfungskraft (→ Shakti), die, personifiziert als Devī oder Göttin, die jeweilige weibliche Form eines Gottesaspekts als seine Gemahlin darstellt, hauptsächlich als Gemahlin → Shivas. Entsprechend Shivas verschiedenen segensreichen oder furchterregenden Formen nimmt auch seine Shakti segensreiche Gestalten wie Maheshvarī, Lakshmī, Sarasvatī, Umā, Gaurī und andere oder furchterregende wie Kālī und Durgā an.
Die ebenfalls als Tantra bezeichneten tantrischen Schriften und die tantrische Praxis bergen für Menschen, die nicht gewillt sind, sich einer strengen spirituellen Disziplin zu unterwerfen, Gefahren. Zwei tantrische Schulen haben sich herausgebildet: 1. der ungeläuterte, gefahrvolle Weg des Vāmāchāra (»Linke-Hand-Weg«), der sich ungezügelten Riten und sexuellen Ausschweifungen hingibt; 2. der → Dakshināchāra (»Rechte-Hand-Weg«) mit einem läuternden Ritual und strenger spiritueller Disziplin, die absolute Hingabe an die Göttliche Mutter in ihren mannigfachen Formen fordert.
Eine Einführung in die geistigen Grundlagen des hinduist. Tantra ist: A. Bharati, *Die Tantra-Tradition,* Freiburg i. Br. 1977.

Tantra-Yoga, Skrt., identisch mit → Kundalinī-Yoga

Tantrismus → Shaktismus

Tapas, auch Tapasyā, Skrt., wörtl.: »Glut, Hitze, Askese, Kasteiung«; intensive spirituelle Übungen, getragen von der brennenden Sehnsucht, Gott oder → Brahman zu verwirklichen. Tapas ist eine der fünf geforderten Tugenden der zweiten Stufe (→ Niyama) des → Rāja-Yoga. Die anderen vier sind → Shaucha (Reinheit), → Santosha (Genügsamkeit), → Svādhyāya (Studium der heiligen Schriften) und → Īshvara-Pranidhāna (Hingabe an Gott).

Tarkavidyā, Skrt. → Nyāya

Tārkikā-Buddhi, Skrt., wörtl. *tārkikā,* abgeleitet von *tarka:* »Widerlegung, Argument«, *buddhi:* »Intelligenz, Intellekt«; ein Intellekt, der gern unentwegt argumentiert. Dies wird vom → Vedānta abgelehnt, da jedes Argument ein Gegenargument findet und kein spiritueller Nutzen daraus entsteht.

Tat, Skrt., wörtl.: »Das«; die Heiligen der Veden haben häufig *tat* als Hauptwort benutzt, um das unaussprechliche Prinzip, das unergründliche Geheimnis, das unendliche Absolute oder Gott auszudrücken. Wenn sie ihre Schüler in die letzten Erkenntnisse des → Vedānta einweihen wollten, haben sie zu ihnen gesagt: → Tat Tvam Asi (»Das bist du«).

Tattva, Skrt., wörtl.: »Wahrheit, wahres Wesen, Grundprinzip«; *tat* als »Das« bezeichnet das Wesentliche in allen Dingen, darum ist Tattva die »Istheit« oder das wirkliche Sein. Jede ind. Philosophie hat eine gewisse Zahl von Tattvas als Fundament ihres Denksystems.

Tattvabodha, Skrt., wörtl.: »Die Erkenntnis der Wahrheit«; ein klassisches Werk über die Philosophie des → Advaita-Vedānta von → Shankara. Die verhältnismäßig kurze Abhandlung befaßt sich mit dem → Jiva, seiner Einstellung zu → Īshvara und der Möglichkeit, sein wahres Selbst als → Ātman zu erkennen sowie dessen Identität mit → Brahman. (Dt. Übersetzung in: Shankara, *Das Kleinod der Unterscheidung,* Bern 1981.

Tattva-Jñāna, Skrt.; die Erkenntnis des Prinzips in allen Dingen. Tattva ist das Wesen, die »Istheit« aller Dinge, und → Jñāna die Weisheit, die aus dieser Erkenntnis entsteht.

Tat Tvam Asi, Skrt., wörtl.: »Das bist du«, d. h., »das Absolute ist mit dir wesenseins«; eines der bekanntesten und bedeutendsten der → Mahāvākyas, der großen Lehrsätze der → Vedānta-Philosophie, enthalten in der → *Chāndogya-Upanishad.*
Wenn der Lehrer mit diesem Satz seinem Schüler die letzte Wahrheit übermitteln will, so sind auf seiten des Schülers verschiedene Voraussetzungen notwendig: Erstens muß er wissen, daß mit »Das« nur → Brahman, das Absolute, Ewige, Unwan-

delbare gemeint ist, und zweitens muß er sich über das »du« im klaren sein. »Du« kann materiell wie geistig vielseitig ausgelegt werden. Der Schüler muß durch eigene Erfahrungen erkannt haben, daß er weder Körper noch Denken ist, sondern → Ātman, geburtloses, todloses, absolutes Bewußtsein, jenseits aller Dualität und Körperidentifizierung. Sieht er sich im angesprochenen »du« als Ātman, so kann er spontan Erleuchtung erlangen, da Ātman und Brahman identisch sind. Intellektuell ist diese Erleuchtung nicht herbeizuführen, und keine Anstrengung im Kausalbereich kann sie bewirken.

Tejas, Skrt., wörtl.: »Glanz, Glut«; 1. ein Licht, das manchmal das Haupt eines Meditierenden oder spirituellen Meisters umstrahlt, dem Westen als Aureole bekannt; 2. feuriger Geist, eine der Vier Vollkommenheiten des Herzens (→ Kalyāna-Shraddhā).

Tejobindu-Upanishad (Tejobindu-Upaniṣad), Skrt., wörtl.: »der Punkt, der die Kraft Brahmans bedeutet«; eine Yoga-Upanishad des → *Atharvaveda.* Ihr Name, mit dem der Text beginnt, bezieht sich auf den Punkt im → OM-Zeichen, der die Kraft Brahmans symbolisiert. In nur 14 Versen behandelt sie nacheinander die Hauptpunkte des → Vedānta. (Dt. Übersetzung von P. Deussen in *Sechzig Upanishad's des Veda,* Leipzig 1905.)

Tha, Skrt. → Hatha-Yoga

Thākur, Bengāli für → Tagore

Theosophische Gesellschaft, esoterische Vereinigung, gegründet 1875 in New York von Helena Petrowna Blavatsky und Colonel Henry S. Olcott, der auch ihr erster Präsident war. 1882 wurde der Hauptsitz der Gesellschaft nach Adyar, einem Vorort von Madras (Indien), verlegt. Seitdem nennt sie sich Adyar Theosophische Gesellschaft. Zu ihren Zielsetzungen gehört das intensive Studium der alten Weltreligionen zum Zweck der Ableitung einer universalen Ethik. Die Gesellschaft stand zunächst besonders dem Buddhismus nahe, ab 1894 dem Hinduismus.

Durch einen eigenen Verlag hat sie viel zur Verbreitung der Hindu-Philosophie im Westen beigetragen.

Tīrthankara (Tīrthaṅkara), Skrt., wörtl.: »Furtbereiter«, auch Jina; der → Jainismus kennt 24 Tīrthankaras oder Meister, die die Grundlagen des Glaubens der Jainas über Jahrhunderte übertragen haben. Der letzte dieser Lehrer war → Mahāvīra, der den Jainismus als Religionsgemeinschaft begründete.

Titikshā, Skrt. → Shatkasampatti

Trailanga Svāmi, ein Heiliger, der im 19. Jh. in Benares in einem Tempel am Manikarnikā-Ghat, dem großen Verbrennungsplatz am Ganges, lebte.

Trātaka (Trāṭaka), Skrt.; die Augen auf einen Fleck zwischen den Augenbrauen richten oder auf ein bestimmtes Objekt konzentrieren; auch das Starren, ohne mit den Augen zu blinzeln; eine → Kriyā-Übung des → Hatha-Yoga.

Tretā-Yuga, Skrt. → Yuga

Triguna, Skrt., die drei → Gunas

Trigunātita, auch Traigunyātīta, Skrt., identisch mit → Gunātīta

Trika, Skrt., wörtl.: »drei bildend«; dieser Ausdruck bezieht sich auf die Wiedererkennungslehre (→ Pratyabhijñā) des nördlichen → Shaivismus, die sich aus drei Elementen zusammensetzt: 1. Die Welt entsteht einzig aus dem Wunsch des höchsten Gottes (→ Shiva). Er erweckt den Anschein, als existiere die Welt, die in Wirklichkeit nur in ihm selbst durch seinen bloßen Wunsch und Willen Form annimmt, außerhalb von ihm. 2. Nur durch Shivas Gnade gelangt der Mensch zu der »Wiedererkenntnis«, daß sein Wahres Wesen (→ Ātman) immer eins gewesen ist mit der höchsten Wirklichkeit (Shiva bzw. → Brahman). 3. Hat der Mensch diese Wiedererkenntnis erlangt, so ist er berufen, andere zu ihr zu führen.

Trikāla-Jñāna, Skrt., wörtl. *trikāla:* »drei Zeiten« (auf Vergangenheit, Gegenwart und Zukunft bezogen), *jñāna:* »Erkenntnis«; beim Aufsteigen der → Kundalinī durch die verschiedenen → Chakras werden verschiedene → Siddhis erlangt. Es sind okkulte, magische Kräfte. Ein Trikāla-Jñāni besitzt die Fähigkeit, die Vergangenheit, Gegenwart und Zukunft zu kennen. (Siehe dazu auch → Chakra.)

Trilochana (Trilocana) Skrt., wörtl.: »dreiäugig«, ein Name für → Shiva.

Triloka, Skrt., wörtl.: »Drei Welten, Drei Sphären«. Die drei Welten der hinduist. Kosmologie, → Svarga (der Himmel), Bhūmi (die Erde) und Pātāla (die Unterwelt, Hölle).

Trimārga, Skrt., wörtl.: »Dreiweg«; die Zusammenfassung der drei Yoga-Wege: → Karma-Yoga, → Bhakti-Yoga und → Jñāna-Yoga. Da → Rāja-Yoga nur eine spätere Bezeichnung des von Patañjali in seinem → *Yoga-Sūtra* dargelegten Yoga-Weges ist, wird er beim Trimārga nicht mit aufgezählt.

Trimūrti, Skrt., wörtl.: »dreigestaltig«; die Hindu-Trinität der drei Götter → Brahmā, → Vishnu und → Shiva, die das Prinzip von Schöpfung, Erhaltung und Zerstörung symbolisieren. Trimūrti wird dargestellt als ein Körper mit drei Köpfen, in der Mitte Brahmā, rechts Vishnu und links Shiva. In den Veden ging der oben erwähnten Göttertrinität zunächst die Vorstellung der Trinität von → Agni, → Vāyu und → Sūrya voraus. Ein bekanntes Steinbildnis des Trimūrti befindet sich in einer Höhle auf der Insel Elefanta bei Bombay.
Brahmā ist die Verkörperung von Rajas-Guna (→ Guna), d. h. von Leidenschaften und Wünschen, durch die die Welt in Erscheinung trat. Vishnu ist die Verkörperung von Sattva-Guna, den Eigenschaften von Barmherzigkeit und Güte, durch die die Welt erhalten wird. Shiva ist die Verkörperung von Tamas-Guna, den Eigenschaften der Dunkelheit, des Zorns und des zerstörerischen Feuers, durch die die Welt ausgelöscht wird. Die drei existieren in Einem und das Eine in den dreien, so wie die Veden in drei (Samhitā, Brāhmana und Sūtra) unterteilt und

doch eins sind. Sie alle sind enthalten in dem einen Wesen, das das wahre Selbst aller Dinge ist.

Triputi (Tripuṭi), Skrt., wörtl.: »dreifältige Hülle«; die dreigeteilte Manifestation der einen Höchsten Wirklichkeit in Raum und Zeit. Es ist die Aufteilung in Subjekt und Objekt und die Beziehung zwischen den beiden. Bekannte Beispiele der Dreiheit sind Erkenner, Erkanntes und Erkenntnis oder Liebender, Geliebtes und Liebe. Triputi wird im → *Drig-Drishya-Viveka* als täuschende Vorstellung ausführlich behandelt.

Trishnā (Tṛṣṇā), Skrt., wörtl.: »Durst, Gier, Verlangen, Begehren«. Lebensdurst, das Verlangen nach Sinnesobjekten, das durch spirituelle Übungen (→ Sādhana) überwunden werden kann und muß, weil Trishnā ein Hindernis für die spirituelle Entwicklung ist.

Trishula (Triśula), Skrt., wörtl.: »Dreizack«; das berühmte Emblem → Shivas, mit dem er häufig abgebildet wird. Die → Sādhus unter den Shiva-Anhängern tragen deshalb oftmals einen Dreizack mit sich und pflanzen ihn bei ihrer → Pūjā auf.

Trivikrama, Skrt., wörtl.: »Dreifacher Schritt«; ein Beiname → Vishnus, der sich auf die »drei Schritte« bezieht, die er getan haben soll und deren Sinn symbolisch verschieden gedeutet wird.

Tukārām, 1608–1649, bedeutendster religiöser Dichter der im westl. Indien entstandenen Literatur in der Marāthī-Sprache. In seinen zahlreichen kurzen Liedern, *Abhangs* genannt, schildert er seine spirituellen Erfahrungen. Gegen den Protest der gelehrten Brahmanen erfreuten sich seine sog. *Kīrtanas* (Predigten mit Gesang) beim einfachen Volk wie auch bei der herrschenden Klasse großer Beliebtheit.

Tulsīdās, auch Tulasīdās, 1532–1623, größter ind. Dichter seiner Zeit. Seine Hindi-Version von Vālmīkis → *Rāmāyana* ist in Nord- und Mittelindien bis heute das beliebteste und einflußreichste Buch. Der *Rāmcharit-Mānas* (»Der heilige See der Taten Rāmas«) hat das moralische und spirituelle Leben von Millionen von Hindus geformt. Von den ihm zugeschriebenen 37 Werken sind nur 12 mit Sicherheit von ihm verfaßt. Sein zweites großes Werk, die *Vinaya-Patrikā* (»Die Bittschrift«), enthüllt in ergreifenden Hymnen sein ganz von Gottesliebe erfülltes Herz. (Übersetzungen nur in engl. u. franz. Sprache.)

Turīya, Skrt., wörtl: »das Vierte«; der überbewußte Zustand der Erleuchtung, der deshalb der Vierte genannt wird, weil er über die drei vertrauten Bewußtseinszustände (→ Avasthā) Wachen, Träumen und Tiefschlaf hinausgeht. Dieser Zustand des Absoluten Bewußtseins ist jenseits von Denken, Kausalität und Körperidentifizierung, er ist unbeschreibbar. Psychologisch wird er Turiya, philosophisch → Brahman genannt. Die → *Māndūkya-Upanishad,* die alle Bewußtseinszustände analysiert, umschreibt Turīya negativ als »weder subjektive noch objektive Erfahrung, weder Bewußtsein noch Unbewußtsein, weder Erkenntnis der Sinne noch relative Erkenntnis, noch abgeleitete Erkenntnis«. Seine positive Beschreibung lautet: »Reines, einheitliches Bewußtsein, unaussprechlicher Friede« und »das Wesen des → Ātman«. (Siehe dazu auch → Brahma-Chaitanya.)

Tvashtri (Tvaṣṭṛ), Skrt., wörtl.: »Zimmermann«; im *Rigveda* ist diese Gottheit der ideale Künstler, der göttliche Handwerker, der Beherrscher aller Fertigkeiten. Er schärft und trägt die große Eisenaxt und schmiedete → Indras Donnerkeil.

Tyāga, Skrt., wörtl.: »aufgeben, loslassen«; Entsagung, selbstloses Tun, das nicht nach Früchten oder Ergebnissen trachtet; ein Grundprinzip des → Karma-Yoga. Der 18. Gesang der *Bhagavad-Gītā* behandelt den Begriff ausführlich. Krishna erklärt darin → Arjuna, was rechte Entsagung ist. Wer sich darin übt, wird Tyāgi genannt.

U

Uchchishta (Ucciṣṭa), Skrt., wörtl.: »übriggeblieben«; der Rest der Speisen, der bei einer Opferhandlung übrigbleibt. Nach ved. Auffassung sind göttliche Kräfte in ihm enthalten (→ Prasāda).

Udāna, Skrt.; 1. eine bestimmte Form des → Prāna: der sich aufwärts bewegende Prāna-Strom, der den physischen und metaphysischen Teil unseres Wesens verbindet und, wenn er aktiviert wird, die spirituelle Entwicklung fördert. Durch ihn verläßt die Seele beim Tod den Körper.

Udbhijja, Skrt., wörtl.: »aus der Erde sprossend«, keimgeboren; zweite der vier Entstehungsarten des Lebens, die der Pflanzen. Die drei anderen sind schweißgeboren (Insekten), eigeboren (Vögel, Fische und Amphibien) und schoßgeboren (Säugetiere und Menschen); siehe auch → Chatur-Yoni.

Uddālaka Āruni, ein Heiliger, dessen berühmte, an seinen Sohn → Shvetaketu gerichtete Unterweisungen über die All-Einheit (Identität von Ātman und Brahman) in der → *Chāndogya-Upanishad* enthalten sind.

Uddhava, ein Freund und Vertrauter Krishnas. Er war sein Vetter, da sein Vater Devabhāga und Vasudeva, Krishnas Vater, Brüder waren. Im 11. Skandha (Abschnitt) des → *Bhāgavata-Purāna* empfängt er ähnliche, ausführliche Belehrungen von Krishna wie → Arjuna in der → *Bhagavad-Gītā*.

Udgātri (Udgātṛ), auch Udgātar, Skrt.; einer der vier Hauptpriester bei der Opferzeremonie. Seine Aufgabe ist es, die Gebete und Hymnen des → *Sāmaveda* vorzutragen. Dieser Vortrag oder Gesang wird Udgitha genannt. Die → *Chāndogya-Upanishad* setzt den Udgitha gleich mit der heiligen Silbe → OM.

Uktha, Skrt.; ein Preislied des → *Rigveda.* Die *Kaushītaki-Upanishad* sagt, es sei »das schönste, ruhmvollste und kraftvollste der Preislieder«, und setzt es mit → Brahman gleich.

Umā, ein Name für die Gattin → Shivas. Als Umā-Haimavatī (»vom Himālaya stammend«) ist sie ein Symbol für den höchsten Gipfel des Seins, die höchste Kraft des Einen (→ Brahman), das Göttliche in seiner höchsten Manifestation.

Umrühren des Ozeans, in der Hindu-Mythologie wird immer wieder auf dieses Ereignis Bezug genommen. Es handelt sich dabei um die Sage, daß nach einer großen Überschwemmung oder Sintflut viele Dinge von Wert im Ozean verschwunden waren. Um sie wiederzugewinnen, tauchte Vishnu in seiner Inkarnation als Schildkröte (→ Kūrma) auf den Grund des Ozeans und machte seinen Rücken zum Fundament für den Berg Mandara, um den die Götter und Dämonen die große Schlange → Vāsuki wickelten.
Darauf zogen die Götter am einen Ende der Schlange, die Dämonen am anderen Ende und rührten auf diese Weise den Ozean um, bis alle erwünschten Dinge wieder zum Vorschein kamen. Es handelte sich dabei besonders um → Amrita (das Wasser der Unsterblichkeit), → Dhanvantari (den Arzt der Götter, der die Schale mit Amrita trug), → Lakshmī (die Göttin des Glücks und der Schönheit), Kaustubha (einen gefeierten Edelstein), → Surabhī (die Kuh des Überflusses) und noch anderes mehr. Es wurde aber auch ein Gift dabei aufgerührt, das Shiva aus Barmherzigkeit austrank, um die Menschheit zu retten. Man sagt, daß dieses Gift seine Kehle blau färbte.

Upadesha-Sahasri (Upadeśa-Sahasri), Skrt., wörtl. *upadesha:* »Anweisung, Belehrung«, *sahasri:* »tausendfältig«; eines der Hauptwerke von → Shankara. Der erste Teil ist in Prosa verfaßt, der zweite in Versen.

Upadesha-Vākya (Upadeśa-Vākya), Skrt., wörtl. *upadesha:* »Anweisung Belehrung«, *vākya:* »Rede, Satz«; die Worte, die der → Guru benutzt, um den Schüler in die Wahrheit einzuweihen. Es müssen Worte sein, die der eigenen Verwirklichung entspringen; rein akademische Wortgefüge haben gar keine Wirkung.

Upādhi, Skrt., wörtl.: »Hinzufügung«; eine begrenzende Beifügung. Ein Begriff der → Vedānta-Philosophie, der sich auf alle Namen und Formen der Nicht-Erkenntnis bezieht, die sich der → Ātman selbst aufbürdet, wenn er sich mit Körper, Intellekt, Sinnen und Ego identifiziert. Mit Upādhi wird alles bezeichnet, was → Brahman überdeckt und verhüllt.

Upanayana, Skrt., wörtl.: »Weihe, Aufnahme«; die Zeremonie der Bekleidung mit der heiligen Schnur, durch die der Sohn eines Brahmanen endgültig in die Brahmanenkaste (→ Varna) aufgenommen wird. Er legt ein Gelübde ab, Reinheit, Wahrhaftigkeit und Selbstbeherrschung zu üben, und wird in das → Gāyatrī-Mantra eingeweiht. Danach ist es ihm gestattet, die rituelle Gottesanbetung (→ Pūjā) auszuüben.

Upanischaden, Skrt.: Upanishad (Upaniṣad), wörtl. *upa:* »nahe bei«, *ni:* »nieder«, *sad:* »sitzen«, »sich nahe zu jemandem niedersetzen«, d. h. zu Füßen des Guru sitzen, um die vertrauliche, geheime Lehre zu empfangen.
Die Upanischaden bilden den Schlußteil der → Shruti (des geoffenbarten Teils der Veden) und die hauptsächliche Basis des → Vedānta, der philosoph. Schlußfolgerung aus den Veden. Was sie besonders auszeichnet und für den Weisheitssucher so wertvoll macht, ist ihre gewaltige Gedankenfreiheit und Ausweitung in die Transzendenz. Wie »Schlingpflanzen« (→ Vallī) lehnen sie sich an die vorangegangenen Teile des jeweiligen Veda an und bewahren doch ihre volle Selbständigkeit und Freiheit von allen Erstarrungen priesterlicher Dogmen. In ihrem Mittelpunkt steht immer wieder die Bedeutung von → Ātman und → Brahman, die Erkenntnis der Identität der beiden, sowie die Bedeutung der heiligen Silbe → OM.

Upa-Purāna, Skrt. → Purāna

Uparama, auch Uparati, Skrt., wörtl.: »das Aufhören«; alles, was zur Beruhigung des Denkens beiträgt, damit man sich ungestört konzentrieren kann. Dazu gehört es, seine Pflicht (→ Dharma) zu erfüllen, da unerledigte Pflichten das Denken beunruhigen, aber auch, sich nicht über andere religiöse Meinungen zu ereifern, sondern Toleranz zu üben. Uparama gehört zu den Sechs Errungenschaften (→ Shatkasampatti), die in Shankaras Werk → *Tattvabodha* zu den Vorbedingungen eines Vedānta-Schülers gehören.

Upāsana, Skrt.; Verehrung und Anbetung Gottes in einer seiner zahlreichen Formen oder Manifestationen. In den → Upanischaden besteht Upāsana aus Meditation und spielt nach → Rāmānujas Auffassung eine wesentliche Rolle bei der Intensivierung der Liebe zu Gott (→ Bhakti).

Upāsana-Kānda (Upāsana-Kāṇḍa), Skrt.; gelegentlich wird der Unterteilung der → Veden in Karma-Kānda (Werkteil) und Jñāna-Kanda (Erkenntnisteil) noch eine dritte hinzugefügt, der Upāsana-Kānda (Anbetungsteil), der Andacht, Gebet, Meditation und liebevolle Hingabe an Gott umfaßt und für den → Bhakti-Yoga von besonderer Bedeutung ist. Alle in ihm enthaltenen Riten, Zeremonien und Anbetungsformen werden Upāsana-Vākya genannt.

Upaveda, Skrt.; untergeordneter Veda, Veda im Sinne von Wissenschaft. Die Upavedas zählen nicht zu den → Shrutis wie die Veden.

Upāya-Pratyaya, Skrt., wörtl. *upāya:* »Ankunft, Ankommen«, *pratyaya:* »Grund, Ursache«; das Aufgehen des individuellen Bewußtseins, des Denkbewußtseins, in der letzten Ursache, dem absoluten Bewußtsein (→ Brahman), woraus → Samādhi resultiert.

Upekshā (Upekṣā), Skrt., wörtl.: »Nichtbeachtung, Vernachlässigung«. Nicht nur die Nichtbeachtung von Fehlern oder Lastern anderer, sondern auch die kritische Prüfung der eigenen vermutlichen Verhaltensweise in einer entsprechenden Situation, um daraus für sich und andere zu lernen.

Ūrdhva-Budhna, Skrt., wörtl. *ūrdhva:* »nach oben, über ... hinaus«, *budhna:* »Tiefe, Grund«; ein Ausdruck für die in der Sprache (→ Vāk) liegende Kraft, die durch ihre Schwingungen die Lebenskräfte aus der Tiefe aufsteigen und den Menschen spirituell über sich hinauswachsen lassen kann, indem sie sein Denken erleuchtet.

Urvashī (Urvaśī), Skrt.; eine himmlische Nymphe von außergewöhnlicher Schönheit, die zuerst im *Rigveda* erwähnt wird.

Ūshā, eine → Daitya-Prinzessin, die Tochter von → Bāna und Enkelin von → Bali. Sie wird auch Prītijushā genannt.

Ushas (Uṣas), Skrt., wörtl.: »Morgenröte«; die Göttin der Morgenröte, die Tochter des Himmels und Schwester der → Ādityas. Ihr sind nur wenige Hymnen der Veden gewidmet, die aber zu den zartesten, schönsten und poesievollsten gehören.

Utkata-Karma (Utkaṭa-Karma), Skrt., *utkata* wörtl.: »übermäßig, voll«; → Karma, das fällig geworden ist und deshalb zur Auswirkung kommen muß; auch Taten und Gedanken, die nicht mehr rückgängig gemacht oder geändert werden können, so wie der Pfeil, der abgeschossen worden ist, nicht mehr zurückgeholt oder in seinem Lauf verändert werden kann. Identisch mit → Prārabdha-Karma.

Utsāha, Skrt.; Kraft, Vitalität, Ausdauer, ständiges Wachsein. Nur durch Ausdauer, beharrliches Bemühen und zähe eigene Anstrengungen ist es möglich, auf dem spirituellen Weg Fortschritte zu machen. Deshalb ist Utsāha eine sehr wesentliche Eigenschaft.

Uttara, Skrt. → Pūrva

Uttara-Mīmāmsā (Uttara-Mīmāṃsā), Skrt., wörtl. *uttara:* »später als, folgend auf«, *mīmāmsā:* »Erörterung«; die Uttara-Mīmāmsā, eines der sechs → Darshanas, im allgemeinen als → Vedānta bezeichnet, folgt nicht nur zeitlich, sondern auch sinngemäß auf die → Pūrva-Mīmāmsā. In ihr geht es um das Streben nach Erkenntnis, dem i. allg. eine Läuterung, wie sie die Pūrva-Mīmāmsā durch das Ritual bewirkt, vorangehen sollte. (Siehe auch → Mīmāmsā.)

Uttarayāna, Skrt. → Devayāna

V

Vāch, Skrt. →Vāk

Vādavidyā, Skrt. → Nyāya

Vāhana, Skrt., wörtl.: »Fahrzeug«; Fortbewegungsmittel der meisten hinduist. Götter. Jedem ist in der Ikonographie ein typisches Vāhana in mehr oder weniger fabulöser Tiergestalt zugeordnet:

Gottheit	*Vāhana*
Agni	Widder
Brahmā	Schwan (→ Hamsa)
Durgā	Löwe oder Tiger
Ganesha	Ratte
Indra	Elefant
Kārttikeya	der Pfau Paravāni
Shiva	Stier (→ Nandi)
Varuna	Fisch
Vāyu	Antilope
Vishnu	der »Vogel« → Garuda
Yama	Büffel

Vaidhī-Bhakti, Skrt. →Bhakti

Vaikhari-Japa, Skrt. →Japa

Vaikuntha (Vaikuṇtha), Skrt.; Vishnus Paradies, das manchmal auf den Berg → Meru verlegt wird und manchmal in den nördlichen Ozean. Mitunter wird Vishnu selbst Vaikuntha genannt, ebenso Indra.

Vairāgya, Skrt., wörtl.: »Leidenschaftslosigkeit«, im Westen oft nicht ganz richtig mit Entsagung übersetzt, da für Entsagung i. allg. ein Zwang notwendig ist. Vairāgya bezeichnet jedoch im → Vedānta ein Herauswachsen aus den vergänglichen Dingen der

Diesseitigkeit, weil man die unvergängliche Wirklichkeit Brahmans gefunden hat. Wer Freude am Studium heiliger Schriften hat, ist den Kinderbüchern zwanglos entwachsen. In Shankaras Werk → *Tattvabodha* ist Vairāgya eine der vier Vorbedingungen für einen spirituell Strebenden. Die drei anderen sind → Viveka, → Mumukshutva und → Shatkasampatti. Wer Vairāgya erlangt hat, wird ein Vairāgi genannt.

Vairochana (Vairocana), Skrt., wörtl., »der Sonnengleiche«, auch Virochana; ein → Asura, der Sohn von → Prahlāda und Vater von → Bali. In der *Chāndogya-Upanishad* (VIII, 7–8) wird erzählt, wie er sich zusammen mit Indra um die Erforschung des Selbst (→ Ātman) bemühte.

Vaishampāyana (Vaiśampāyana), ein gefeierter Heiliger; Schüler des großen → Vyāsa, der ihn das *Mahābhārata* lehrte, das er später dem König Janamejaya auf einem Fest vortrug. Der → *Harivamsha* soll auch von ihm übermittelt sein.

Vaisheshika (Vaiśeṣika), Skrt., wörtl.: »sich auf die Unterschiede (→ Vishesha) beziehend«; das älteste der sechs orthodoxen Hindu-Philosophiesysteme (→ Darshana). Es wurde von → Kanāda gegründet, teilt die Mannigfaltigkeit der Natur in sechs Kategorien, die Padārthas, ein und ist eher wissenschaftlich als philosophisch ausgerichtet. Es ist jedoch der Auffassung, daß durch besondere Pflichterfüllung die sechs Padārthas erkannt werden können und daß diese Erkenntnis zur Seligkeit führt.

Vaishnava (Vaiṣṇava), Skrt.; Anhänger des → Vaishnavismus, einer der drei Hauptrichtungen der Gottesverehrung im modernen Hinduismus. Hauptschriften der Vaishnavas sind die Vaishnava-Purānas (→ Purānas).

Vaishnavismus (Vaiṣṇavismus), auch Vishnuismus; eine der drei großen Richtungen der Gottesverehrung im modernen Hinduismus. Die beiden anderen sind → Shaivismus und → Shaktismus. Die → Vaishnavas sehen in Vishnu das höchste Wesen und verehren ihn in seinen verschiedenen Inkarnationen (→ Avatāra), vor allem als Rāma und Krishna.

Vaishvānara (Vaiśvānara) auch Virāj, Skrt., wörtl.: »auf alle Menschen bezogen«, im → Vedānta der Wachzustand der Menschen allgemein. Auf einen einzelnen Menschen bezogen, wird diese Ebene Vishva genannt. Sie ist eine der vier → Avasthās und identisch mit → Jagrat. Die drei anderen Bewußtseinszustände werden im Vedānta als → Prājña (Tiefschlaf), → Taijasa (Traumschlaf) und Turīya (»das Vierte«) bezeichnet. Die *Māndūkya-Upanishad* befaßt sich ausführlich mit ihnen.

Vaishvānara-Vidyā (Vaiśvānara-Vidyā), Skrt., wörtl. *vaishvānara:* »auf alle bezogen, alle umfassend«, *vidyā:* »Wissen, Erkenntnis«; die Erkenntnis, daß in allen das kosmische Selbst lebendig ist; die Gewißheit, daß alle eins sind mit dem universalen Bewußtsein.

Vaishya, Skrt. → Varna

Vaivasvata, Skrt., wörtl.: »der Sonnengeborene«; der siebente → Manu, der Manu des gegenwärtigen Zeitalters. Er war der Sohn von → Vivasvat und Vater von Ikshvāku, dem Gründer der Solar-Rasse der Könige, und hat die → *Manu-Samhitā* mitverfaßt. Krishna erwähnt ihn in der *Bhagavad-Gītā* (IV, 1).

Vajra, Skrt. 1. der Blitzstrahl → Indras oder sein »Donnerkeil«, der aus den Knochen des → Rishi Dadhīchi gemacht sein soll. Es ist eine kreisförmige Waffe mit einem Loch in der Mitte. Der Vajra hat viele Namen wie »der Spalter«, »der Brüllende«, »der Zerstörer«; 2. der Sohn von → Aniruddha. Seine Mutter ist die Daitya-Prinzessin → Ūshā. Krishna machte ihn kurz vor seinem Tod zum König des → Yādava-Stammes.

Vāk, auch Vāch (Vāc), Skrt., wörtl.: »Rede, Stimme, Sprache«; in den → Veden ist sie die Trägerin der Offenbarung. Im *Rigveda* wird die heilige, im Veda-Wort verkörperte Rede gepriesen als die schaffende, alle Götter tragende Urkraft. In ihrer poetischen Art schildern die alten Hindu-Schriften, wie das Universum ins Dasein gesungen wurde von → Brahmās göttlichem Gedanken, der ihm durch Vāk, die göttliche Stimme, entströmte.

Vākyanu-Sādhana, Skrt.; Meditation *(sādhana)* über die → Mahāvākyas, die großen Lehrsätze der → Shrutis, und die Ergründung ihres tiefen Sinns.

Vakyavritti (Vākyavṛtti), Skrt., wörtl.: »Die Auslegung *(vritti)* des Satzes *(vākya)*«, die Auslegung des → Tat Tvam Asi (»Das bist du«), ein kleines, aber wichtiges Werk des → Advaita-Vedānta von → Shankara, das in 53 Verspaaren (Shlokas) die eminente Bedeutung des Axioms *Tat Tvam Asi* erklärt.

Vallabha, auch Vallabhāchārya, ein → Vaishnava-Heiliger und Philosoph des 15. Jh. Seine Philosophie, der Shuddhādvaita-Vedānta (*shuddha,* wörtl.: »unverfälscht, rein, ursprünglich«) steht zwischen → Shankaras Advaita-Vedānta und → Rāmānujas Vishishtādvaita-Vedānta.

Vallī, Skrt., wörtl.: »Schlingpflanze«; eine treffende Bezeichnung für die Art, in der eine → Upanischade sich an das → Brāhmanam anschmiegt und dabei doch bis in die Wurzeln hinein ihre volle Selbständigkeit bewahrt. Insbesondere werden die drei Unterteilungen der → *Taittirīya-Upanishad* als Vallī bezeichnet.

Vālmīki, Verfasser des berühmten Sanskrit-Epos → *Rāmāyana,* das er, wie es in den Veden heißt, »gesehen« haben soll. Sich selbst erwähnt er darin, als hätte er an einigen Ereignissen selbst teilgenommen. So beherbergte er angeblich die verbannte → Sītā in seiner Einsiedelei und erzog ihre Zwillinge Kusha und Lava.
Vālmīki gilt als der erste namentlich bekannte Kunstdichter *(ādikavi)* der ind. Literatur, und wenn er auch sicherlich nicht der alleinige Verfasser des *Rāmāyana* war, so verdankt es ihm doch zweifellos das prägende epische Versmaß des → Shloka, in dem das Epos um Rāma ebenso wie der größte Teil des *Mahābhārata* geschrieben sind. Auch das Epos → *Yoga-Vasishtha* soll ein Werk Vālmīkis sein.

Vāmāchāra, auch Vāmamārga, Skrt. → Tantra

Vāmāchāris, Skrt.; Anhänger des Vāmāchāra → Tantra

Vāmadeva, ein ved. → Rishi, der als Verfasser von → *Rigveda IV* gilt. In einer seiner Hymnen läßt er sich selbst schon vor seiner eigenen Geburt sprechen. Der Kommentator → Sāyana sagt dazu: »Der Rishi Vāmadeva wollte, als er noch im Mutterleib weilte, nicht auf normale Weise geboren werden und beschloß durch die Seite seiner Mutter auf die Welt zu kommen.« In einer anderen Hymne sagt Vāmadeva: »Wie ein Habicht schoß ich heraus.« Ein Kommentator erklärt: »Er nahm die Form eines Habichts an und kam durch Yoga-Kräfte aus dem Mutterleib, denn er hatte von der Empfängnis an göttliche Erkenntnis.«

Vāmana, Skrt., wörtl.: »Zwerg«; Vishnus fünfte Inkarnation als → Avatāra im Tretā-Yuga (→ Yuga). Schon im *Rigveda* tritt Vishnu durch seine Heldentat der »drei Schritte« (→ Trivikrama) hervor. Das vermutlich im 14. Jh. in Benares entstandene *Vāmana-Purāna* enthält einen 7000 Stanzen umfassenden Bericht Brahmās über Vishnus Zwerginkarnation, verteilt seine Huldigung jedoch unparteiisch auf Vishnu und Shiva.

Vānaprastha, Skrt., wörtl.: »Waldaufenthalt«; die dritte Lebensstufe (→ Āshrama, 2.) der Hindus, auf der sich der Mensch, nachdem er die Pflichten des Haushälters erfüllt und der Gemeinschaft gedient hat, in die Waldeinsamkeit zurückzieht, um sich ganz dem Studium der Philosophie und der heiligen Schriften hinzugeben und intensive Meditation zu üben.

Varna (Varṇa), Skrt., wörtl.: »Farbe, Kaste«; eine Gesellschaftsordnung, die von den Ariern nach ihrem Eindringen in Indien eingeführt wurde. Sie umfaßt vier Hauptkasten: 1. die Brahmanen (Brāhmanas), die gebildete Klasse. Zu ihr gehören Priester, Philosophen, Gelehrte und religiöse Führer; 2. die Kshatriyas, die Kriegerkaste. Dazu gehören Politiker, Feldherren, Offiziere und weltliche Machthaber; 3. die Vaishyas, die Händler und Bauern, auch Versorger genannt; 4. die Shūdras, die Arbeiter und Diener. Die unterste Schicht der Hindu-Gesellschaft bilden die Parias, die Unberührbaren, die außerhalb des Kastensystems stehen. Die Angehörigen der drei oberen Kasten werden auch → Dvija (»zweifach Geborene«) genannt. Die *Bhagavad-Gītā* lehrt, daß derjenige, der die Erfüllung der Pflichten, die seine jeweilige Kastenzugehörigkeit mit sich bringt, als Hingabe an Gott betrachtet, seine Kaste und alle anderen karmischen Begrenzungen überwinden kann, um spirituelle Vollkommenheit zu erreichen, die jedes Menschen Geburtsrecht ist.

Varuna (Varuṇa), Skrt., wörtl.: 1. »der Allumfassende« *(varas:* »Weite, Raum«); 2. »Ozean, Sonne«; einer der ältesten ved. Götter, die Personifizierung des allumfassenden Himmels, der Schöpfer und Erhalter von Himmel und Erde bzw. der König des Universums, der Götter und der Menschen; die höchste Gottheit, der besondere Ehre gebührt. In späteren Zeiten wurde er zum Herrn der Sonnengötter (→ Ādityas) und noch später der Gott der Meere und Flüsse, als der er auch heute noch gilt.

Vāsanānanda, Skrt.; Freude und Seligkeit *(ānanda),* die von den unvergänglichen Eindrücken *(vāsanā)* spiritueller Erlebnisse hinterlassen werden.

Vāsanās, Skrt., wörtl.: »Vorstellung, Verlangen; Eindruck«. Abgesunkene und verborgene Wünsche, Neigungen und Ambitionen, die jederzeit wieder an die Oberfläche kommen können. Sie sind eng verwandt mit den → Samskāras, bilden mitunter einen Bestandteil von ihnen und werden gelegentlich als Synonym für sie gebraucht.

Vasishtha (Vasiṣṭha), berühmter Heiliger (Brahmane), der Verfasser von → *Rigveda VII.* Es bestand eine große Rivalität zwischen ihm und dem Heiligen → Vishvāmitra, der zunächst ein → Kshatriya war. Das Verhältnis der beiden zueinander spiegelt deutlich den sich zu jener Zeit abspielenden Kampf wider um die Vorherrschaft zwischen den Brahmanen und den Kshatriyas, die häufig weise Könige waren und sich von den oftmals arroganten Brahmanenpriestern keine Vorschriften machen lassen wollten. Vasishtha und Vishvāmitra vertrugen sich schließlich, nachdem letzterer durch intensive spirituelle Übungen zur Brahmanenkaste aufgestiegen war.

Vasudeva, der Vater von Krishna. Seine Schwester war → Kuntī, die Mutter der → Pāndava-Prinzen. In der *Bhagavad-*

Gītā wird Krishna Vāsudeva genannt. Nach dem *Mahābhārata* bedeutet dieser Name, daß Krishna in allen Wesen wohnt (Skrt. *vāsanat*).

Vāsuki, der König der Nāgas oder Schlangen, die im Pātāla, einer Region der Unterwelt, leben. Die Götter und → Asuras benutzten ihn als Ring um den Berg Mandara, als sie den Ozean aufwühlten (→ Umrühren des Ozeans).

Vasus, Skrt.; eine Gruppe von acht Göttern, die als Diener → Indras bekannt sind. In ved. Zeit waren sie Personifizierungen von Naturerscheinungen. Es sind: Āpas (Wasser), Dhruva (Polarstern), Soma (Mond), Dharā (Erde), Anila (Wind), Anala (Feuer), Prabhāsa (Licht) und Pratyūsha (Morgendämmerung).

Vātsalya, Skrt., wörtl.: »Zärtlichkeit«; die zärtliche Liebe der Eltern zu ihrem Kind, eine der fünf Haltungen (Bhāvas) eines Gottliebenden auf dem Weg des → Bhakti-Yoga.

Vātsyāyana, Gelehrter des 4. Jh., der auch über erotische Themen schrieb. Er ist der Verfasser des → *Kāma-Sūtra* und des *Nyāya-Bhāshya,* des klassischen Kommentars über das *Nyāya-Sūtra* von → Gotama.

Vāyu, Skrt., wörtl.: »Luft, Wind«; der Gott der Winde. In den Veden erscheint er zusammen mit Indra und fährt im selben Wagen mit ihm, wobei Indra sein Wagenlenker ist. Nur wenige Hymnen sind ihm gewidmet. Drei Götter stehen in den Veden in besonderer Beziehung zueinander: → Agni, dessen Platz auf der Erde ist, Vāyu, dessen Platz in der Luft ist, und → Sūrya, dessen Platz am Himmel ist.

Veda, Skrt., wörtl.: »Wissen, heilige Lehre« → Veden

Vedānga (Vedāṇga), Skrt., wörtl.: »Glieder des Veda«; Ergänzungen zu den → Veden, um sie richtig lesen, verstehen und anwenden zu können. Die Vedānga-Schriften behandeln, meist im Sūtra-Prosastil, lehrbuchartig die Themen der sechs ved. Hilfswissenschaften: 1. Phonetik (→ Shikshā); 2. Metrik (→ Chandas); 3. Grammatik (Vyākarana); 4. Etymologie (→ Nirukta), besonders berühmt das von → Yāska verfaßte Werk gleichen Namens; 5. Astronomie (→ Jyotisha); 6. Opferritual (→ *Kalpa-Sūtra*). – Die Vedāngas gehören zum hinduist. Schriftgut der → Smriti.

Vedānta, Skrt.; Zusammensetzung aus Veda und *anta:* »Ende«; das Ende, d. h. die Schlußbetrachtungcn der Veden, wie sie zunächst in den → Upanischaden enthalten sind. Die in ihnen verstreuten Offenbarungen und tiefen Einsichten, die sich vor allem mit Brahman und Ātman und dem Verhältnis der beiden zueinander beschäftigen, hat Bādarāyana in seinem → *Vedānta-Sūtra* zusammengefaßt, das die Basis der Vedānta-Philosophie (→ Uttara-Mīmāmsā) bildet. Radhakrishnan schreibt in seinem Werk *Indische Philosophie* (1955) in der Einleitung des Kapitels über das *Vedānta-Sūtra:* »Die Vedānta-Philosophie ist von allen Hindu-Gedankensystemen am engsten mit der indischen Religion verknüpft und beeinflußt in der einen oder anderen Form die Weltanschauung jedes Hindu-Denkers der heutigen Zeit.«
Drei Hauptzweige haben sich im Vedānta herausgebildet: 1. der → Advaita-Vedānta (Nicht-Dualismus), dessen wichtigste Lehrer Gaudapāda, Shankara, Padmapāda, Sureshvara und Vidyāranya sind. Shankara ist der bedeutendste von ihnen; 2. der → Vishishtādvaita-Vedānta (eigenschaftsbehafteter Nicht-Dualismus), dessen Hauptvertreter → Rāmānuja ist; 3. der → Dvaita-Vedānta (dualistischer Vedānta), dessen Hauptvertreter → Madhva ist.

Vedānta-Paribhāshā (Vedāntaparibhāṣā), Skrt.; ein Werk über den → Advaita-Vedānta von Dharmarāja, der im 17. Jh. n. Chr. in Südindien gelebt hat und zur Schule des → Padmapāda gehört. Das Buch hat acht Kapitel und behandelt die verschiedenen Erkenntnismethoden, die großen Lehrsätze (→ Mahāvākya) der Veden und die verschiedenen Bewußtseinszustände. Es betont die Autorität der ved. Schriften und betrachtet Erleuchtung als höchstes Ziel des Lebens.

Vedāntasāra, Skrt., wörtl.: »Kern des Vedānta«; 1. ein Werk von → Rāmānuja; 2. ein Werk von Sadānanda (15. Jh.), das wegen seiner Klarheit und Präzision eine der am meisten gelesenen → Vedānta-Schriften ist. Es schildert u. a. die Verhüllungskraft des Nicht-Wissens und die Überdeckung des Selbst mit den grob- und feinstofflichen Hüllen und behandelt ausführlich die großen Lehrsätze (→ Mahāvākya) der Veden und den Zustand des → Jīvanmukta, des zu Lebzeiten Erlösten.

Vedanta-Sūtra, auch *Brahma-Sūtra,* Skrt.; die Entstehungszeit des Sūtra schwankt je nach Ansicht der Gelehrten zwischen 400 v. Chr. und 200 n. Chr. Der Indologe Max Müller hält es für älter als die → *Bhagavad-Gītā.* Auch über die Frage des Verfassers sind sich die Gelehrten nicht einig. Manche nennen → Vyāsa, andere Bādarāyana, und wieder andere glauben, daß beide identisch seien. Auf jeden Fall hat der Verfasser die in den Upanischaden verstreuten Einsichten und Offenbarungen über Brahman und Ātman und ihre Beziehung zueinander in diesem Werk zusammengefaßt, das die Basis der → Vedānta-Philosophie bildet. Sein zweiter Name *(Brahma-Sūtra)* bezieht sich darauf, daß Brahman in seinem Mittelpunkt steht.

Vedavyāsa, Skrt., wörtl.: »Sammler der Veden«; eine Bezeichnung für → Vyāsa, wobei dieser Name jedoch für viele verwendet wurde, die Aphorismen oder Geschichten zusammengetragen haben.

Veden, Skrt. : Veda, wörtl.: »Wissen, heilige Lehre«; die Gesamtheit der ältesten Texte der ind. Literatur, denen der orthodoxe Hindu übermenschlichen Ursprung und göttliche Autorität zuschreibt. Dieser große Schriftenkomplex vom sechsfachen Umfang der Bibel gliedert sich in vier Abteilungen: 1. den → *Rigveda,* den Veda der Verse; 2. den → *Sāmaveda,* den Veda der Lieder; 3. den → *Yajurveda,* den Veda der Opfersprüche; 4. den → *Atharvaveda,* den Veda des Atharvan, eines mystischen Feuerpriesters. Jeder dieser vier Veden läßt sich nach Inhalt, Darstellungsform und Entstehungszeit in drei verschiedene Schriftgattungen unterteilen: a. die → Samhitā (Sammlung); b. das → Brāhmana (rituelle Erklärung), an sie schließen sich die → Āranyakas (»Wald«- oder »Wildnis«-Texte) an, und auch die → Upanischaden gehören z. T. zu den Brāhmanas; c. das → Sūtra

(Leitfaden). Hinsichtlich seiner Aussage unterteilt man jeden Veda in den → Karma-Kānda, den Werkteil, und den →Jñān-Kānda, den Erkenntnisteil.

Vibhīshana (Vibhīṣaṇa), auch Bibhīshana, Skrt., wörtl.: »schrecklich, einschüchternd«; ein Bruder → Rāvanas, aber im Gegensatz zu ihm edel und voller Tugenden. Er wurde → Rāmas Verbündeter.

Vibhūti, Skrt., wörtl.: »durchdringend, mächtig; Offenbarung, Macht«; 1. Fähigkeiten und Kräfte, die aus Übungen erwachsen, wie sie im *Yoga-Sūtra* des → Patañjali (Kap. 3, 16–55) aufgezeichnet sind, z. B. Kenntnis der Vergangenheit und Zukunft, Gedankenlesen, Kenntnis früherer Geburten und der eigenen Todesstunde usw. Sie sind weitgehend identisch mit den → Siddhis; 2. die Manifestation göttlicher Kraft in Form von Erkenntnis, Liebe, Energie und Stärke. Im Menschen finden sich diese Vibhūtis bei spirituellen Lehrern, genialen Wissenschaftlern und Künstlern. Sie bewirken im einzelnen und in kleinem Umfang dasselbe wie die → Avatāras: Sie helfen den Menschen, sich spirituell weiterzuentwickeln.

Vichāra (Vicāra), Skrt., wörtl.: »Unterscheidung, Prüfung, Ergründung«; alle materiellen und geistigen Probleme müssen erforscht und ergründet werden. Die höchste Art der Ergründung beschäftigt sich damit herauszufinden, weshalb unsterbliches Bewußtsein (→ Ātman) sich für einen sterblichen Körper (→ Jīva) hält. Wer dieses Problem löst, erlangt Erleuchtung. Der → *Pañchadashi* fordert immer wieder zu dieser Art des Vichāra auf. Shastri sagt in einer Anmerkung zu einem Vers dieses Werkes (IX, 14): »Der intellektuelle Prozeß des Vichāra erreicht seinen Höhepunkt in der auf ein einziges gerichteten (one-pointed) Kontemplation (→ Nididhyāsana). Reines Nididhyāsana ist ein Mittel zur direkten Erkenntnis (→ Para-Vidyā).«

Videha, Skrt., wörtl.: »vom Körper gelöst«; 1. ein Beiname des Königs → Janaka, der besagt, daß dieser sich von der Verhaftung an die Welt gelöst hatte; 2. Janakas Volk und Königreich mit der Hauptstadt Mithilā (im heutigen Nord-Bihar).

Videhamukti, Skrt., wörtl. *videha:* »körnerlos«, *mukti:* »Befreiung«; Befreiung durch die Erkenntnis, nicht der Körper zu sein, sondern absolutes Bewußtsein (→ Ātman).

Vidhātri (Vidhātṛ), Skrt., wörtl.: »Schöpfer«; ein Name, der für → Brahmā, → Vishnu und → Vishvakarma gebraucht wird.

Vidvat-Sannyāsa (Vidvat-Saṃnyāsa), Skrt., wörtl.: »die Entsagung des Erleuchteten«; ein im Grunde in sich widersprüchlicher Begriff, da der Erleuchtete nicht zu entsagen braucht. Seine Wünsche sind verschwunden, er ist dem Hängen an den Sinnesobjekten entwachsen. Der Begriff »Entsagung« bedeutet das Geschehen »unbeteiligt« sehen.

Vidyā, Skrt., wörtl.: »Wissen, Lehre, Erkenntnis«; der Hinduismus unterscheidet zwei Arten der Vidyā: 1. geringere Erkenntnis (→ Apara-Vidyā), intellektuell erworbenes Wissen; 2. höhere Erkenntnis (→ Para-Vidyā), intuitive, spirituelle Erfahrung, die bis zur Erleuchtung, Befreiung und Erfassung der letzten Wirklichkeit führt.

Vidya-Māyā, Skrt. → Māyā

Vidyāranya (Vidyāraṇya), auch Madhāvāchārya, ein Philosoph des 14. Jh., der Shankaras-Philosophie des → Advaita-Vedānta vertrat und mit seinem → *Pañchadashi* ein Standardwerk dieser Vedānta-Schule schuf. Weitere bedeutende Werke von ihm sind sein *Jīvanmukti-Viveka* und sein *Vivarana-Prameya-Samgraha.*

Vidyā-Shakti (Vidyā-Śakti), Skrt., wörtl. *vidyā:* »Erkenntnis«, *shakti:* »Kraft«, die Kraft Brahmans, die den → Jīwa aus der Nicht-Erkenntnis (→ Avidyā) zur Verwirklichung Brahmans führt.

Vigraha, Skrt., wörtl.: »Form«; das Göttliche, dargestellt als Form. Ein Bildnis, das durch Mantras geweiht und durch Verehrung und Anbetung des Gottsuchenden verklärt worden ist, wird zur Gottheit selbst. Deshalb kann Vigraha nicht mit Idol oder Götzenbild übersetzt werden.

Vijātīya-Vritti (Vijātīya-Vṛtti), Skrt., wörtl. *vijātīya:* »verschiedenartig, entgegengesetzt«, *vritti:* »Gedankenwelle«; Turbulenz von Gedanken, die nicht zur Meditation gehören und durch ihre Unbeherrschbarkeit jede echte Konzentration verhindern. Sie sind eines der größten Hindernisse bei der Meditation.

Vijayā, Skrt.; der letzte Tag des Festes Durgā-Pūjā, an dem das Bildnis der Göttin Durgā im Wasser versenkt wird. Vijayā ist noch heute ein besonderer Festtag im Hinduismus, an dem Grüße und gute Wünsche ausgetauscht werden.

Vijñāna, Skrt., wörtl.: »Bewußtsein, Erkennen«. Der höchste Zustand spiritueller Verwirklichung, in dem der Erleuchtete → Brahman nicht in einem gesonderten → Samādhi-Zustand wahrnimmt, sondern mitten in der Erscheinungswelt, die für ihn nichts anderes ist als eine Manifestation Brahmans. Der → Vedānta nennt diese höchste Erkenntnis »Brahman mit offenen Augen sehen« und den, der sie verwirklicht hat, einen Vijñānin.

Viñānamaya-Kosha, Skrt. → Kosha

Vikalpa, Skrt. → Sankalpa

Vikāra, Skrt., wörtl.: »Umwandlung«; die reale Umwandlung einer ursprünglichen Substanz in eine andere, z. B. Milch in Quark. Die Urquelle aller Substanzen ist → Prakriti, aus der durch Umwandlung die ganze Erscheinungswelt hervorgeht. Vikāra ist ein Teil des → Parināmavāda der Sānkhya-Philosophie.

Vikramāditya, ein berühmter König, der in Ujjayinī, einer der sieben heiligen Städte Indiens (→ Nagara), herrschte. Die Samvatsara-Ära, deren Zeitrechnung 56 v. Chr. begann, trägt seinen Namen. An seinem Hof, an dem die Dichtkunst blühte, versammelte er neun erlauchte Dichter und Gelehrte, die »Neun Edelsteine«, um sich. Es waren Dhanvantari, Kālidāsa, Vararuchi, Kshapanaka, Amara-Simha, Vetālabhatta, Ghatakarpara, Shanku und Varāhamihira.

Vikshepa (Vikṣepa), Skrt., wörtl.: »Ausbreitung«; einer der beiden Vorgänge, in die → Avidyā (Nicht-Erkenntnis) sich hinsichtlich der Unfähigkeit, Brahman zu erkennen, aufteilt. Avidyā bedeutet i. allg. nur Unwissenheit, d. h. die Unfähigkeit, zwischen Wirklichem und Unwirklichem, Unvergänglichem und Vergänglichem, zu unterscheiden. Wenn aber Brahman nicht erkannt wird, so geschieht zweierlei durch Avidyā: 1. wird die wahre Natur Brahmans nicht erkannt; und 2. wird das nicht Erkannte dadurch verhüllt (→ Āvarana), daß etwas anderes darüber ausgebreitet wird. Dieser zweite Vorgang wird als Vikshepa bezeichnet oder auch als Adhyāropa (wörtl. »fälschliche Überdeckung«). → Shankara illustriert ihn durch sein Beispiel von dem Tau (Brahman), das in der Dunkelheit nicht nur nicht als Tau erkannt wird, sondern mit der Vorstellung einer Schlange (Erscheinungswelt) überdeckt wird (Vikshepa oder Adhyāropa).

Viparīta-Bhāvana, Skrt., wörtl. *viparīta:* »verkehrt«, *bhāvana:* »Vorstellung«; der falsche Glaube, die irrige Überzeugung, daß die sichtbare Erscheinungswelt die einzige Wirklichkeit sei.

Viparyaya, Skrt., wörtl.: »Irrtum, Mißverständnis«; eine fehlerhafte Ansicht, die durch Nicht-Erkenntnis verursacht wurde, aber nach längerem Studium als solche erkannt wird.

Vīrabhadra, Skrt.; ein Geschöpf → Shivas, »ein Wesen wie das Feuer des Schicksals«, von furchterregender Gestalt und gewaltigen Kräften. In den Höhlen von Elephanta (auf der Insel Gharapuri vor Bombay) und Ellora (bei Aurangabad) befinden sich Skulpturen von ihm.

Virāj, Skrt., wörtl.: »strahlend, herrschend«; im Vedānta eine Bezeichnung für → Saguna-Brahman, der als → Īshvara die gesamte Erscheinungswelt durchdringt und beherrscht.

Viraja-Homa, Skrt., wörtl. *viraja:* »leidenschaftslos«, *homa:* »im Feuer opfern«; das Opfern aller Dinge dieser Erscheinungswelt, die ihre Wurzeln in → Ajñāna (Nicht-Erkenntnis der Wirklichkeit) hat, im Feuer des Unterscheidungsvermögens (→ Viveka).

Dies ist nur dem möglich, der auf dem Weg vollkommener Entsagung (→ Sannyāsa) ist. Das Opfer wird Viraja genannt, weil es freimacht von → Rajas, dem → Guna von Gier und Leidenschaft. Es ist das Läuterungsritual für den, der alles aufgegeben hat.

Vīrashaiva, Skrt. → Lingāyat

Virāt, auch Viraj, Skrt., → Vaishvānara

Virochana, Skrt. → Vairochana

Visamvāda-Bhrama (Visaṃvāda-Bhrama), Skrt., wörtl. *visamvādin:* »widersprechend, unzutreffend«, *bhrama:* »Irrtum«; ein Irrtum, der dadurch entsteht, daß etwas Vorhandenes verkannt wird, indem man es für etwas anderes hält, als es ist, und das Denken auf diese Weise in die Irre führt. → Shankara gibt dafür das treffende Beispiel von einem Tau, das in der Dunkelheit für eine Schlange gehalten wird.

Vishāda (Viṣāda), Skrt., wörtl.: »Verzagtheit, Niedergeschlagenheit«; der Zustand, in dem Arjuna sich zu Beginn der *Bhagavad-Gītā* befindet, ein schwerwiegendes Hindernis auf dem Weg der spirituellen Entwicklung. Der Zustand ist auf Identifizierung mit dem Körper und Vorstellungen von Begrenzung und Unzulänglichkeit zurückzuführen, die der → Vedānta für eine große Schwäche hält.

Vishaya-Chaitanya (Viṣaya-Caitanya), Skrt., wörtl. *vishaya:* »Sinneswelt«, *chaitanya:* »Bewußtsein«; das Bewußtsein, das Körper und Denken benutzt, um alle Objekte der manifestierten Welt erscheinen zu lassen, die nach Auffassung des → Vedānta Projektionen des Denkens sind.

Vishaya-Shakti (Viṣaya-Śakti), Skrt., wörtl.: »Kraft der Sinneswelt«; die geheimnisvolle Kraft, die unser Denken nach außen führt und uns immer wieder zu den Objekten der Sinneswahrnehmung hindrängt, auch wenn wir uns nach innen wenden wollen.

Vishesha (Viśeṣa), Skrt., wörtl.: »Unterschied, Verschiedenheit, Besonderheit«; der fünfte der sechs Padārthas (Kategorien) des → Vaisheshika, des ältesten der sechs orthodoxen Systeme (→ Darshana) der Hindu-Philosophie, von dem das System seinen Namen ableitet.

Vishishtādvaita-Vedānta (Viśiṣṭādvaita-Vedānta), Skrt., eigenschaftsbehafteter Nicht-Dualismus, von *advaita:* »Nicht-Zweiheit, Nicht-Dualismus« und *vishishta* abgeleitet von *vishesha:* »Besonderheit, Spezifisches«; es ist der Advaita-Vedānta mit einer Eigenschaft, und zwar derjenigen der Pluralität, die ein spirituelles Prinzip (→ Brahman) als Basis der Welt anerkennt, von dem sich die individuelle Seele und die unbelebte Natur ihrem Wesen nach unterscheiden. Der Begründer dieses Vedānta-Zweiges, → Rāmānuja, konzentriert seine Aufmerksamkeit auf die Beziehung zwischen Gott und der Welt. Er ist der Auffassung, daß Gott wirklich und unabhängig ist, betont aber, daß die einzelnen Seelen und die Welt genauso wirklich sind, jedoch nicht unabhängig, da ihre Wirklichkeit völlig auf der Wirklichkeit Gottes beruht und von ihr abhängt. Persönliche Werte sind der unpersönlichen Letzten Wirklichkeit untergeordnet, aber für den Gott Liebenden (→ Bhakta) besitzen Wahrheit, Schönheit und Güte eine Wirklichkeit, die sich nicht mit der unpersönlichen Abstraktion des Advaita in Einklang bringen läßt. Dieser Zwiespalt führte Rāmānuja, der ein Bhakta war, zur Begründung des Vishishtādvaita-Vedānta.

Vishnu (Viṣṇu), Skrt.; einer der Hauptgötter des Hinduismus. Im *Rigveda* ist er als der »Wirkende« (*vish:* »wirken«) ein Sonnengott, tritt aber nur hervor durch die Heldentat der »drei Schritte«, mit denen er den Weltraum durchmißt. Sie gelten als Symbol für den Aufgang, Kulminationspunkt und Untergang der Sonne. Der Kulminationspunkt, »Vishnus höchster Schritt«, bezeichnet den Aufenthalt der Seligen. Während er im *Rigveda* nur selten erwähnt wird, entwickelt er sich in der Folgezeit zu einem machtvollen Gott, mit dem andere Göttergestalten wie Hari und Nārāyana verschmelzen und zu seinen Beinamen werden. In der epischen Periode erscheint er im Wechsel mit → Brahmā und → Shiva als höchster Gott, der vorwiegend in der Gangesebene verehrt wird, während Shivas Bereich der Himālaya ist. Erst in den Purānas kommt es zu einem Gleichgewicht der drei Götter, dem → Trimūrti, in dem Vishnu der Erhalter ist neben Brahmā, dem Schöpfer, und Shiva, dem Zerstörer. Vishnu ist der Hüter des → Dharma; er eilt jedesmal, wenn die Welt aus den Fugen gerät, zu Hilfe und inkarniert sich als → Avatāra, um der Menschheit neue Wege zur Weiterentwicklung zu zeigen. Seine Verehrer, die Vaishnavas, haben den → Vaishnavismus entwickelt, der heute eine der drei großen Richtungen der Gottesverehrung im Hinduismus bildet.

Vishnu-Purāna (Viṣnu-Purāṇa), Skrt.; eines der sechs Vaishnava-Purānas, der Haupttexte der → Vaishnavas.

Vishuddha-Chakra, Skrt. → Chakra, 5

Vishva, Skrt. → Vaishvānara

Vishva-Devas (Viśva-Devās), auch Vishve-Devās, Skrt., wörtl.: »alle Götter«. Anfangs bezeichnet dieses Wort im *Rigveda* alle Götter zusammen. In diesem Zusammenhang spricht Paul Deussen über eine Besonderheit der Gottesverehrung im *Rigveda.* Er sagt, der ved. Glaube sei kein Polytheismus, in dem jeder Gott eine geschlossene Individualität besitze und zu den anderen Göttern in einer bestimmten Rangordnung stehe, sondern jeder stehe auf seiner eigenen Höhe. Wer sich einem Gott nahe und ihn anrufe, für den verschwänden alle anderen Götter, es existiere nur dieser eine. Deshalb werden dieselben Großtaten wie die Schöpfung der Erde, die Stützung des Himmelsgewölbes, das Heraufführen der Sonne usw. bald dem einen, bald dem anderen Gott zugeschrieben und schließlich alle auf → Soma oder → Brahmanaspati vereinigt. Es ist, als wäre im tiefsten Grunde des Gemüts schon das Bewußtsein der Einheit des Göttlichen vorhanden und als benutze dieses Gottesbewußtsein die verschiedenen Götter nur als Schemata, um sich zum Ausdruck zu bringen.

Vishvakarma (Viśvakarma), Skrt., wörtl.: »allwirkend, allschaffend«; im *Rigveda* die personifizierte Schöpfertätigkeit, der

»Allschaffer«. Als solcher wird Vishvakarma in den beiden Hymnen des *Rigveda* (X, 81/82) gefeiert, in denen er sich selbst in die Welt umwandelt, ohne dabei auf eine Materie außerhalb seiner selbst zurückgreifen zu müssen. Er ist zugleich der Urwirkende und die Urmaterie, In den Epen und den Purānas wird er zum Ratgeber, Bauherrn und Waffenschmied der Götter, der die Wissenschaften der Architektur und der Mechanik erfand.

Vishvāmitra (Viśvāmitra), ein berühmter Heiliger, angeblich der Hauptverfasser von → *Rigveda* III, der als → Kshatriya geboren wurde, aber durch intensive Askese in die Brahmanenkaste aufstieg und einer der sieben großen → Rishis wurde. In den vielen Legenden, die sich um ihn ranken, steht fast immer sein Streit mit dem brahmanischen Rishi → Vasishtha im Mittelpunkt. Beide spielten eine wichtige Rolle in jener ved. Zeit, als die Brahmanen mit den Kshatriyas um die Vorherrschaft kämpften.

Vishvanātha (Viśvanātha), Skrt., wörtl.: »Herr des Weltalls«; 1. eine der Hauptgottheiten in → Kāshī (Benares). Der dortige Shiva-Tempel trägt den gleichen Namen; 2. Verfasser des *Rāghava-Vilāsa* (eine Lebensbeschreibung → Rāmas) und des *Sāhitya-Darpana* (eine Abhandlung über die Dichtkunst). Er wird auch Vishvanātha Kavirāja genannt.

Vishvarūpa-Darshana (Viśyarūpa-Darśana), Skrt.; die Vision der universalen göttlichen Form. Im 11. Kapitel der → *Bhagavad-Gītā* enthüllt sich Krishna → Arjuna auf dessen Bitten in seiner allumfassenden, universalen Form.

Vishvasrij (Viśvasṛj), Skrt., wörtl.: »Allschöpfer«; ein Name für → Brahmā, der im → Trimūrti, der Hindu-Trinität, den Schöpfungsaspekt symbolisiert.

Vishveshvara (Viśveśvara), auch Vishvesha, Skrt., wörtl.: »Herr des Weltalls«; 1. ein Beiname → Shivas: 2. das → Linga, das in Benares als Shiva-Symbol verehrt wird.

Vitala, Skrt.; der zweite der sieben Zustände der niederen Welt (→ Tala), die auch als Unterwelt oder Hölle bezeichnet wird.

Der Gegenpol von Vitala in der höheren Welt ist Tapar-Loka (→ Loka), wo intensiv → Tapas (Askese) geübt wird. Vitala gehört zur Welt der dumpfen Materie, in der die geistige Welt verdunkelt ist, weil keine bewußten Anstrengungen in Form von spirituellen Übungen unternommen werden, um das dumpfe, alles Licht verhüllende Nicht-Wissen zu überwinden.

Vīta-Rāga, Skrt., wörtl. *vīta:* »vergangen, gewichen«, *rāga:* »Leidenschaft«; das Freisein von Leidenschaften, die durch die Überwindung der Ichsucht und die Läuterung des Denkens vergangen sind.

Vitarkas, Skrt., wörtl.: »Zweifel«; Gedanken, die in der Lage sind, die Persönlichkeit zu zerstören. Sie gehören zu den dämonischen Neigungen des Menschen, die ein destruktives Denken in ihm entwickeln, durch das Depressionen, Unmoral und Selbstmordideen entstehen.

Vivarta, Skrt., wörtl.: »Umwandlung«; im Gegensatz zur realen Umwandlung von → Vikāra, die nur scheinbare Umwandlung einer Substanz in eine andere, insbesondere Brahmans in die Erscheinungswelt, von der Brahman selbst nicht berührt wird, da es unwandelbar ist. Vivarta ist ein Begriff der → Advaita-Vedānta-Philosophie.

Vivasvat, ein → Āditya, der Vater von → Yama und → Manu. Krishna erwähnt ihn in der *Bhagavad-Gītā* (IV, 1).

Viveka, Skrt., wörtl.: »Unterscheidung«; im spirituellen Bereich das Unterscheidungsvermögen zwischen dem Wirklichen und dem Unwirklichen, dem Ewigen und dem Vergänglichen. In Shankaras Werk → *Tattvabodha* eine der vier Vorbedingungen für einen spirituell Strebenden. Die anderen drei sind Vairāgya, Mumukshutva und Shatkasampatti (siehe dort). Viveka ist der zentrale Begriff im → *Viveka-Chūdāmani,* einem der Hauptwerke Shankaras.

Viveka-Chūdāmani (Viveka-Cūḍāmaṇi), Skrt., wörtl.: »Kronjuwel der Unterscheidung«; ein wichtiges Werk über den → Advaita-Vedānta von → Shankara, das von der Unterscheidung zwischen der Wirklichkeit und der Erscheinungswelt handelt. Eine deutsche Übersetzung des Werkes findet sich in: Shankara, *Das Kleinod der Unterscheidung,* Bern 1981.

Vivekānanda, Svāmi, 1863–1902 (Geburtsname: Narendranāth Datta), der bedeutendste Schüler → Rāmakrishnas. Sechs Jahre saß er zu Füßen seines Meisters, der schon bei der ersten Begegnung erkannte, daß dieser Schüler seine Botschaft von der Einheit und Wahrheit aller Religionen, die er an sich selbst erfahren hatte, in aller Welt verbreiten würde. Nach Rāmakrishnas Tod lebte Vivekānanda zunächst mit anderen Mönchsschülern zusammen und gründete 1887 mit ihnen den → Rāmakrishna-Orden, dessen Leiter er bis kurz vor seinem Tod blieb. Jahrelang durchwanderte er als Sadhu ganz Indien, wobei er die materielle Not wie auch den spirituellen Reichtum seiner Heimat in allen Aspekten kennenlernte.
Uneingeladen fuhr er 1893 mit finanzieller Unterstützung eines Schülers, des Mahārāja von Khetri, nach Chicago, wo anläßlich der großen Weltausstellung ein Weltkongreß der Religionen stattfand, auf dem er als letzter Redner sprach und auf alle Versammelten tiefen Eindruck machte. Nach dem Kongreß hielt er in vielen Städten der USA Vorträge und gründete einige Vedānta-Gesellschaften. Auf dem Rückweg nach Indien besuchte er England, Frankreich und die Schweiz. Nach zwei Jahren in Indien ging er 1899 wieder in den Westen, zuerst nach London, dann nach New York. Wegen seiner angegriffenen Gesundheit kehrte er 1900 in seine Heimat zurück und widmete sich ganz der Rāmakrishna-Mission, einer inneren Mission, die der Orden gegründet hatte, um getreu nach Rāmakrishnas Lehre Gott im notleidenden Mitmenschen zu dienen. Am 4. Juli 1902 gab er im Belur-Math nach eigenem Willen in → Samādhi seinen Körper auf.

Vividisha-Sannyāsa (Vividiṣa-Saṃnyāsa), Skrt.; die Entsagung *(sannyāsa)* des spirituell Suchenden, die eine schwere Entscheidung von ihm fordert. Der Strebende kann nicht zwei Herren dienen, er muß das Kurzlebige, Vergängliche aufgeben, um das Unvergängliche zu erlangen. Wer den Sinnesobjekten entsagt, dem winkt der große Lohn: Befreiung.

Vraja, Skrt. → Vrindāvan

Vrindāvan (Vṛndāvana), auch Brindāban, Brindāvan, Vraja oder Braja, Skrt.; ein heiliger Wald, auch heute noch ein Ort am Fluß Yamunā in der Nähe von Mathurā, dem Geburtsort Krishnas. In Vrindāvan verbrachte Krishna seine Jugend, dort spielte er mit den Gopīs, den Hirtenmädchen, vor allem mit→ Rādhā. Das Spiel von Rādhā und Krishna hat im Hinduismus eine tiefe symbolische Bedeutung als das göttliche Spiel der Seele mit ihrem Herrn, vergleichbar der Gottesminne der deutschen Mystiker. Deshalb ist Vrindāvan für die → Vaishnavas ein ganz besonders heiliger Ort, den sie vielfach symbolisch mit ihrem Herzen, dem Schauplatz des göttlichen Spiels, identifizieren.

Vrishti (Vṛṣti), Skrt., wörtl.: »Regen«; der Regen des Lichts der Welt, das Herabströmen erleuchtender Gedanken. Vrishti ist die Manifestation des Überbewußten in unserem Leben, die spirituelle Fülle.

Vritra (Vṛtra), Skrt., wörtl.: 1. »Gewitterwolke«; 2. ein von Indra besiegter Dämon; die dunkle Wolke der Trägheit und Erkenntnislosigkeit als Symbol für jene Kräfte, die der Erleuchtung entgegenstehen, personifiziert im Schlangendämon Vritra, der das Licht der Erkenntnis verdunkelt, verhüllt und es den Menschen vorenthält. Er wird erschlagen von Indra, dem Gott des Himmels und des Lichts, was bedeutet, daß das Licht der göttlichen Erkenntnis den Dämon der Finsternis, Erkenntnislosigkeit und Trägheit in uns vernichtet.

Vritti (Vṛtti), Skrt., wörtl.: »Abrollen (eines Gedankens), (Gedanken-)Welle«; alle Gedanken des Wachbewußtseins und des Traums, die wie Wellen über das Bewußtsein hinwegrollen. Solche Gedankenschwingungen entstehen unaufhörlich in uns und verhüllen das absolute Bewußtsein.

Vritti-Jñāna (Vṛtti-Jñāna), Skrt.; Erkenntnis, die durch die Aktivität des Denkens gewonnen wird. Das Denken spaltet durch seine Gebundenheit an die Dualität, die aus Subjekt und Objekt besteht, das Eine in Vielheit auf und breitet dadurch die Erscheinungswelt vor uns aus. Denkerkenntnis ist an das empirische Weltbild gebunden und deshalb begrenzt.

Vyāhriti (Vyāhṛti), Skrt.; der Ausruf bestimmter kurzer Formeln, insbesondere der drei heiligen Opferrufe Prajāpatis: Bhūr, Bhuvar, Svar, die auch die drei Klarheiten genannt werden. Diese drei mantrischen Silben entnahm der ved. Schöpfergott den drei → Veden: *Rigveda, Yajurveda, Sāmaveda,* als deren Urheber er gilt. Aus Bhūr schuf er die Erde, aus Bhuvar den Luftraum und aus Svar den Himmel. Diese drei sind die Anfangsworte der → Gāyatrī.

Vyākarana, Skrt. → Vedānga

Vyakta, Skrt., wörtl.: »das Wahrnehmbare«; das Entwickelte, Manifestierte, die Erscheinungswelt, ein Produkt der → Prakriti. Der Gegensatz dazu ist → Avyakta (das Unmanifestierte).

Vyakulata, Skrt.; erregter, leidenschaftlicher, unbezähmbarer Eifer, der unwiderstehliche Drang eines Menschen, Gott zu verwirklichen. → Rāmakrishna sagte: »Wenn ein Mensch so sehr nach Gott verlangt wie ein Ertrinkender nach Luft, dann wird er sicherlich Gott schauen.«

Vyāpakatva, Skrt., wörtl. *vyāpaka:* »durchdringend, ausgebreitet«, und *tva:* »du« (wortgleich mit *tvam* in → Tat Tvam Asi); im Kashmir-Shaivismus (→ Pratyabhijñā) die spirituelle Erfahrung, daß alles von Shiva als dem höchsten Gott, der einzigen Wirklichkeit durchdrungen ist; die Erkenntnis der Identität von Erscheinungswelt, Seele und Gott.

Vyāsa, Skrt.; diesen Namen tragen viele der alten Verfasser und »Sammler« *(vyāsa)* von Sanskrit-Werken, vor allem Veda-Vyāsa, der die → Veden zusammengetragen hat und wegen der Unvergänglichkeit seines Werks Shāshvata (»der Unsterbliche«) genannt wird, sowie der Zusammensteller des → *Mahābhārata,* der Gründer der → Vedānta-Philosophie und der Sammler der → Purānas usw. Die Purānas erwähnen nicht weniger als 28 Vyāsas, die zu verschiedenen Zeiten auf die Erde gekommen sein sollen, um die Veden zusammenzustellen und auch, um sie zu verbreiten.

Vyatireka, Skrt., wörtl.: »Kontrast, Aussonderung«; eine Methode der Klassifikation von Objekten in der hinduist. Philosophie durch Einteilung in folgende Unterschiede: 1. Unterschiede der Art, wie zwischen Kuh und Pferd; 2. Unterschiede innerhalb der Art, wie zwischen einer schwarzen und einer weißen Kuh; 3. Unterschiede am selben Objekt, wie Stamm, Zweige und Blätter eines Baumes.

Vyāvahārika, Skrt.; das konventionelle, relativ Wirkliche; die Betrachtungsweise der Menschen, die sich mit dem Körper identifizieren und das relative, grobstoffliche Universum für die einzige Wirklichkeit halten.

W

Y

Yajña, Skrt., wörtl.: »Opfer«; 1. ein Beiname → Vishnus; 2. in den → Purānas der Sohn von Ruchi und Gatte von → Dakshinā. Er hatte den Kopf eines Hirsches und wurde von → Vīrabhadra bei einer Opferhandlung getötet. Brahmā holte ihn in das Reich der Planeten und machte ihn zum Sternbild des Hirschkopfes.

Yājñavalkya, ein berühmter Heiliger am Hof König → Janakas. Sein Familienname war Vājasaneya. Er war der Begründer einer Schule des *Weißen* → *Yajurveda,* der sog. Vājasaneyins, der Verfasser der *Vājasaneyi-Samhitā,* des *Dharma-Smriti* und des → *Shatapatha-Brāhmana,* zu dessen → Āranyaka die → *Brihadāranyaka-Upanishad* gehört. Sie enthält neben der berühmten Unterweisung an Maitreyī (eine seiner beiden Frauen) auch die Streitgespräche, die er am Hof König Janakas mit den Philosophen führte, unter denen sich auch eine Frau namens Gargī befand, und in denen er stets Sieger blieb.

Yajurveda, Skrt.; der Veda (→ Veden) der Opfersprüche, die der Adhvaryu, einer der vier Hauptpriester beim Opfer, während des Vollziehens der heiligen Handlung murmelt. Man unterscheidet den archaischen *Schwarzen Yajurveda,* der von vier Schulen in fünf Büchern mit unterschiedlichen Versionen (Samhitās) kompiliert wurde (ab 1000 v. Chr.), und den jüngeren und einheitlicheren *Weißen Yajurveda,* der weitgehend auf den Heiligen → Yājñavalkya zurückgehen soll.

Yaksha (Yakṣa), Skrt. Eine Gruppe übernatürlicher Wesen, Diener von → Kubera, dem Gott des Reichtums. Sie haben keine besonderen Eigenschaften und sind nicht gewalttätig, weshalb sie Punyajana (»gute Wesen«) genannt werden. Kubera trägt als ihr Herr den Beinamen Punyajaneshvara. → Kālidāsa legt einem Yaksha sein Gedicht *Meghadūta* (»Der Wolkenbote«) in den Mund.

Yama, Skrt. 1. wörtl.: »Selbstbeherrschung«, die erste der acht Stufen des → Rāja-Yoga. Sie besteht aus fünf ethischen Übungen: Nicht-Verletzen (Ahimsā), Wahrhaftigkeit (Satya), Nicht-Stehlen (Asteya), Keuschheit (Brahmacharya) und Begierdelosigkeit (Aparigraha). Sie müssen in Gedanke, Wort und Tat geübt werden; 2. der Verfasser des Gesetzbuches *Dhanna-Shāstra;* 3. der Gott des Todes. Die *Katha-Upanishad* beschreibt, wie er → Nachiketa belehrt.

Yamunā, auch Jamunā oder Jumnā, Skrt.; ein Nebenfluß des Ganges, personifiziert als Tochter von → Vivasvat. Sie und ihr Zwillingsbruder → Yama gelten als das erste Menschenpaar.

Yāmunāchārya (Yāmunācārya), ein König, Gelehrter und südindischer → Vaishnava-Heiliger des 10. Jh., der dem Thron entsagte, um Mönch zu werden. Er lehrte, daß Unterwerfung unter Gottes Willen das höchste Ideal des menschlichen Lebens sei.

Yantra, Skrt., wörtl.: »Stütze, Instrument«; ein mystisches Diagramm, das als Symbol des Göttlichen sowie seiner Kräfte und Aspekte benutzt wird und vor allem im → Tantra Anwendung findet. Der → Karma-Kānda, der Werkteil der Veden, befaßt sich mit Opferhandlungen, Riten und Beschwörungszeremonien. Zur Unterstützung ihrer Ausübung wurden in späteren Zeiten aus geometrischen Formen aufgebaute Kultbilder in Form von Yantras und → Mandalas entwickelt. In den Meditationspraktiken des Tantra (z. B. Kundalinī-Yoga) spielen sie eine wichtige Rolle als »Stützen« der Meditation; sie sind Vorlagen für »Visualisierungen«, bei denen der Meditierende sich Aspekte und Kräfte des Göttlichen in einer inneren Schau vergegenwärtigt. Das bekannteste aller Yantras ist das → Shrī-Yantra.

Yashodā (Yaśodā), Skrt.; → Krishnas Pflegemutter. Sie beschützte den jungen Gott vor der Dämonin → Pūtanā und gilt nach zahlreichen ved. Legenden als Behüterin der Kinder.

Yāska, der im 5. Jh. v. Chr. lebende Verfasser des → *Nirukta,* des ältesten Glossariums über die Texte der ved. Hymnen. Yāska hat vor → Pānini gelebt, der sich auf sein Werk bezieht. Er war aber nicht der erste, der ein solches etymologisches Wörterbuch geschrieben hat, denn auch er bezieht sich auf verschiedene Vorgänger.

Yatātman, Skrt., wörtl.: »sich beherrschend«; 1. die Zügelung von Gedanken und Leidenschaften; 2. die Herrschaft des wahren Selbst (→ Ātman) über Körper, Denken und Empfindungen, mit denen es sich nicht mehr identifiziert.

Yati, Skrt., wörtl.: »Asket«; Bezeichnung für einen Wahrheitssucher, der im Streben nach der letzten Wahrheit zu einem → Sādhu wird.

Yātrā, Skrt., wörtl.: »Festlichkeit, Prozession«; 1. ein großes religiöses Fest mit Gesang und Darbietungen. Die Wagenfeste, bei denen riesige Wagen mit Götterbildern durch die Straßen gezogen werden, gehören dazu; 2. eine ländliche Theatervorstellung mit religiösem Inhalt.

Yayāti, der fünfte König der Lunar-Rasse. Er hatte zwei Frauen, Devayānī und Sarmishthā. Die erste gebar ihm Yadu, die zweite Puru. Sie sind die Ahnherren der Yādava- und Paurava-Stämme.

Yoga, Skrt., wörtl.: »Joch«, im Sinne von Anschirren an Gott, Vereinigung mit ihm suchen. Da jeder Weg zur Gotterkenntnis als Yoga bezeichnet werden kann, gibt es im Hinduismus zahlreiche Namen für die verschiedenen Yoga-Wege, die den jeweiligen Veranlagungen der nach Gotterkenntnis Strebenden angepaßt sind. Die im Westen bekanntesten und am ausführlichsten interpretierten hinduist. Yoga-Wege sind: → Karma-Yoga, selbstloses Handeln; → Bhakti-Yoga, hingebende Liebe zu Gott; → Rāja-Yoga, der »königliche Yoga«, der identisch ist mit dem Yoga des → Patañjali, einem der sechs → Darshanas; der tantrische → Kundalinī-Yoga; → Jñāna-Yoga, der Weg der abstrakten Erkenntnis.
Wird im Abendland von Yoga gesprochen, so meint man meist den → Hatha-Yoga, der auf Körperübungen (→ Āsana) in Verbindung mit Atemübungen (→ Prānāyāma) basiert. Dieser »körperliche« Yoga gilt in Indien jedoch nur als eine Vorbereitungs-

übung für die geistigen Yoga-Formen, die mit verschiedenen Meditationstechniken arbeiten.

Als Weg der Gotterkenntnis ist Yoga in seinem allgemeinsten Sinn kein ind. Privileg. Alle nach der fundamentalen Einheitserfahrung (sog. mystische Erfahrung) Strebenden, seien sie indianische Schamanen oder christliche Mystiker, sind in diesem Sinne Yogis. So bezeichnet man auch die tantrischen Praktiken des → Tibetischen Buddhismus als »Yoga« und seine großen Heiligen (z. B. → Milarepa) als Yogi.

Yoga-Bhrashta (Yoga-Bhraṣṭa), Skrt., wörtl. *brashta:* »vergangen, verschwunden, losgekommen, befreit«; die geistige Schulung, die den Yogi, wenn er sie methodisch verfolgt, zur Befreiung führt.

Yogānanda, Paramahamsa, 1893-1952; der Name bedeutet wörtlich »die Seligkeit des Yoga«. Yogānanda wurde in Gorakhpur in einer → Kshatriya-Familie geboren. Sein Geburtsname war Mukunda Lal Ghosh. 1914 trat er, seinen spirituellen Neigungen folgend, in einen Mönchsorden ein und nahm den Namen Yogānanda an. Sein Guru → Yukteshvar gab ihm die Einweihung und verlieh ihm den Titel Paramahamsa. 1917 gründete er in Ranchi eine Yoga-Schule, die er Satsanga-Brahmacharya-Vidyālaya nannte. 1920 reiste er zu einem Kongreß in die USA und blieb dort, um in den größeren Städten Vorträge zu halten. 1925 gründete er in Los Angeles ein Yoga-Institut, gab dort Kurse und gründete die Self Realization Fellowship (S.R.F.). 1935 fuhr er über Europa, wo er u. a. Therese Neumann in Konnersreuth besuchte, nach Indien und traf dort mit → Ramana Maharshi, Mahātma Ghandi und → Ānandamayī Mā zusammen. Als 1936 sein Guru starb, war Yogānanda bei ihm. Im selben Jahr kehrte er über England nach Kalifornien zurück, wo er 1937 in Encinitas einen größeren Āshrama gründete. In den darauffolgenden Jahren entstanden in den USA wie auch in Europa zahlreiche S. R.F.-Zentren, in denen der von Yogānanda befürwortete → Kriyā-Yoga gelehrt wird. Die deutsche Organisation trägt den Namen »Gemeinschaft der Selbstverwirklichung«. Seit Yogānandas Tod wird die S.R.F. von seinen Schülern fortgeführt.

Leben und Lehre von Yogānanda sind beschrieben in seiner *Au-*

tobiographie eines Yogi, Neuausgabe, Bern 1975, das im Westen zu den populärsten Büchern über ind. Spiritualität gehört. Weitere Werke siehe Literaturverzeichnis.

Yoga-Nidrā–, Skrt., von → Yoga und *nidrā:* »Schlaf«; 1. der sogenannte Yoga-Schlaf, in dem es den Anschein hat, als ob der Körper schlafe, da er völlig entspannt ist. Der Yogi bleibt dabei klar bewußt ohne von Gedanken (→ Vritti) beeinträchtigt zu sein, da er frei von Wünschen und Ablenkungen ist; 2. eine der verschiedenen Körperhaltungen (→ Āsana) des → Hatha-Yoga.

Yoga-Shaktī (Yoga-Śakti), Skrt.; die durch → Yoga erworbenen Kräfte (→ Shakti), die es dem Strebenden ermöglichen, alle Hindernisse zu überwinden und Vereinigung mit Gott oder dem Absoluten zu erlangen.

Yoga-Sūtra, Skrt,; die Aphorismensammlung des → Patañjali. Er begründete damit die Philosophie jenes → Yoga, der zu den sechs orthodoxen Philosophiesystemen (→ Darshana) des Hinduismus gehört und heute allgemein als → Rāja-Yoga bekannt ist.

Yoga-Vasishtha (Yoga-Vasiṣṭha), Skrt.; ein → Vālmīki zugeschriebenes Werk, in dem der Heilige → Vasishtha seinen Schüler Prinz → Rāma darüber belehrt, wie man zur unwandelbaren Wirklichkeit gelangen kann, die von der flüchtigen Welt der Sinneswahrnehmung überdeckt wird. Das Werk umfaßt 32000 Verse. Prof. Hari Prasad Shastri hat es in einer gekürzten Zusammenfassung herausgebracht, deren deutsche Fassung 1981 unter dem Titel *Yoga Vasishtha. Die Welt in unserem Denken* beim Vedanta-Zentrum in Wiesbaden erschien.

Yogeshvara (Yogeśvara), Skrt., wörtl. Zusammenziehung von *yoga:* »Vereinigung« und *īshvara:* »Herr, Gott«; 1. eine Bezeichnung für den, der mit Gott vereinigt oder eins ist (z. B. in der *Bhagavad-Gītā* ein Titel für Krishna), oder der Erleuchtung erlangt hat; 2. eine Bezeichnung für den, der »Herr des Yoga« geworden ist, d. h., durch die Beherrschung des Yoga übernatürliche Kräfte (→ Siddhi) erworben hat.

Yogi, Skrt.; einer, der den → Yoga übt. Die weibliche Form ist Yoginī.

Yoni, Skrt., wörtl.: »Schoß, Ursprung, Quelle«; der Urgrund, die Quelle alles Werdens. Ein nach unten gerichtetes Dreieck stellt die Yoni dar, das weibliche Geschlechtsorgan als Symbol des kosmischen Mysteriums. Allein oder in Verbindung mit dem → Linga wird das Symbol der Yoni von den Shāktas (den Verehrern der → Shakti) angebetet.

Yudhishthira (Yudhiṣṭhira), Skrt., der älteste und beliebteste der fünf → Pāndavas, der als gelassen, von leidenschaftslosem Urteil und unbestechlicher Gerechtigkeit geschildert wird. Er war als Herrscher berühmt, nicht als Krieger. Als König → Dhritarāshtra ihn statt seines eigenen Sohns Duryodhana zu seinem Nachfolger bestimmte, brach der im *Mahābhārata* beschriebene große Krieg zwischen den → Pāndavas und den → Kauravas aus.

Yuga, Skrt.; Oberbegriff für die vier Weltzeitalter, deren Dauer nach Götterjahren berechnet ist. Um diese in Menschenjahre umzurechnen, muß man das Götterjahr mit 360 multiplizieren. Jedem Weltzeitalter geht eine Periode der »Morgendämmerung« (Sandhyā) voraus. Am Ende folgt eine Periode gleicher Länge, die »Abenddämmerung« (Sandhyānsha). Jede dieser beiden Perioden umfaßt ein Zehntel des jeweiligen Yuga. Die vier Yugas sind:
1. Krita- oder Satya-Yuga (1728000 Menschenjahre); 2. Tretā-Yuga (1296000 J.); 3. Dvāpara-Yuga (864000 J.); 4. Kali-Yuga (432000 J.). Die Gesamtsumme von 4320000 Menschenjahren (12000 Götterjahre) ergibt ein Mahā-Yuga, ein »großes Weltzeitalter«. 2000 Mahā-Yugas ergeben einen Tag und eine Nacht Brahmās (→ Kalpa).
Nach Svāmi Shrī → Yukteshvar, einem großen ind. Heiligen der Neuzeit, ist diese Berechnung der Yugas jedoch falsch. Nach der in seiner Schrift *Die heilige Wissenschaft* dargelegten Methode der Berechnung der Yugas sind diese wesentlich kürzer. Die oben angeführte und von den heutigen Gelehrten akzeptierte Berechnung basiert seiner Meinung nach auf Irrtümern von Sanskrit-Gelehrten, die in einem Kali-Yuga, einem dunklen

Zeitalter, lebten und deshalb die alten Überlieferungen nicht mehr richtig verstanden. Yukteshvars Berechnungsmethode beruht auf astrologischen Zyklen.

Yukta, Skrt.; ein Mensch, der die Vereinigung mit der Weltseele, die das ganze Universum durchdringt, erreicht hat und von allem Haften an Weltlichem befreit ist.

Yukteshvar, 1855–1936, ind. Heiliger; sein voller Name lautet Jñānāvatār Svāmi Shrī Yukteshvar Giri. »Giri« weist darauf hin, daß er einem Shankara-Orden angehörte. Sein Lehrer war der Heilige Lahiri Mahāsaya. Im Abendland ist Yukteshvar vor allem als Guru von → Yogānanda Paramahamsa bekannt geworden. Er ist der Verfasser der Schrift *Kaivalya-Darshana* (dt. 1984 u. d. T. *Die Heilige Wissenschaft*), aus der »die grundlegende Übereinstimmung zwischen dem schwer verständlichen biblischen Buch der Offenbarung und der → Sānkhya-Philosophie Indiens zu erkennen ist« (Yogānanda).

Literaturverzeichnis

Basistexte

Arnold, Edwin / Hartmann, Franz (Übers.): *Die Bhagavad Gita oder Das Hohe Lied*, poetische Fassung, München 1975 (3. A.).

Ashtavakra-Gītā, Übersetzung s. Schroeder/Zimmer 1983.

Ātmabodha, Übersetzung s. Nikhilananda 1956.

Bäumer, Bettina (Übers.): *Befreiung zum Sein. Auswahl aus den Upanishaden*, Zürich 1986 (auch Heyne Tb 9638).

–: *Patañjali. Die Wurzeln des Yoga (Yoga-Sūtras)*, kommentiert v. P. Y. Deshpande, Bern 1979 (3. A.).

Beer, R. (Übers.): *Bericht vom großen Krieg der Heldenstämme Bharatas*, Leipzig 1982.

Bhagavad-Gītā, Übersetzungen s. Arnold/Hartmann 1975; Boxberger 1955; v. Brück 1993; Dünnebier 1989; Garbe 1988; Hagenmüller/Bischoff 1992; Hartmann 1980; Kappes/Hinder 1988; Krämer 1989; Lienhard 1958; Maldoner 1986; Mylius 1984; Richter 1983; Schreiner 1991; Schroeder/Zimmer 1992.

Bhakti-Sūtras, Übersetzung s. Schang 1980.

Boxberger, Robert (Übers.): *Bhagavadgita. Das Lied der Gottheit*, bearbeitet u. kommentiert v. Helmuth v. Glasenapp, Stuttgart 1955.

Brück, Michael v. (Übers.): *Bhagavad Gita*, mit einem spirituellen Kommentar von Bede Griffiths, München 1993.

Chandiramani, G. L. (Übers.): *Pantschatantra. Das Fabelbuch des Pandit Wischnu Scharma*, Düsseldorf/Köln 1971.

Deussen, Paul (Übers.): *Sechzig Upanishad's des Veda*, Leipzig 1905 (Neudruck Bielefeld 1980).

–: *Die Sutras des Vedanta*, Leipzig 1887.

Dünnebier, Jürgen (Übers.): *Bhagavadgita*, mit dem Kommentar Shankaras, München 1989.

Friedrichs, Kurt (Übers.): *Vidyāranya. Pañchadashi*, nach dem Engl. v. Hari Prasad Shastri, Vedanta-Zentrum Wiesbaden, Fulda 1983.

–: *Valmiki. Yoga-Vasishtha*, nach dem Engl. v. Hari Prasad, Shastri, Vedanta-Zentrum Wiesbaden, Fulda 1981.

Garbe, Richard (Übers.): *Die Bhagavadgita*, Darmstadt 1988.

Geldner, Karl F. (Übers.): *Der Rigveda*, 4 Bde., Göttingen 1923, 1951/57.
Graul, Karl (Übers.): *Tamulidische Schriften zur Erläuterung des Vedanta-Systems*, Osnabrück 1969 (NA).
Hagenmüller, Eva / Bischoff, Wolfgang (Übers.): *Die Bhagavad Gita*, nach dem Engl. v. Pandit Usharbudh Arya, mit einer Einleitung von Swami Rama, Fulda 1992.
Hartmann, Franz (Übers.): *Die Bhagavadgita. Das Lied von der Gottheit oder Die Lehre vom göttlichen Sein und von der Unsterblichkeit*, Prosafassung, München 1980 (3. A.).
Hillebrandt, Alfred (Übers.): *Lieder des Rigveda*, Göttingen 1913.
–: *Upanishaden*, München 1992 (Diederichs Gelbe Reihe 15).
Hohenberger, Adam: *Ramanuja. Ein Philosoph indischer Gottesmystik. Seine Lebensanschauung nach den wichtigsten Quellen dargestellt*, Bonner Orient. Studien, Nr. 10, Wiesbaden 1960.
–: *Ramanuja's Vedantadipa*, Bonner Orient. Studien, Nr. 14, Wiesbaden 1964.
Holtzmann, A. (Übers.): *Das Mahabharata und seine Teile*, Osnabrück 1971 (NA).
Jacobi, Hermann (Übers.): *Jaina Sutras*. Sacred Books of the East, Bd. XXII, XLV, Oxford 1895.
–: *Das Ramayana. Geschichte und Inhalt, nebst Concordanz der gedruckten Rezensionen*, Darmstadt 1976 (NA).
Kappes, Heinz / Hinder, Rolf (Übers.): *Bhagavadgita*, nach dem Engl. v. Sri Aurobindo, Gladenbach 1988 (2. A.).
Katha-Upanishad, Übersetzung s. Nikhilananda 1989; Richter 1969.
Kernwart, E. A. (Übers.): *Die Uttara Gita oder Die Initiation Arjunas durch Sri Krishna in Yoga und Jnana*, München 1973.
Krämer, Ilse (Übers.): *Bhagavadgita. Gesang des Erhabenen*, nach dem Engl. v. Swami Prabhavananda u. Christopher Isherwood, Freiburg i. Br. 1989 (5. A.).
Lienhard, Siegfried (Übers.): *Die Bhagavadgita*, mit Einleitung u. Kommentar v. S. Radhakrishnan, Baden-Baden 1958.
Mahābhārata, (gekürzte) Übersetzungen s. Beer 1982; Holtzmann 1971; Roy 1993.
Maldoner, Helmuth (Übers.): *Bhagavad Gita. Das Hohelied Indiens*, Hamburg 1986.
Mangoldt, Ursula v. (Übers.): *Shankara. Das Kleinod der Unterscheidung*, Bern 1981 (revidierte NA).
Mylius, Klaus (Übers.): *Älteste indische Dichtung und Prosa*, Leipzig 1978 (Reclam 729).
–: *Die Bhagavadgita*, Leipzig 1984 (2. A.).
Nārada, Übersetzung s. Schang 1980.

Nikhilananda (Übers.): *Atmabodha*, Frankfurt/M. 1956.
–: *Die Katha-Upanishad. Von der Unsterblichkeit des Selbst*, Bern 1989.
Nyāya-Sūtras, Übersetzung s. Ruben 1928.
Otto, Rudolf (Übers.): Siddhanta des Ramanuja, Jena 1917.
Pañchadashi, Übersetzung s. Friedrichs 1983.
Pañchatantra, Übersetzung s. Chandiramani 1971.
Patañjali, Übersetzung s. Bäumer 1979.
Prabhavananda, Swami / Dispeker, Frank (Übers.): *Die schönsten Upanischaden*, Zürich 1951.
Rāmānuja, Übersetzungen s. Hohenberger 1960, 1964; Otto 1917.
Rāmāyana, (Teil-)Übersetzungen s. Jacobi 1976; Schmölders 1991; Simon 1977.
Richter, Egbert (Übers.): *Gesang des Erleuchteten (Bhagavadgita)*, Bremen 1983 (4. A.).
–: *Im Wandel das Bleibende. Vier Upanischaden. Mundaka, Katha, Isha, Shvetashvatara*, Bremen 1969.
Rigveda, Übersetzungen s. Geldner 1923, 1951/57; Hillebrandt 1913; Thieme 1983.
Roy, Biren (Übers.): *Mahabharata. Indiens großes Epos*, München 1993 (Diederichs Gelbe Reihe 16).
Ruben, Walter (Übers.): *Die Nyāyasūtra's*, Leipzig 1928.
Schang, Doris (Übers.): *Narada. Bhakti Sutras*, Stühlingen 1980.
–: *Shankara. Bhaja Govindam. Eine Hymne der Entsagung*, Stühlingen 1980.
Schmölders, Claudia (Übers.): *Das Ramayana des Valmiki*, München 1991 (Diederichs Gelbe Reihe 45).
Schreiner, Peter: *Bhagavad-Gita. Wege und Weisungen*, Zürich 1991.
Schroeder, Leopold v. / Zimmer, Heinrich (Übers.): *Bhagavadgita-Aschtavakragita. Indiens heilige Gesänge*, München 1992 (Diederichs Gelbe Reihe 21).
Shankara, Übersetzungen s. Mangoldt 1981; Schang 1980.
Siddhānta, Übersetzung s. Otto 1917.
Simon, Richard (Übers.): *Die Erzählungen des Affen Hanumat*, Saarbrücken 1977.
Thieme, Paul (Übers.): *Gedichte aus dem Rig-Veda*, Stuttgart 1983 (Reclam 8930).
–: *Die Upanischaden* (Auswahl), Stuttgart 1966 (Reclam 8723).
Thomi, Peter (Übers.): *Yogavasistha. Die Lehre des weisen Vasistha. Einweihung in die Welt des Wirklichen*, Interlaken 1988.
Upanishaden, (Teil-)Übersetzungen s. Bäumer 1986; Deussen 1905; Hillebrandt 1992; Mylius 1978; Prabhavananda/Dispeker 1951; Richter 1969; Thieme 1966.
Uttara-Gītā, Übersetzung s. Kernwart 1973.

Valmiki, Übersetzungen s. Friedrichs 1981; Jacobi 1976; Schmölders 1983; Simon 1977.
Vedāntadipa, Übersetzung s. Hohenberger 1964.
Vedānta-Sūtras, Übersetzung s. Deussen 1887.
Veden, (Teil-)Übersetzungen s. Geldner 1923, 1951/57; Hillebrandt 1913; Thieme 1983.
Vidyāranya, Übersetzung s. Friedrichs 1983.
Weiss, Hartmut (Übers.): *Quellen des Yoga. Klassische Texte der Körper- und Geistesschulung*, Bern 1986.
Yoga-Vasishtha, Übersetzung s. Friedrichs 1981; Thomi 1988.

Sekundärliteratur

Allen, Marcus: *Tantra im Westen*, Dachsberg 1981.
Anandamayi Ma: *Matri Vani*, 2 Bde., Varanasi 1977.
–: *Worte der glückseligen Mutter*, Heiligkreuzsteinach 1980.
Aurobindo, Sri: *Badschi Prabhu. Ein indisches Heldengedicht*, Planegg 1976.
–: *Briefe über den Yoga*, 4 Bde., München 1978/83.
–: *Essays über die Gita*, Gladenbach 1977.
–: *Flammenworte*, Planegg 1972.
–: *Gedanken und Aphorismen*, Planegg o. J.
–: *Gedichte*, Planegg 1974.
–: *Das Geheimnis des Veda*, Gladenbach 1987.
–: *Das Göttliche Leben*, 3 Bde., Gladenbach 1991 (2. A.).
–: *Das Göttliche Leben auf Erden*, Planegg 1993 (2. A.).
–: *Die Grundlagen der indischen Kultur*, Gladenbach 1984.
–: *Das Ideal einer geeinten Menschheit*, Gladenbach 1982 (2. A.).
–: *Der integrale Yoga*, Reinbek o. J.
–: *Kaskaden des Lichts*, 4 Bde., Planegg 1977.
–: *Licht auf Yoga*, Gladenbach 1990 (2. A.).
–: *Die Mutter – The Mother*, Planegg 1971.
–: *Das Rätsel dieser Welt*, Planegg 1977 (NA).
–: *Savitri. Legende und Sinnbild*, Gladenbach 1985.
–: *Die Synthese des Yoga*, Gladenbach 1991 (3. A.)
–: *Zyklus der menschlichen Entwicklung*, Planegg 1983.
–/ Mutter, Die: *Botschaften und Verwirklichungen*, Planegg 1974.
–/ Mutter, Die: *Handbuch des integralen Yoga*, Planegg 1991 (2. A.).
–/ Mutter, Die: *Über die Liebe*, Planegg 1977.
–/ Mutter, Die: *Über Heilung*, Planegg 1989 (2. A.).
–/ Mutter, Die: *Einführung zu Sawitri*, Planegg 1975.

Avalon, Arthur: *Die Girlande der Buchstaben. Varnamālā – Studien über das Mantra-Shāstra*, Bern 1987 (NA).
–: *Die Schlangenkraft. Die Erfahrung schöpferischer Kräfte im Menschen*, Bern 1982 (3. A.).
–: *Shakti und Shakra. Lehre und Ritual der Tantras*, Bern 1987 (NA).
Besant, Annie: *Raja-Yoga – der königliche Yoga*, München 1984.
Bharati, Agehananda: *Die Tantra-Tradition*, Freiburg i. Br. 1977.
Bhave, Vinoba: *Gespräche über die Gita*, Gladenbach 1974.
Blache, Jacques u. a.: *Die Wege des Yoga. Die Grundgedanken der großen Schulen der Yoga-Tradition*, Bern 1990.
Bohm, Werner: *Die Wurzeln der Kraft, Chakras – die Kraft der Lotosblumen*, Bern 1980 (NA).
Brunton, Paul: *Als Einsiedler im Himalaya*, Bern 1975 (NA).
–: *Entdecke dich selbst*, Freiburg i. Br. 1991 (3. A.).
–: *Die Philosophie der Wahrheit. Tiefster Grund des Yoga*, Freiburg i. Br. 1978 (3. A.).
–: *Der Weg nach Innen*, Bern 1978 (7. A.).
–: *Von Yogis, Magiern und Fakiren*, München 1983 (Knaur Tb 4113).
Chetananda, Swami: *Meditation und ihre Methoden im Vedanta*, Vedanta-Zentrum Wiesbaden, Fulda 1979.
Chinmoy, Sri: *Tod und Wiedergeburt*, Zürich 1982 (2. verb. A.).
–: *Veden, Upanishaden, Bhagavadgita. Die drei Äste am Lebensbaum Indiens*, München 1994 (Diederichs Gelbe Reihe 107).
–: *Yoga und das spirituelle Leben*, Zürich 1982 (3. verb. A.).
Conio, Caterina: *Der Hinduismus. Geistlicher Gehalt, Geschichte, religiöses Leben*, Aschaffenburg 1984.
David-Néel, Alexandra: *Mein Indien*, Bern 1990.
Deussen, Paul: *Allgemeine Geschichte der Philosophie, mit besonderer Berücksichtigung der Religionen*, Bd. 1–3, Leipzig 1894/1908 u. ö. Bd. 1: *Allgemeine Einleitung und Philosophie des Veda bis auf die Upanishad's*; Bd. 2: *Die Philosophie der Upanishad's*; Bd. 3: *Die nachvedische Philosophie der Inder*.
–: *Vier philosophische Texte des Mahabharata*, Bielefeld 1980 (NA).
Devamata, Schw.: *Indische Klostertage*, Vedanta-Zentrum Wiesbaden, Fulda 1977.
Distelbarth, Margret / Fuchs, Rudolf: *Umgang mit der Upanishad. Ishavasya-Upanishad*, Gladenbach 1982.
Donnelly, Morwenna: *Die Gründung des göttlichen Lebens. Einführung in den Integralen Yoga*, Bietigheim 1973.
Douglas, Nik / Slinger, Penny: *Das große Buch des Tantra*, Basel 1989 (3. A.).
Eliade, Mircea: *Yoga. Unsterblichkeit und Freiheit*, Frankfurt/M. 1988 (NA).

Ellinger, Herbert: *Hinduismus*, Lünen 1989.
Frauwallner, Erich: *Geschichte der indischen Philosophie*, 2 Bde., Salzburg 1953/56.
Gail, Adalbert: *Bhakti im Bhagavatapurana*, Münch. indol. Studien, Nr. 6, Wiesbaden 1969.
Gandhi, Mohandas Karamchand: *Gewaltfrei leben.* Ausgew. Texte, Zürich 1992.
Gehrts, Heino: *Mahabharata. Das Geschehen und seine Bedeutung*, Abh. z. Kunst-, Musik- u. Litwiss., Nr. 178, Bonn 1975.
Glasenapp, Helmuth v.: *Von Buddha zu Gandhi*, Wiesbaden 1962.
–: *Der Hinduismus, Religion und Gesellschaft im heutigen Indien*, Hildesheim 1978 (NA).
–: *Indische Geisteswelt* (Sonderausg. v. *Glaube und Weisheit der Hindus* und *Weltliche Dichtung* ... in 1 Bd.), Baden-Baden 1958.
–: *Die Literaturen Indiens*, Stuttgart 1961.
–: *Der Stufenweg zum Göttlichen*, Baden-Baden 1948.
Gonda, Jan: *Die Religionen Indiens. Veda / Hinduismus*, 2 Bde., Stuttgart 1963/78 (Die Religionen der Menschheit, Bd. 11/12).
Gutschow, N. / Michaels, A.: *Benares. Tempel und religiöses Leben in der heiligen Stadt der Hindus*, Köln 1993.
Hacker, Paul: *Die Schüler Śaṅkaras*, Wiesbaden 1951.
Hanefeld, Erhardt: *Philosophische Haupttexte der älteren Upanisaden*, Freiburger Beitr. z. Indologie, Nr. 9, Wiesbaden 1976.
Hanson, Virginia u. a. (Hrsg.): *Karma. Wie unser Tun zum Schicksal wird*, Bern 1992.
Hariharananda, Swami: *Kriya Yoga. Einführung in den geistigen Weg Sri Yukteswars und Yoganandas*, München 1991 (4. A.).
Hauer, J. W.: *Der Joga. Ein indischer Weg zum Selbst*, Südergellersen 1983.
Hey, Birgit: *Die sanfte Kraft der indischen Naturheilkunde. Ayurveda – die Wissenschaft vom langen Leben*, Bern 1983.
Hinze, Oscar M.: *Tantra Vidya. Wissenschaft des Tantra*, Freiburg i. Br. 1983.
Hiriyanna, M.: *Vom Wesen der indischen Philosophie*, München 1990 (Diederichs Gelbe Reihe 85).
Humphreys, Christmas: *Karma und Wiedergeburt*, Bern 1980 (2. A.).
Inhoffen, Hubertus v.: *Yoga. Wissen der Vergangenheit – Wissenschaft der Zukunft*, München 1983.
Isherwood, Christopher: *Vedanta und wir*, Zürich 1959.
Iyengar, B. K. S.: *Der Baum des Yoga*, Bern 1991.
–: *Licht auf Pranayama*, Bern 1984.
–: *Licht auf Yoga*, Bern 1993 (NA).
Jansen, Eva Rudy: *Die Bildersprache des Hinduismus*, Südergellersen 1994.

Keilhauer, Anneliese u. Peter: *Die Bildsprache des Hinduismus*, Köln 1986 (2. A.).
Khanna, Madu: *Das große Yantra-Buch*, Freiburg i. Br. 1980.
Kinsley, David R.: *Flöte und Schwert. Krishna und Kali*, Bern 1979.
–: *Indische Göttinnen. Weibliche Gottheiten im Hinduismus*, Frankfurt/M. 1990.
Kramrisch, Stella: *Indische Kunst*, London 1955.
Krishna, Gopi: *Höheres Bewußtsein. Die evolutionäre Kundalini-Kraft*, Freiburg i. Br. 1975.
–: *Kundalini. Erweckung der geistigen Kraft im Menschen*, Bern 1983 (NA).
–: *Über Bewußtseinserweiterung, Meditation und Yoga*, Stuttgart 1985.
Krishnamurti. Jiddu: *Antworten auf Fragen des Lebens*, Freiburg i. Br. 1992.
–: *Einbruch in die Freiheit*, Berlin 1973.
–: *Fragen und Antworten*, München 1985.
–: *Frei sein!*, Bern o. J.
–: *Gespräche über das Sein*, Bern 1986 (4. A.).
–: *Ideal und Wirklichkeit*, Bern 1987 (4. A.).
–: *In Kommunion mit dem Leben*, Hopferau-Heimen o. J.
–: *Konflikt und Klarheit*, Bern 1983 (3. A.).
–: *Leben*, Frankfurt/M. 1983 (6. A.).
–: *Leben ohne Illusion*, Hopferau-Heimen 1982.
–: *Leidlos inmitten der Welt*, Hopferau-Heimen 1983.
–: *Das Netz der Gedanken*, Hopferau-Heimen 1983.
–: *Religiöse Erneuerung*, Bern 1978 (2. A.).
–: *Revolution durch Meditation*, Bern 1986 (3. A.).
–: *Schöpferische Freiheit*, Bern 1991 (5. A.).
–: *Das Tor zu neuem Leben*, Hopferau-Heimen 1981.
–: *Verstand und Liebe*, Bern 1991 (2. A.).
–: *Der Weg aus dem Chaos*, Hopferau-Heimen 1983.
–: *Wegweiser zum wahren Leben*, Freiburg i. Br. 1961.
–/ Bohm, David: *Vom Werden zum Sein*, Bern 1987.
Küng, Hans / Stietencron, Heinrich v.: *Christentum und Weltreligionen II*, Gütersloh 1987 (NA 1991).
Lemaitre, Solange: *Ramakrishna*, Reinbek 1963 (Rowohlt Monographien 60).
Le Saux, Henri: *Das Feuer der Weisheit*, Bern 1979.
–/ Swami Abhishiktananda: *Die Spiritualität der Upanishaden*, Düsseldorf/ Köln 1980 (Diederichs Gelbe Reihe 26).
Lexikon der östlichen Weisheitslehren. Buddhismus, Hinduismus, Taoismus, Zen, Bern 1986; Sonderausgabe 1994.
Lobo, Rocque: *Karma und Traum im Ayurveda*, München 1990 (Diederichs Gelbe Reihe 88).

Maschmann, Melitta: *Eine ganz gewöhnliche Heilige. Indienfahrt mit der bedeutendsten Hindu-Heiligen der Neuzeit*, München 1992 (Knaur Tb 86015).
Matilal, B. K.: *Nyaya-Vaisesika*, Wiesbaden 1977.
Michell, George: *Der Hindu-Tempel. Baukunst einer Weltreligion*, Köln 1991.
Mishra, Rammurti S.: *Vollendung durch Yoga. Lehrbuch des Raja-Yoga*, Bern 1985 (NA).
Mookerjee, Ajit: *Kundalini. Die Erweckung der inneren Energie*, Basel 1984.
–: *Tantra Asana*, Basel 1971.
–/ Khanna, Madhu: *Die Welt des Tantra*, Bindlach 1990 (NA).
Mukerji, Dhan Gopal: *Das Antlitz des Schweigens*, München 1938.
Muktananda, Paramahamsa: *Kundalini. Die Erweckung der kosmischen Energie im Menschen*, Freiburg i. Br. 1982 (2. A.).
–: *Das Mantra So'Ham, Eine Meditationstechnik für jedermann*, Freiburg i. Br. 1986 (3. A.).
–: *Spiel des Bewußtsein – Chitshakti Vilas. Die geheime Kundalini-Praxis*, Freiburg i. Br. 1986.
–: *Von der Natur Gottes. Der Siddha-Yoga-Weg zum höchsten Ziel*, Freiburg i. Br. 1979.
Mylius, Klaus: *Chrestomathie der Sanskritliteratur*, München 1992 (NA).
–: *Geschichte der altindischen Literatur*, Bern 1988.
–: *Wörterbuch Sanskrit-Deutsch; Deutsch-Sanskrit*, 2 Bde., München 1992 (4. bzw. 2. A.).
Narayanananda, Swami: *Das ideale Leben und Freiheit*, Efringen-Kirchen 1982.
–: *Das Mysterium von Mensch, Geist und Geistesfunktionen*, Efringen-Kirchen 1984.
–: *Die Urkraft im Menschen – Kundalini Shakti*, Efringen-Kirchen 1981.
–: *Der Weg zur Erleuchtung (Samadhi)*, Efringen-Kirchen 1985 (2. A.).
Nisargadatta Maharaj: *Ich bin*, Berlin 1980.
Nityabodhananda, Swami: *Wahrheit und Toleranz*, Stuttgart 1964.
Osborne, Arthur: *The Incredible Sai Baba*, London 1972.
– (Hrsg.): *Ramana Maharshi. Seine Lehren*, München 1983.
Otto, Rudolf: *Die Lehrtraktate der Bhagavad-Gita*, Tübingen 1935.
–: *Die Urgestalt der Bhagavad-Gita*, Tübingen 1934.
Pandit, Sri Madhav P.: *Guide to the Upanishads*, Pondicherry 1967.
–: *Kundalini-Yoga*, München 1985 (3. A.).
–: *Verbotene Aspekte im Leben*, Südergellersen 1984.
Pelet, Emma v.: *Worte des Ramakrishna*, Leipzig 1930.
Prabhavananda, Swami / Isherwood, Christopher: *Gotterkenntnis durch Yoga*, München 1962.
Radhakrishnan, Sarvepalli: *The Brahma Sutra. The Philosophy of Spiritual Life*, London 1927.

–: *Indische Philosophie*, Darmstadt 1955.
–: *Die Lebensanschauung der Hindus*, Leipzig 1928.
–: *The Philosophy of the Upanishads*, London 1924.
Rajagopalachari, P.: *Der Meister*, Bern 1977.
Ramakrishna, Sri: *Leben und Gleichnis*, Bern 1983.
–: *Setzt Gott keine Grenzen*, Freiburg i. Br. 1984.
–: *Das Vermächtnis*, Bern 1981.
Ramana Maharshi: *Gespräche des Weisen vom Berge Arunachala*, Interlaken 1984.
–: *Sei, was du bist*, Bern 1990.
–: *Die Suche nach dem Selbst*, Interlaken 1985 (2. A.).
Rolland, Romain: *Das Leben des Ramakrishna*, Oberwil 1986.
–: *Mahatma Gandhi*, Erlenbach/ZH 1923.
–: *Vivekananda*, 2 Bde., Leipzig 1930.
Roy, Dilip Kumar / Devi, Indra: *Der Weg der großen Yogis*, Frankfurt/M. 1977.
Saraswati, Swami K.: *Die Bhagavadgita im täglichen Leben*, Südergellersen 1984.
Sarma, K. Lakshma: *Maha Yoga. Die Lehren Sri Ramana Maharshis*, Frankfurt/M. 1958.
Satprem: *Der Mensch hinter dem Menschen*, Bern 1981.
–: *Sri Aurobindo oder Das Abenteuer des Bewußtseins*, Bern 1973 (NA).
Schleberger, Eckard: *Die indische Götterwelt. Gestalt, Ausdruck und Sinnbild. Ein Handbuch der hinduistischen Ikonographie*, München 1986.
Schluchter, Wolfgang (Hrsg.): *Max Webers Studie über Hinduismus und Buddhismus*, Frankfurt/M. 1984.
Schreiner, Peter: *Begegnungen mit dem Hinduismus*, Freiburg i. Br. 1984.
Siddheswarananda, Swami: *Meditation im Yoga-Vedanta*, Vedanta-Zentrum Wiesbaden, Fulda 1977.
Singh, Mohan: *Botschaft eines Yogi. Universaler Einklang im Yoga*, Bern 1985 (2. A.).
–: *Mystik und Yoga der Sikh-Meister*, Bern 1985 (2. A.).
Sivananda, Swami: *Geheimnis Hatha-Yoga*, Freiburg i. Br. 1991.
–: *Kundalini-Yoga*, München 1994 (Goldmann Tb 12097).
–: *Übungen zu Konzentration und Meditation*, München 1993 (Goldmann Tb 12095).
–: *Yoga-Praxis für den Westen*, Bern 1976 (2. A.).
Stutley, Margaret: *Was ist Hinduismus?*, Bern 1994.
Tagore, Rabindranath: *Sadhana*, München 1960.
Taimni, Iqbal K.: *Bhakti-Yoga, der Yoga der Hingabe*, München 1984.
–: *Die Wissenschaft des Yoga*, München 1981.
Torwesten, Hans: *Ramakrishna – Schauspieler Gottes*, Frankfurt/M. 1981.

–: *Ramakrishna und Christus*, Planegg 1980.
–: *Vedanta – Kern des Hinduismus*, Freiburg i. Br. 1985.
Verma, Vinod: *Ayurveda. Der Weg des gesunden Lebens*, Bern 1992.
Vivekananda, Swami: *The Complete Works*, 8 Bde., Kalkutta 1957/59 (NA).
–: *Jnana-Yoga. Der Pfad der Erkenntnis*, Freiburg i. Br. 1990 (2. A.).
–: *Karma-Yoga – Bhakti-Yoga*, Freiburg i. Br. 1983.
–: *Raja-Yoga*, Freiburg i. Br. 1990 (2. A.).
–: *Vedanta. Der Ozean der Weisheit*, Bern 1989.
Vogl, Carl: *Sri Ramakrischna, der letzte indische Prophet*, München 1921.
Vollwahsen, Andreas: *Indien. Bauten der Hindus, Buddhisten und Jains*, München 1986.
Winternitz, Moriz: *Geschichte der indischen Literatur*, 3 Bde., Leipzig 1908–22 (Neudruck 1968).
Wolf, Otto (Hrsg.): *So spricht Aurobindo*, Planegg 1957.
–: *Sri Aurobindo*, Reinbek 1967 (Rowohlt Monographien 121).
Wolz-Gottwald, Eckard: *Heilung aus der Ganzheit. Ayurveda als Philosophie in der Praxis*, Gladenbach 1991.
–: *Meister Eckhart und die klassischen Upanishaden*, Würzburg 1984.
Yesudian, Selvarajan / Haich, Elisabeth: *Raja-Yoga. Yoga in den zwei Welten*, München 1975 (4. A.).
Yogananda, Paramahansa: *Autobiographie eines Yogi*, Bern 1993 (19. A.).
–: *Flüstern aus der Ewigkeit*, Wörgl 1984.
–: *Kosmische Lieder*, Wörgl 1985.
–: *Meditation zur Selbstverwirklichung*, Bern 1994 (11. A.).
–: *Religion als Wissenschaft*, Bern 1993 (6. A.).
–: *So spricht Yogananda. Worte des großen Yogi*, Bern 1992.
–: *Wissenschaftliche Heil-Meditationen*, Bern 1983 (7. A.).
–: *Worte des Meisters*, Bern 1993 (8. A.).
Yukteswar Giri, Jnanavatar Swami Sri: *Die Heilige Wissenschaft*, Bern 1984 (bearb. NA).
Zaehner, R. C.: *Der Hinduismus*, München 1964.
Zimmer, Heinrich: *Indische Mythen und Symbole*, München 1991 (Diederichs Gelbe Reihe 33).
–: *Die indische Weltmutter*, Frankfurt/M. 1979.
–: *Maya. Der indische Mythos*, Frankfurt/M. 1978.
–: *Philosophie und Religion Indiens*, Frankfurt/M. 1976.
–: *Der Weg zum Selbst. Leben und Lehre des Shri Ramana Maharshi*, München 1991 (Diederichs Gelbe Reihe 7).
–: *Yoga und Buddhismus*, Frankfurt/M. 1983.